KB042539

수사사례연구

김지온 · 김기범 · 임금섭
김면기 · 김형규

박영사

머리말

첫 시작은 "생생한 수사사례를 공부할 수 있는 책이 없다."는 의문에서 출발하였습니다. 범죄수사와 관련된 교재가 많지도 않을 뿐만 아니라 개론서를 제외하면 경찰학 수업에서 활용할 수 있는 수사사례 교재는 찾아보기 어렵습니다.

이에 경찰대학 경찰학과 수사 분야 교수진 5명이 의기투합하여 범죄수사 교육의 마중물이 되고자 하는 마음으로 부족한 글을 세상에 내어놓습니다.

이 책의 수요자는 일반 대학에서 범죄수사학을 가르치는 교수님, 관련 분야를 공부하는 대학원생·학부생으로 범죄수사에 관심 있는 일반인도 흥미롭게 읽을 수 있도록 전문용어는 개념에 대한 설명을 이해하기 쉽게 부기하였고 내용 중 일부는 스토리텔링 방식으로 구성하였습니다.

총 10건의 사례를 담았고, 각 장의 순서는 ① 도입, ② 학습목표, ③ 사례연구, ④ 토론거리 순으로 구성하였습니다. 범죄의 종류는 살인, 온·오프라인 성범죄, 마약, 불법도박, 불법촬영 등 주로 강력범죄를 다루었지만 범죄인지와 수사면담 측면에서 지능범죄도 포함하였고, 마지막 장에는 수사에 필요한 최소한의 법률지식을 살펴볼 수 있는 사례를 수록하였습니다.

각 장의 내용을 구체적으로 살펴보면 다음과 같습니다.

제1장은 직접증거 없는 살인사건으로, 속칭 시신 없는 살인사건과 관련된 사례를 다루었습니다. 범죄현장에서 면식범을 징표하는 단서와 비면식범을 징표하는 단서가 발견되었을 때 어떻게 가설을 세우고 증명해 나가야 하는지 수사추론에 대한 사실적 쟁점과 간접증거의 증명력 제고방안에 대한 법적 쟁점을 다루었습니다.

제2장에서는 실종－납치－살인 사건의 수사사례를 다루고 있습니다. 이 장에서 학습자는 초동수사 및 과학수사를 통하여 범죄의 흔적을 찾아 사건을 추리할 수 있고, 수집된 자료를 토대로 수사의 단서를 찾아 사건을 분석할 수 있

습니다. 아울러 가출인과 실종사건 접수 처리와 유괴 및 납치를 피하는 예방법과 함께 납치되었을 때의 대응요령, 탐문수사와 수색요령에 대해서도 배울 수 있습니다.

제3장에서는 폴리그래프(거짓말탐지) 검사결과가 살인사건의 수사방향 설정에 미치는 영향을 다룹니다. 폴리그래프의 검사원리와 검사절차, 검사단계, 검사결과, 검사적용, 검사장비에 대해 소개하였고, 특히 폴리그래프 검사결과의 증거능력을 깊이 있게 다루고 있습니다.

제4장에서는 음란 노출 사건에 대한 수사사례를 다루었습니다. 지금도 무수히 많은 범죄가 온라인상에서 행해지고 있으며, 사건 수도 기하급수적으로 증가하고 있습니다. 많은 범죄는 온라인 공간과 오프라인 공간에서 혼합된 형태를 보입니다. 본 사례는 본인이 촬영한 음란사진을 SNS에 게시하여 논란이 된 사건으로 온라인/오프라인 행위가 포함된 범죄수사의 실제를 살피고 있습니다.

제5장은 길거리 성추행 사건에 대한 수사사례를 다루고 있습니다. 수사실무에서 가장 까다로운 사건 중 하나가 성범죄입니다. 성범죄 사건은 물적 증거를 확보하기가 쉽지 않고, 사람의 진술에 의존해야 하는 경우가 많기 때문입니다. CCTV 등이 확보되더라도 해당 증거의 객관적 가치를 판단하기는 쉽지 않고, 피의자와 피해자의 진술이 엇갈리는 경우가 흔합니다. 본 사례를 통해 일선 현장에서 빈번한 성범죄 사건에서 수사관이 접하게 되는 고민을 살펴보기로 합니다.

제6장에서는 마약범죄 수사사례를 다루었습니다. 해외에서 밀반입되는 마약이 세관에서부터 밀수현장까지 어떻게 통제되며 수사가 이루어지는지 통제배달 수사기법을 시간순서에 따라 소개하고 마약사범 단속 현장에서 어떻게 소변검사를 하는지, 간이시약을 어떻게 검사하는지 학습할 수 있습니다. 또한 마약사범이 소변채취를 거부할 때 압수수색영장에 의한 강제채뇨를 위해 어떠한 강제처분이 가능한지에 대한 최근 대법원 판례도 소개하였습니다.

제7장에서는 불법스포츠토토 사이트에 대한 수사사례를 다루고 있습니다. 범죄단체를 조직하여 범행을 하고, 범죄수익이 수십 조에 이르고 있어 사회적으로 커다란 문제가 되고 있습니다. 초국가적 범죄로 해외 서버를 추적하는 역량이 필요하여 IP주소와 도메인을 추적하는 기법에 대해서 상세하게 다루었고,

구글, 페이스북 등 해외 인터넷기업과 국제협력을 꾀하는 절차와 방법도 언급하였습니다.

제8장에서는 스마트폰을 이용한 불법촬영에 대한 수사사례를 소개하고 있습니다. 지하철, 화장실, 모텔 등에 몰래카메라를 설치하여 신체의 일부분을 촬영하거나 웰컴투비디오(W2V)와 텔레그램 N번방 등 아동·청소년성착취 범죄가 심각해지고 있기 때문입니다. 불법촬영물은 스마트폰으로 전파되고, 암호화폐를 이용하여 거래되고 있어 스마트폰 포렌식과 비트코인 추적기법을 집중적으로 소개하였습니다.

제9장은 지능범죄의 인지와 신문기법을 다루고 있습니다. 지능범죄란 사기, 배임, 문서위조 등 범인이 높은 지적 능력을 이용하여 저지르는 범죄로, 강력범죄에 비해 인지에 어려움이 따르는 경우가 많습니다. 이 장에서 지능범죄의 인지를 위해 요구되는 것은 무엇인지 살펴봅니다. 한편 피의자 신문에는 '무엇을 물어볼 것인가'와 '어떻게 물어볼 것인가'의 두 가지 문제가 있습니다. 신문기법이란 이 중 후자에 대한 기법을 의미합니다. 한동안 경찰은 리드 테크닉을 활용했습니다만, 지금은 SUE 테크닉을 도입했습니다. 그 이유와 SUE 테크닉의 활용방법에 대해 살펴봅니다.

제10장은 '수사사례 이해를 위한 최소한의 법률지식'이라는 제목 그대로 수사사례의 이해를 위해 전제되어야 하는 최소한의 법률적 지식을 담고 있습니다. 수사과정에서 경찰관은 범인에 대한 형사처벌을 생각하지 않을 수 없기에 법률을 준수하는 것은 원칙일 뿐 아니라 실무 그 자체로서 의미가 큽니다. 하나의 사례를 풀어가는 과정에서 법적 문제점을 제시하고 형사소송법을 중심으로 한 각종 법률의 적용을 통해 수사사례의 이해를 위해 필요한 법률지식을 자연스럽게 익히도록 구성하였습니다.

본 교재를 출간하면서 느꼈던 몇 가지 한계와 아쉬운 점이 있습니다. 먼저 더욱 다양하고 많은 사례를 담고 싶었으나 지면의 한계상 10개의 사례로 만족해야 했습니다. 특히 지능범죄와 관련된 사례를 제대로 다루지 못한 점은 미련으로 남습니다. 또한 5명의 저자가 각자의 색깔로 원고를 작성하다 보니 문체와 구성 및 표현방식의 일관성이 다소 떨어져 독자들이 혼란스럽게 느낄 수도 있는 불편함을 제대로 해소하지 못했습니다.

아직 부족함이 많지만 범죄수사 사례연습 교재의 첫걸음을 떼었다는 점에 의미를 두고 향후 개정판을 통해 그 완성도를 더욱 높여 가도록 하겠습니다.

이 교재가 완성되기까지 수사사례 자료수집에 도움을 주신 경찰청 관계자분과 수사관님들께 깊은 감사의 말씀을 드립니다. 아울러 본서의 출판을 위해 아낌없는 지원을 해주신 박영사 안종만 회장님, 안상준 대표님과 관계자께 감사를 전하고 싶습니다. 모쪼록 범죄수사학을 공부하는 연구자 및 학생들에게 미력하나마 작은 보탬이 되기를 바라마지 않습니다.

2021년 2월
저자 일동

차례

03   Korean Dream - 폴리그래프 검사 증거능력을 중심으로   임금섭 교수

10　수사사례 이해를 위한 최소한의 법률지식　　　김형규 교수

직접증거 없는
살인사건

살인사건 수사 시 가장 중요한 것은 무엇일까? 수사의 임무는 두 가지이다. 범죄사실의 재구성과 법률적 범죄사실의 증명이 바로 그것이다. 살인사건은 고유의 특성상 범인이 특정되지 않은 경우가 많다. 그래서 결국 위 두 가지 임무의 수행은 "범인은 누구인가? 내가 쫓는 범인의 범죄혐의를 증명할 수 있겠는가?" 하는 두 가지 문제로 귀결되지 않을까 생각해 본다. 아래 살인사건 사례연구를 통해서 '가설적 추론과 역행추론' 및 '간접증거의 증명력'에 대한 쟁점을 공부해 보자.

●●● 학습목표

1. 수사관의 선입관과 편견은 사건을 미궁에 빠뜨릴 수 있으며, 수사과오로 이어질 수 있다는 점을 살인사건 분석을 통해 깨닫는다.
2. 수사과정에서 제한된 정보를 활용하여 추론해 낸 가설의 신뢰도를 경합가설 소거 방식을 활용하여 검증할 수 있다.
3. 법관의 합리적 의심을 허용하지 않을 정도의 '증명력'이란 어느 정도 수준을 의미하는 것인지, 사례연구를 통해 간접증거의 증명력 인정 여부를 판단할 수 있다.

사례연구

1. 면식범일까 비면식범일까 ─ 가설적 추론과 역행추론

1) 사건개요

피해자 A녀는 40대 여성, 중국 국적으로 13년 전에 입국 후 비자 연장 방식으로 취업하여 생활해 온 여성(혼자 거주)으로, 2018. 11. 18. 09:00~다음날

19. 20:30 수원시 소재 자신의 주거지에서 과도로 복부와 목 부위를 4회 찔려 과다출혈 등으로 사망한 채로 친척에게 발견됨.

2) 현장상황

그림 1-1 현장상황 사진

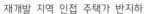

| 재개발 지역 인접 주택가 반지하 | 현장상황(거실) | 현장상황(안방) |

3) 범죄흔적과 단서

(1) 피해자는 중국 국적의 40대 여성으로 남편은 6개월 전 중국으로 출국 하고, 혼자 거주하고 있었음.

(2) 피해자가 아무런 연락 없이 2일째 회사에 결근하여, 회사 측에서 피해 자의 이모에게 연락을 하였고, 이모와 이모부가 피해자의 주거지를 최 초 방문함.

(3) 피해자의 이모와 이모부의 진술에 따르면, 현장에 갔을 때 문이 잠겨 있었고, 문고리 옆 손잡이 윗부분 유리가 파손(이모는 양손을 둥그렇게 만들며 문에 구멍이 났다고 표현)되어 있었다 함. 파손된 유리 틈으로 손을 넣고 잠 겨진 열쇠를 열어 들어가 보니 캄캄해서 안이 보이지 않아 주변을 더듬 어 화장실 전등버튼을 찾아 불을 켜니 피해자가 바닥에 누워 있고 피해 자 위에 커다란 인형이 덮여져 있었다고 함. 정신이 없어서 자세히는 못 봤지만 옆으로 누워 있는 상태였다고 함. 또한 긴 거울이 피해자 엉 덩이 위쪽으로 넘어져 있었다고 함. 피해자의 상태는 거실 겸 주방 출 입문 앞에 다리가 싱크대 아래 벽면에 머리를 두고 몸을 모로 세우고,

몸통 좌측면이 바닥에 닿은 상태로 사망해 있었다고 함. 이모는 딱 도둑이 들어와서 둘이 싸우다가 그렇게 된 것 같다고 진술. 장롱 옆 서랍장 아래쪽 문 하나가 열려 있고, 그 앞에 옷들도 널려 있었음.

(4) 물색흔적은 있으나, 장롱 안의 금팔찌와 패물, 지갑 안의 현금 등은 그대로 있음.

(5) 피해자의 휴대폰이 사라짐(범인이 가져간 것으로 추정).

(6) 상의는 유광 보라색 브래지어, 하의는 의류 및 양말 착의하지 않은 상태(팬티도 입지 않았음). 그러나 성폭행흔적 없음(평소 피해자는 일하는 곳에서 방진복을 입어서 땀이 많이 차는 관계로 집에 오면 바로 샤워를 하고 팬티와 브래지어만 입은 상태로 있다가 잠을 자고 다음날 옷을 입고 출근한다는 남편 진술, 모친 진술도 일치).

(7) 양손에 베인 상처(방어흔 추정)와 안면부 타박상 발견. 검시 결과 사인은 자창에 의한 장기손상에 의한 실혈사로 추정

(8) 옆구리 자창이 수평으로 난 것으로 보아 안면부를 발로 밟고 누운 상태에서 칼에 찔린 것으로 추정

(9) 피해자의 거실 바닥 사체 옆에서 피 묻은 과도 1점 현장발견(피해자가 평소 과일 깎을 때 사용하는 칼). 지문 4점 채취(2점은 피해자, 2점 판독 불능), 유전자 시료 14점, 혈흔 7점, 담배꽁초, 족적 10점(혈흔족적 6점), 미세증거 5점 발견

(10) 참고인 조사 등 수사사항
   • 피해자 성격: 활달하고 사교성 많으며 직설적으로 동료와 잘 어울리는 편이며, 직원 간 불화가 없는 등 원한을 살 만한 성격 아니라는 직장동료들의 진술
   • 부부관계
     – 슬하에 18세 아들이 한 명 있고, 남편이 돈을 잘 못 벌어 자주 싸우기는 하나 서로 때리지는 않는다는 피해자 모친 진술
   • 치정관계
     – 남편의 남동생과 시부모님 잔치에 돈을 나누는 문제로 다툼이 있었다는 삼촌의 진술. 그러나 남편은 이와 관련하여 시댁식구들과 아무런 문제가 없었다는 상충된 진술을 함.

─ 휴무일도 출근, 사석에서도 남자 관련 얘기 없었음. 남자, 원한, 금전, 가정사 등에서도 특이점 없음.

4) 초동수사에 따른 질문 던지기와 토론

(1) '3) 범죄흔적과 단서'에서 제시된 증거에 따라 추론해볼 때 범인은 면식범인가? 비면식범인가? 면식범을 나타내는 단서와 비면식범을 나타내는 단서를 나누고 둘 중에 하나의 가설을 채택한 후 토론을 시작해 보자.

- 면식과 비면식을 표상하는 단서들이 혼재되어 있는데, 면식범이 범행 후 비면식범을 위장하기 위해 조작된 흔적들일 수 있겠는가? 원한·치정관계?
- 비면식범의 우발적 범행이라면, 면식범의 징표인 증거는 어떻게 해석해야 하는가?
- 추론과정에서 빠질 수 있는 함정은 어떤 것들인가?
- 상대측의 논리적 오류를 찾아 문제제기하는 방식으로 토론해 본다.

(2) 본인이 설정한 가설에 따라 향후 수사방향은 어떻게 전개할 것인가? 추가로 수집이 필요한 정보들은 무엇이 있을지 토론을 이어 가며 그 내용을 정리해 보자.

- 수사의 신속성과 수사관 인원의 제약을 고려할 때, 우선순위를 두어 수사해야 할 필요사항을 이야기해 보자.
- 추가수사가 필요한 사항들은 무엇이며 단계적으로 수사를 해야 할 사안은 무엇인가?

5) 가설적 추론과 역행추론에 의한 가설검증

위 사안은 면식범의 범행일 때 발견될만한 범죄흔적과 비면식범의 범행일 때 발견될 수 있는 범죄흔적이 경합적으로 발견된 사건이다.

표 1-1 면식범 및 비면식범 지표

면식범 지표	비면식범 지표	모두 가능한 지표
장롱 안의 금팔찌와 패물, 지갑 안의 현금 등이 그대로 있음	문고리 옆 창문이 파손	양손에 베인 상처(방어흔 추정)와 안면부 타박상 발견
휴대폰 미발견	물색흔적	성폭행흔적 없음
피해자 위에 인형을 덮어 놓음		피 묻은 과도 1점 현장발견 (피해자 소유로 판명)

　범인이 패물과 현금을 가져가지 않은 점, 성폭행흔적이 없는 점, 특히 피해자의 휴대폰을 가져간 점은 면식범일 개연성이 높은 대표적 증거들이다. 다만, 물색흔적이 있다는 점과 문고리 옆 창문이 파손되어 있는 점은 비면식범을 징표하는 증거이며, 현장에서 피해자 소유의 과도가 범행에 사용된 점은 계획적 살인이라기보다는 우발적 살인일 개연성이 높다고 해석할 수 있다.

　문고리 옆 창문 파손은 면식범이 강도를 위장하기 위해서 고의적으로 파손했을 가능성도 배제할 수 없으므로 많은 수사관은 위 범죄흔적들을 보고 면식범일 개연성이 더욱 높다고 판단할 수도 있다.

　관찰된 결과로부터 그 원인을 상정하는 추론법을 가설적 추론이라 한다. 사건 현장을 보고 '면식범이 피해자를 살해하였을 것이다.'라는 새로운 가설을 도출하는 것이 바로 가설적 추리를 통해 새로운 가설을 만들어 내는 것이다.

　범죄 수사과정에서 발견되는 범죄흔적이 여러 가지 수수께끼와 같은 의문을 생기게 한다면 수사관은 새로운 타입의 가설을 상상하게 되고 이 새로운 타입을 통해 해당 사건을 설명하려고 하게 된다.[1]

　그러나 이와 같이 만들어진 새로운 가설은 연역적, 귀납적 추리와는 달리 오류 가능성이 있으므로 반드시 검증이 필요하다. 이러한 검증의 과정을 역행추론이라고 한다. 역행추론의 구체적 방법론으로 대표적인 방법이 경합가설 제거방식이다. 경합가설 제거의 기준에 의하면 설명가설은 아직 반박되지 않은 경합가설이 제출될 수 있는 한 수용되어서는 안 되고, 이들이 모두 소거된 경

---

1 박노섭, 범죄사실의 재구성과 가설적 추론(Abduction)의 역할에 대한 연구, 경찰학연구 12(4), 2012. 12. 9면.

우에 비로소 정당화되어 입증이 성공한 것으로 된다.[2]

　　본 사안의 경합가설은 '비면식범의 강도살인 범행일 것이다.'이고 이 경합가설을 지지하는 단서가 '문고리 옆 파손흔적'과 '물색흔적'이 될 것이다. 향후 추가 수사를 통해서 이 경합가설을 기각할 수 있어야만 설명가설에 대한 합리적 의심의 여지가 없어졌다고 볼 수 있을 것이다. 반대로 본 사건 범행이 비면식범의 소행이라고 가설을 세웠다면 반대가설인 면식범을 징표하는 단서들을 기각할 수 있어야 한다.

Tip

가설적 추론과 역행추론

1. 개념 이해
　　(1) **연역법**: 지금까지 참인 것으로 확인된 원리들을 토대로 새로운 원리를 발견해 내는 논리적 기법으로 연역법은 결론이 필연적으로 도출되므로 새로운 지식이 없다.

> [연역]
> 법칙: 사람은 죽는다.
> 사례: 소크라테스는 사람이다.
> 결과: 소크라테스는 죽는다.

　　(2) **귀납법**: 개별 사례들에 대한 반복적인 관찰로부터 일반적인 결론을 이끌어 내는 사유방법으로 귀납법은 어느 정도 새로운 지식을 도출하나 상상력을 발휘할 여지가 많지 않다.

> [귀납]
> 사례: 소크라테스는 사람이다. 그런데 그는 죽었다.
> 결과: A, B, C도 사람이다. 그런데 A, B, C 모두 죽었다.
> 법칙: 사람은 죽는다.

---

2 조원철, 간접증거에 의한 사실의 인정, 재판자료 제110집, 법원도서관, 2006, 43면.

(3) **가추법(가설적 추론):** 일정한 규칙과 관찰된 사실을 통해 특정한 사례를 추론해 내는 것으로 결론이 얼마나 확실하냐만 놓고 보자면 언제나 틀릴 가능성이 있는 가장 불확실한 논증방법이다.

EBS 지식프라임(2008.5.13. 방영) '명탐정 셜록홈즈의 머릿속에 있는 것'에서 소개된 예를 하나 들어보자. 어느 날 명탐정 셜록 홈스에게 한 여인이 찾아온다. 그런데 셜록 홈스는 그녀를 보자마자 이렇게 말한다. "당신은 타자수죠?" 점쟁이처럼 척 한번 바라만 보고도 직업을 맞춘 것인데 도대체 셜록 홈스는 어떻게 이런 추리를 했을까? 바로 다음과 같은 가설적 추론법을 사용한 것이다.

> [가추]
> 법칙: 타자를 많이 치면 소매가 반들반들해진다.
> 결과: 여자의 소매가 반들반들해졌다.
> 사례: 그 여자는 타자를 많이 쳤다.

셜록 홈스가 아무리 그 여자의 소매가 반들반들해졌다는 결과를 관찰하였다 하더라도 그 여자는 타자수다 하는 결론에 100% 확실히 도달할 수 있는 것은 아니다. 괜히 소매를 어디에 문지르는 버릇을 가진 사람일 수도 있는 것이다.

그러나 이 추론법의 장점은 생산성에 있다. 기호학자 찰스 퍼스(Peirce)는 가추법이 연역법과 귀납법과 함께 3가지 기본적인 논증법이라고 하였고, '모든 새로운 지식의 생산은 오로지 가추법에 의해서 이루어진다.'라고 말하기까지 하였다.

(4) **역행추론:** 역행추론은 어떠한 현상을 설명하기 위하여 추론된 가설에 대해 검증과 제거의 절차를 거쳐 가설의 참과 거짓을 판명하는 방법이다.[3] 가추는 '가설의 수립 및 선택'을 그리고 역행추론은 '가설의 검사 및 제거'를 특징으로 한다(Rescher 1978). 즉 가추는 사건들의 유형이나 규칙성으로부터 특정의 성질을 갖고 특정의 방식으로 작동하는 실재에 대한 상정으로 나아가는 추론인 반면, 역행추론은 그러한 실재가 존재하고 운동하면 어떤 경험적 사실이나 사건들이 발생할 것인가를 해명하는 추론이다.[4] 정리하자면 가추를 통해 어떤 현상을 설명하기 위한 가설을 설정하고, 역행추론을 통해 이를 검증하여 진리를 발견해 나가는 것이다. 검증방식은 아래 사례를 참조한다.

---

3 김대근, 검사의 수사 논증과 추론의 구조 고찰-가추와 역행추론을 중심으로, 형사정책연구 27(1), 2016. 3. 79면.
4 이기홍, 사회연구에서 가추와 역행추론의 방법, 한국사회학회 사회학대회 논문집, 2008. 6. 273 – 274면.

2. 가설적 추론과 역행추론 적용 수사실무 사례

(1) 사건개요: 서울 강남에서 'S○○' 등 의류매장 3개를 소유하고 있는 甲은 바쁜 대외활동으로 매장업무를 책임실장 乙에게 모두 맡기고 운영 중이다. 그런데 최근 3년간 특별한 이유 없이 매출이 감소하는 게 이상하다고 생각하여 매출장부와 전산포스(온라인 매출장부)를 확인해 본 결과 실장이 3년간 약 711회에 걸쳐 1억 7천만원 상당의 물품과 돈을 횡령한 사실을 파악하고 강남경찰서에 고소를 하게 되었다.

(2) 경합가설 제거 방식 미적용: 기존 통상의 수사절차

강남경찰서 수사과 경제범죄수사팀 A수사관은 고소인 조사와 더불어 다음과 같이 수사를 진행하였다.

> • 평소 피해자는 매장 운영을 실장에게 맡기고 매일 21시에 매장 종료 시 가게에 들려 매출장부를 확인 후 실장으로부터 카드영수증과 일 만원권 이상 매출현금을 수령했다.
> • 피해자와 다른 종업원들의 진술에 의하면, 매출장부와 전산포스는 실장이 책임지고 작성하였으며, 그날그날 판매한 물품을 정리하는 매출장부내역과 전산등록내역은 일치해야 한다.
> • 그런데 매출장부와 전산포스 내역을 일자별로 비교해 보니 전산포스에는 판매하였다고 등록되어 있는데 매출장부에는 판매내역(가격표 태그)이 없는 품목이 다수 발견되었고, 반대로 매출장부에는 상품을 판매하였다고 기록되어 있는데 전산포스에는 판매제품번호가 등록되지 않은 품목이 다수 발견되었다.
> • 피해자는 위 전자의 경우 피의자가 물건을 가져간 것이며, 후자의 경우 물건을 팔고 받은 현금을 가져간 것이라고 주장한다.
> • 피의자의 범죄경력을 조회해 본 결과 사기전과 20범으로 현재도 사기죄로 벌금수배 중이며, 가명을 사용하고 있어 피의자의 남편도 피의자의 실제 나이와 본명을 모르고 있다.

A수사관은 피해자가 제출한 매출장부와 전산포스 내역이 피해자의 진술과 일치하여 일응 피의자의 범죄혐의가 소명된 것이라고 보았다. 그런데 현재 피의자가 다른 범죄로 수배중이므로 정상적으로 출석요구를 할 경우 출석에 불응하고 도주할 우려가 있다고 판단하였다. 그래서 A수사관은 바로 강제수사에 착수하기로 결정하고 체포영장을 신청하였고, B팀장은 A수사관의 판단이 합리적이라

고 생각되어 C영장심사관의 심사를 거쳐 체포영장을 신청하였다. 영장담당 판사도 수사기관이 피의자를 체포하기에 충분할 정도로 범죄혐의를 소명하였다고 판단하여 체포영장을 발부하였다.

A수사관은 강제수사를 진행하기에 충분할 정도로 범죄혐의가 소명되었다고 생각하였고, B팀장과 C영장심사관도 합리적 의심 없이 강제수사 서류를 승인하였다. 과연 A수사관의 추론방식에 오류는 없는 것일까? 다음은 가추와 역행추론 (경합가설 제거) 방식을 적용하였을 경우를 살펴보자.

(3) 경합가설 제거방식 적용: 위에서 제시된 가추와 역행추론 방식의 수사절차에 의해 '① 단서의 발견 → ② 가설 설정 → ③ 가설검증(역행추론, 경합가설 제거) → ④ 가설 재설정 → ⑤ 결론 도출'의 방식으로 사안을 검토해 보자.

① 주요 단서: 매출장부, 전산포스, 피해자 진술, 다른 종업원 진술

② 가설 설정: '매출장부와 전산포스가 불일치한 내역은 피의자가 물건이나 현금을 횡령한 것이다.'

③ 가설검증 절차는 아래와 같은 절차에 의하여야 한다.

경합가설 설정 → 경합가설 검증을 위한 추가정보 수집 검토(정보원천, 전문영역 여부 등 체크리스트 확인) → 추가정보 수집 및 검증 → 경합가설 기각 여부 판단

- 경합가설: '매출장부와 전산포스의 일자별 판매내역이 불일치하더라도 피의자가 물건이나 현금으로 횡령한 것이 아닐 수도 있다.'
- 경합가설 검증을 위한 추가정보(특별한 경험법칙[5]에 해당되는 정보) 수집 검토
  - 정보원천: 다른 매장 책임실장들을 통해서 위 대립가설에 해당하는 사례를 확인
  - 전문영역: S○○ 본사 전산포스·매출관리 담당 등을 통해 매입·매출·이송·전산입력 프로세스와 규칙, 각 지역 매장의 운영실태 등 관련 사항을 확인
- 추가정보 수집 및 검증
  - 지역 대리점에서 상품이 판매되면 본사에서 판매된 수량만큼 상품을 추가로 배송
  - 6개월 단위로 지역 대리점 재고와 전산포스상의 재고를 비교하여 6. 30./12. 31.자로 재고가 안 맞는 내역은 본사에서 강제 매출처리(전산상 위 날짜 매출 내역은 실제 매출이 아닐 가능성이 높음)
  - 위와 같은 사항으로 인해 지역대리점에서 매출실적을 올리기 위해 인기 신상품의 경우 실제 팔지 않았음에도 사전에 상품을 많이 확보하기 위해 전산상으로

---

5 특별한 경험법칙이란 전문가에게만 알려져 있는 경험법칙으로서 과학적 경험법칙 또는 전문적 경험법칙이라 부르기도 한다 (변종필, 간접증거에 의한 유죄인정, 비교형사법연구 제5권 제2호, 2003. 12. 403면).

만 '가매출' 처리를 하는 경향이 일부 매장에서 발생함 – 전산포스는 21시에 마감되므로 그 이후 시간대에 상품을 판매하였을 경우 전산포스상 매출은 다음날 입력하는 관행이 있으므로 매출장부상 일자 다음날 전산까지 확인해야 함.

- 경합가설 기각 여부 판단
  - '가매출, 21시 이후 판매내역 다음날 전산입력 관행'으로 인해 매출장부와 전산 포스의 일자별 판매내역이 불일치할 수 있으므로 경합가설을 기각할 수 없음.

결국 A수사관은 다음과 같이 가설을 재설정하게 되고 재차 검증을 통해 전체 범죄사실 중 일부만을 기소 의견으로 검찰에 송치하고 수사를 종결하게 된다.

④ 가설 재설정: 매출장부와 전산포스의 일자별 불일치 매출내역 중 가매출 내역과 다음날 전산입력 경우의 수를 제거하고 남은 내역의 경우만 피의자가 횡령한 것이다.

⑤ 수사종결: 피의자가 횡령하지 않고는 다른 경우의 수는 없다고 판단되는 약 1,300만원 상당의 50여 건의 범죄사실(최초 1억 7천만원 상당의 711건)에 대해서만 경험칙과 논리법칙에 위반되지 않고 합리적인 의심의 여지가 없다고 판단되어 기소, 나머지 대다수 범죄사실은 불기소(혐의 없음) 의견으로 검찰에 송치하였다.

만약 위와 같이 가추와 역행추론 그리고 구체적인 경합가설 제거방식을 강제수사 착수 전에 진행하였다면 무리하게 피의자를 체포하는 일도 없었을 것이고, 수사오류와 과오도 사전에 방지할 수 있었을 것이다.

6) 수사 전개사항

(1) 피해자 휴대폰에 대한 통신수사

- 실시간 위치추적 결과, 천안역 인근 기지국으로 확인, 범인이 피해자의 휴대폰을 가지고 천안역 부근으로 이동한 것으로 추정됨.
- 통화내역 분석 결과, 천안에 거주하는 외사촌 동생이 피해자와 통화한 것으로 확인되어 알리바이에 대한 수사를 하였으나 특이점 미발견

(2) CCTV 수사

- 범행 현장 주변 CCTV 설치 위치 확인
- 위 CCTV 분석을 통해 범행지 주변에서 자주 포착된 5명 중 1명의 동선을 추적

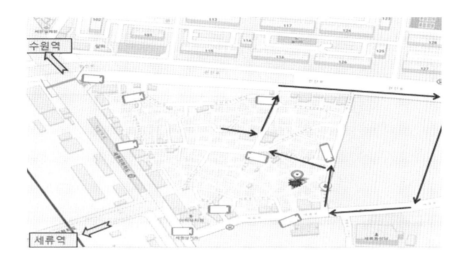

- 아래 용의자는 2018. 11. 18. 13:40~14:21경 범행지 주변 네 군데 CCTV에서 포착됨.

- 동선 추적 중 11. 18. 14:21경 부근 공원 세면대에서 손을 씻는 현장 포착(손에 묻은 피를 씻는 것?)

- 위 CCTV 동선 추적 중 11. 18. 16:22경 수원 세류역에서 천안역 방향 지하철에 승차하는 장면 포착. 세류역에서 선불 교통카드 충전 사실 확인, 교통카드 번호와 사용내역 확보

- 천안역 주변 CCTV 수사, 탐문수사 도중 11. 19. 13:57경 범인이 천안시 대흥동 소재 ○○순대국밥 식당에서 국밥과 소주 한 병을 주문 취식 후 돈이 없다며 업주에게 피해자 소유 휴대폰을 맡겨 놓은 사실을 확인. 식당 CCTV 화면과 동선추적 중이던 용의자 인상착의 비교 분석으로 범인으로 특정

(3) 범인 검거

- 범인이 선불카드를 공중전화 통화 시 사용하여, 범행 하루 전에 3차 례에 걸쳐 안산에 거주하는 2명의 남자와 통화한 사실을 확인하고, 위 통화 상대방을 통해 범인의 인적사항 특정
- 범인은 특별한 주거지가 없이 성남에 있는 범인의 형 집에 자주 드나 든다는 사실을 확인하고, 주변 잠복 중 발견 후 검거

7) 범죄사실의 재구성과 사건분석 결과

(1) 범죄사실 재구성

[범죄전력]

  피고인은 19○○. ○○. ○○. ○○지방법원에서 폭력행위 등 처벌에 관한 법률 위반죄로 징역 8월에 집행유예 2년을, 20○○. ○○. ○○. ○○지방법원 ○○지원에서 절도죄로 벌금 200만원을 각각 선고받은 전력이 있다.

[범죄사실]

  피고인은 20○○. 11. ○○. 14:00경 빈집에 침입하여 금품을 절취할 목적으로 수원역 인근 주택가를 물색하던 중, 수원시 권선구 소재 다세대주택 외부 담장 철문이 시정되어 있지 아니한 것을 발견하고, 위 철문을 열고 안으로 들어가 피해자 최○○(40세, 여)가 거주하는 위 주택 반지하방 앞에 이르렀다.

계속하여 피고인은 배낭 안에 소지하고 있던 철제 망치를 꺼내어 위반지하방 현관문 유리창을 깨뜨린 후 안으로 손을 집어넣어 시정장치를 해제하고 안으로 들어가, 그곳 거실 탁자 위에 있던 피해자 소유의 갤럭시 휴대폰 1대와 안방 TV 진열대 위에 있던 약 5,000원가량의 동전들을 바지 주머니에 집어넣어 절취하였다.

그런데 안방 침대에서 잠을 자고 있던 피해자가 인기척을 느끼고 깨어나, "강도야"라며 소리를 지르자, 피고인은 체포를 면탈할 목적으로 왼손으로 피해자의 입을 막고 오른손 주먹으로 피해자의 복부를 2회가량 때린 후 안방에서 나와 도주하려 하였다.

그러나 거실까지 따라 나온 피해자가 피고인의 왼쪽 다리를 붙잡고 놓아주지 아니하며 "강도야"라고 계속하여 소리를 지르자, 피고인은 주먹으로 피해자를 때려 넘어뜨린 다음, 오른 발로 피해자의 안면부를 짓밟은 상태에서 그곳 주방 싱크대 위에 놓여 있던 흉기인 과도(칼날 길이 12.5cm)를 집어 들어 피해자의 복부와 목 부위를 4회가량 찔러 피해자로 하여금 즉석에서 복부 자창 등으로 사망하게 하였다.

이로써 피고인은 피해자 소유의 시가 90만원 상당의 갤럭시 휴대폰 1대와 5,000원 상당의 동전들을 강취하고, 피해자를 살해하였다.

(2) 가설적 추리

- 범인이 범행 후 당황하여 돈이나 패물을 제대로 챙겨가지 못하고 도주한 현장상황만을 가지고, 피해품이 없다고 속단하여 원한·치정 관계에 치중할 수 있음.
- 준강도 살인의 경우, 애초에 강도 목적이 없었기 때문에 절도 범행 착수 직후 피해자와 조우 시 체포면탈 목적으로 살해했다면, 당황하여 그대로 도주할 가능성이 높음. 이때 물색흔적이 전혀 없을 수도 있는데 이런 경우에는 더욱 면식범의 소행으로 오해할 수 있음.

2. 피고인이 혐의를 부인한다면? — 간접증거의 증명력 쟁점

문제상황

- 범인은 경찰조사 시 모든 혐의를 인정하였으나 항소심 재판 진행 시부터 일부 혐의를 부인하기 시작하였다. 피고인은 수년전에 지인의 소개로 피해자를 알고 있었고, 오히려 자신이 피해자에게 약 2,500만원을 빌려준 적이 있어 당시 이를 변제받기 위해 피해자를 찾아갔다가 거절당한 후 나오려고 할 때 피해자가 피고인의 다리를 붙잡고 놔주지 않아서 우발적으로 살해하였다며 강도살인의 강도혐의를 부인하는데….
- 위에서 발견된 증거들은 직접증거인가 간접증거인가?
- 간접증거의 증명력을 인정하기 위한 판단기준은 무엇이며 본 사건에 적용해 본다면 그 결론을 어떻게 도출할 수 있겠는가?

1) 간접증거의 개념

- 범행현장을 직접 목격한 증인의 증언은 직접증거인가, 간접증거인가?
  (직접증거)
- 범행현장에서 채취한 피의자의 지문은 직접증거인가, 간접증거인가?
  (간접증거)

- 간접증거란 주요사실 자체에 대한 증거는 아니지만 그것의 존부(存否)를 추론케 하는 간접사실을 증명하는 증거를 말한다.[6]
- 간접증거는 형벌권의 존부와 그 범위를 정하는 기초된 사실을 직접적으로 증명하는 직접증거(목격자의 증언)와는 달리, 이러한 주요 사실의 존부를 경험칙상 추인케 하는 간접 사실로 정황증거라고 표현되기도 한다.
- 예를 들면 살해 동기, 범죄현장에 남아 있는 지문, 피고인의 옷에 묻은 피해자의 혈흔, 살인행위 전후의 행적, 살인이 아닌 피고인이 도망가는 것을 본 목격자 등이 간접증거라고 할 수 있다.

---

6 변종필, 간접증거에 의한 유죄인정, 비교형사법 연구 제5권 제2호(2003. 12.), 390면.

2) 직접증거가 아닌 간접증거의 증명력을 인정할 수 있는가

- 사실의 인정은 증거에 의하여야 한다. 범죄사실의 인정은 합리적인 의심이 없는 정도의 증명에 이르러야 한다(형사소송법 제307조 증거재판주의).
- 증거의 증명력은 법관의 자유판단에 의한다(형사소송법 제308조 자유심증주의).

- 간접증거는 개별적으로 범죄사실에 대한 완전한 증명력을 가지지 못함
- 그러므로 전체 증거를 상호 관련하에 종합적으로 고찰할 경우 그 단독으로는 가지지 못하는 종합적 증명력이 있는 것으로 판단될 때 그에 의하여 범죄사실 인정 가능

---

3) 간접증거 증명력 판단기준

- 형사재판에 있어서 유죄의 인정은 법관으로 하여금 합리적인 의심을 할 여지가 없을 정도로 공소사실이 진실한 것이라는 확신을 가지게 할 수 있는 증명력을 가진 증거에 의하여야 하고, 그와 같은 심증이 반드시 직접 증거에 의하여 형성되어야 하는 것은 아니고, 경험칙과 논리법칙에 위반되지 아니하는 한 간접 증거에 의하여 형성되어도 되는 것이다(대법원 1993. 3. 23. 선고 92도3327 판결).
- 간접증거가 개별적으로는 범죄사실에 대한 완전한 증명력을 가지지 못하더라도, 전체 증거를 상호 관련하에 종합적으로 고찰할 경우 그 단독으로는 가지지 못하는 종합적 증명력이 있는 것으로 판단되면 그에 의하여도 범죄사실을 인정할 수가 있다(대법원 1999. 10. 22. 선고 99도3273 판결).
- 살인죄 등과 같이 무거운 범죄의 경우에도 직접증거 없이 간접증거만으로 유죄가 입증될 수 있으나, 그러한 유죄 입증에는 공소사실에 대한 관련성이 깊은 간접증거들에 의한 신중한 판단이 요구되므로, 간접증거에 의하여 주요 사실의 전제가 되는 간접사실을 도출할 때에는 증명이 합리적인 의심을 허용하지 않을 정도에 이르러야 하고, 하나하나의 간접사실 사이에 모순, 저촉이 없어야 하는 것은 물론 간접사실이

논리와 경험칙, 과학법칙에 의하여 뒷받침되어야 한다(대법원 2011. 5. 26. 선고 2011도1902 판결).

- 여기서 합리적 의심이란 모든 의문, 불신을 포함하는 것이 아님, 논리와 경험칙에 기하여 요증사실과 양립할 수 없는 개연성에 대한 합리적 의문을 의미, 단순히 관념적인 의심이나 추상적인 가능성에 기초한 의심은 합리적 의심에 포함된다고 할 수 없다(대법원 2013. 6. 27. 선고 2013도4172 판결).

- 유전자검사나 혈액형검사 등 과학적 증거방법은 그 전제로 하는 사실이 모두 진실임이 입증되고 그 추론의 방법이 과학적으로 정당하여 오류의 가능성이 전무하거나 무시할 정도로 극소한 것으로 인정되는 경우에는 법관이 사실인정을 함에 있어 상당한 정도로 구속력을 가진다(대법원 2009. 3. 12. 선고 2008도8486 판결).

- 정리하면 ① 원칙적으로 간접증거의 증명력을 인정하되, ② 간접증거의 부족한 증명력을 다수의 간접증거를 종합적으로 판단하여 보완해야 하고, ③ 하나하나의 간접사실 사이에 모순, 저촉이 없어야 하는 것은 물론 간접사실이 논리와 경험칙, 과학법칙에 의하여 뒷받침되어야 한다.

- 유죄를 인정하기 위해서는 '범행동기, 범행수단의 선택, 범행에 이르는 과정, 범행 전후 피고인의 태도' 등 여러 간접사실로 보아 피고인이 범행한 것으로 보기에 충분할 만큼 압도적으로 우월한 증명이 있어야 한다. 만약 피고인이 고의적으로 범행한 것이라고 보기에 의심스러운 사정이 병존하고 증거관계 및 경험법칙상 고의적 범행이 아닐 여지를 확실하게 배제할 수 없다면 유죄로 인정할 수 없다(대법원 2017. 5. 30. 선고 2017도1549 판결).

- 대법원 판례에서 도출할 수 있는 간접사실 증명의 판단요소는 '범행동기, 범행수단 및 방법, 범행에 이르는 과정, 범행 전후 피고인의 태도'이고 모순·저촉되는 요소에 대한 검토와 검증을 할 때 판단요소는 '의심스러운 사정, 고의범행이 아닐 여지 등'이다. 마지막으로 간접증거를 통해 유죄의 결론을 끌어내기 위해서는 '논리와 경험칙 및 과학법칙이

뒷받침되었는지, 압도적으로 우월한 증명이 있었는지' 여부로 판단할 수 있다.

• 이러한 판단절차를 도식화하면 다음과 같다.

표 1-2 간접증거의 증명령 판단기준

구 분	증명 (간접사실)	모순/저촉	탄핵/검증	결론
판단 요소	① 범행동기 ② 범행 수단 및 방법 ③ 범행에 이르는 과정 　(살해계획 등) ④ 범행 전후 피고인의 　태도	① 의심스러운 사정 ② 고의범행 아닐 여지 등	좌동	① 논리와 경험칙, 과 　학법칙 뒷받침 ② 압도적 우월한 증명

4) 간접증거의 증명력을 인정한 시체 없는 살인사건 적용 예(2013도4172)

(1) 사실관계 분석

• 피고인은 사실혼 상태에서 딸을 출산하여 살다가 남편의 인감도장을 이용하여 차량할부구입계약을 체결한 후 다른 사람에게 이를 매도하겠다고 속여 그로부터 차량 매도대금을 지급받은 후 차량할부계약을 해약해 버리는 사기범죄로 유죄가 확정되었다.

• 이 때문에 남편에게 이혼당한 후 딸과 노모를 부양하게 되었는데 그 후 딸의 급성 림프구성 백혈병 투병으로 인하여 기초생활보장수급자 의료보호대상자가 되었으며 여러 차례 사업을 실패하였다. 또한 피고는 13살 연하의 남자를 사귀다가 무리한 지출을 하여 1억원가량의 채무를 지게 되었다.

　⇨ 피고인의 열악한 경제상황(살해동기 간접증거)

• 2010년 3월부터 6월까지 피고인은 '피고인을 피보험자'로 하고 '피고인의 어머니를 보험수익자'로 하여 총 7개 보험사에 약 33억원의 보험에 가입, 매달 약 300만원의 보험금을 지급하였다.

　⇨ 무리한 사망보험금 납부(살해동기 간접증거)

- 2010년 3월경 피고인은 인터넷을 검색하여 대구 소재 여성노숙자쉼터 중 한 곳의 인터넷 카페에 회원등록을 하고, 어린이집 원장 행세를 하면서 쉼터 운영자와 수회에 걸쳐 통화나 문자메시지로 "그간 폰으로 통화하는 부모가 없거나 찾아오지 않은 사람을 찾았다, 꼭 방문하겠다."고 말하기도 하였다.

⇨ **구체적인 살해계획**(살해방법 간접증거)

- 2010년 5월 30일 피고인은 쉼터를 방문하여 피해자(여, 26세)를 만나 "내가 운영하는 어린이집의 보모로 근무하면 월급 130만원을 주고 가까운 대학에서 공부를 시켜 보육사자격증까지 취득하게 해주겠다."고 말하였으며, 피해자에게 연락하는 가족이나 지인이 없다는 점을 확인하였다.

⇨ **구체적인 살해계획**(살해방법 간접증거)

- 한편 2010년 4월부터 6월까지 피고인은 피고인의 집에서 인터넷을 이용하여 살해방법과 여성노숙자를 탐색하기 위하여 검색어를 입력하고 이와 관련된 인터넷 사이트 및 문서, 뉴스기사 등을 살펴보았다 (이 시기에는 '메소밀, 그라목손 냄새, 살인방법, 사망신고절차, 부산 여성노숙인, 여성노숙인쉼터, 살충제, 메소밀 냄새 및 중독, 메소밀 100㎖ 음독, 아질산나트륨, 살충제 농약음독, 질식사, 사망보험금＋다수＋계약' 등의 검색어를 입력하였다고 한다. 한편 피해자가 사망한 이후인 2010. 6. 22.경부터는 '사망보험금 지급사례, 사망신고 후＋보험, 사망신고 후＋제적등본, 사망보험, 사례 사망신고 시 제적되는 기간, 사망신고로＋호적등본, 우편사망신고, 사망신고절차, 사망신고방법, 사망보험금, 지급거절, 사망 후 보험실효, 고액사망보험금, 사망하면＋지문' 등의 검색어를 입력하였다고 한다).

⇨ **구체적인 살해수단**(살해방법 간접증거)

- 피고인은 피고인의 사기 등 피고사건 공판기일(2010년 6월 17일 10:45) 전날인 2010년 6월 16일 19:00경 감언이설로 피해자를 유혹하여 자신의 승용차에 태워 부산으로 데리고 와서 2010년 6월 17일 02:30경부터 04:00경 사이에 부산의 불상의 장소에서 불상의 방법으로 피해자를 살해하였다.

⇨ **추정되는 주요 범죄사실**

이에 대한 피고인의 변명

- 피고인이 쉼터를 방문한 후 피해자가 피고인에게 수회에 걸쳐 자신을 부산에 좀 데려가 달라는 문자메시지를 보냈고, 이에 피고인은 피해자가 쉼터에서 나오려면 누군가 데리러 가야만 하는 줄 알고 피해자를 데리러 가서 피해자를 자신이 운전하는 차에 태우고 부산으로 출발하였다.
- 피해자는 차에 탄 후 말이 없이 시무룩하고 어두운 표정을 하고 있다가 죽음에 대해서 생각해 보았느냐고 물었으며 자신이 힘들게 일을 해서 돈을 벌더라도 가족들의 뒷바라지에다 사용되어 남는 것이 없고 자궁에 문제가 있어 여자로서 구실도 제대로 못한다는 등 만사가 귀찮아 살기가 싫다는 이야기를 넋두리조로 하였다고 주장
  ⇨ **피해자의 자살 또는 돌연사 가능성**

- 이후 피고인은 시신을 병원으로 옮겨가서 숨진 피해자 행세를 하면서 피고인이 급성심근경색으로 숨졌다는 내용의 사망진단서를 발급받았으며 2010년 6월 17일 추모공원 장례식장에서 직원을 속여 장례 관련 서류 일체를 위조하고 즉석에서 제출하여 이를 행사하였다.
  ⇨ **범행 후 피고인의 태도**

이에 대한 피고인의 변명

- 피고인은 응급실 간호사가 환자접수를 해달라는 소리에 불현듯 순간적으로 피해자의 죽음을 잘 이용하면 종전에 가입한 보험의 보험금을 지급받고 당시 재판 중이던 형사사건들을 해결할 수 있을 것이라는 생각에 피고인의 이름으로 접수를 하였고 그 후부터 피해자로 행세하였다고 주장함.
  ⇨ **피해자의 사망 이후 범죄는 우발적이었음을 변소**

- 결국 2010년 6월 17일 피해자는 화장되었으며, 피고인은 유골을 수습하여 해운대구 청사포 바닷가에 뿌렸다. 이 과정에서 피고인은 피해자의 손가방 안에 있던 지갑에서 피해자 소유 주민등록증 1장을 절취하였다.
  ⇨ **범행 후 피고인의 태도**

- 2010년 7월 초순경 피고인은 전화로 피해자의 안부를 묻는 쉼터 운영자에게 피해자가 도망을 갔으며 공금도 훔쳤다고 거짓말을 하기도 하였다.
  ⇨ **범행 후 피고인의 태도**
- 피고인은 노모와 공모하여 허위내용의 사망신고서를 작성하여 구청에 제출하였으며 우체국 사망보험금 600만원을 입금받아 편취하고, 추가로 2억 5천만원의 사망보험금을 청구하던 중 2010년 9월 10일 11:45경 피고인이 사망하지 않은 사실을 알게 된 보험 조사과 직원이 경찰에 신고하여 체포되었다.
  ⇨ **범행 후 피고인의 태도**

(2) 재판경과 및 항소심 판결 요지

- 1심에서 피고인의 혐의가 인정되어 유죄가 선고되었으나, 항소심에서 살인혐의는 피해자의 돌연사나 자살 가능성을 완전히 배제할 수 없음을 이유로 무죄가 선고됨. 그러나 이에 대해 대법원은 살해혐의를 무죄로 판단한 것은 심리미진이라는 이유로 파기환송
- 항소심 재판부는 피해자가 타살되었을 가능성이 제법 높은 점을 부인하기는 어렵지만 자연사나 돌연사 또는 자살 가능성에 대한 의문이 완전히 해소되었다고 보기는 어렵다고 하면서 따라서 피해자의 사망원인은 의학적으로 원인불명에 가까운 것이라고 봄이 상당하다고 하였다.

항소심 무죄 이유

- (돌연사 가능성) 피해자의 과체중 자궁미성숙으로 인하여 월경이 없어 여성호르몬제를 복용하였던 사실 불우한 가정환경 및 남자친구와의 갈등관계 등으로 인한 우울증 치료와 치료약 복용 평소 흡연을 하였던 사실 등을 들어 비록 가능성은 낮지만 급성간성혼수나 심근경색 등의 원인으로 돌연사하였을 개연성이 전혀 없다고 단정하기도 어렵다.
- (자살 가능성) 피해자가 집안문제로 쉼터에 입소한 사실, 피해자가 사회적 경제적 어려움과 인간관계의 고통을 겪고 있었던 사실, 수면 중 가위눌리는 일이 잦았던 사실 등을 들어 미약하나마 피해자가 우발적 충동적으로 약물 등을 사용하여 자살을 결행하였을 가능성도 전혀 배제하기는 어렵다.

(3) 대법원 유죄확정 요지

- 피고인에게 피해자를 살해할 만한 동기가 충분히 있었던 것으로 보이는 점

- 피고인이 이 사건 무렵 3개월 전부터 경제적으로 매우 어려운 상황에서 거액의 월 보험료를 납입하면서까지 피고인을 피보험자로 하는 다수의 생명보험에 집중 가입하고, 여러 차례 독극물과 살인방법, 사망신고절차, 사망보험금 등에 대해 알아보는 한편, 거짓말을 하면서까지 계획적으로 피해자에게 접근하였던 점

- 피고인은 피해자가 대구를 떠나 사망하기까지 사이에 피해자와 함께 있었던 유일한 사람인데, 피해자가 돌연사 하였거나 자살하였을 가능성은 **거의** 없고, 제3자에 의하여 살해되었을 가능성도 없는 점

- 피해자의 사체에 어떠한 외력의 흔적이 없었던 점에 비추어 볼 때, 피해자가 타살되었다면 독극물에 의하여 사망할 가능성이 가장 큰데, 피고인이 이 사건 범행 무렵 여러 차례 독극물에 대해 인터넷 검색을 하였고(특히, '메소밀'을 반복적으로 검색하였다), 이 사건 발생일로부터 약 2주 후인 2010. 7. 초순경 메소밀을 소지하고 있었던 점

- 메소밀은 비교적 소량으로 짧은 시간 안에 사망에 이르게 할 수 있는 독극물로 물이나 맥주 등에 탈 경우 냄새나 색깔, 맛 등으로 쉽게 알아채기 어려운 점

- 피고인은 피해자를 데리고 응급실에 오기 직전까지 피해자와 맥주를 마셨다고 진술하고 있으며, 실제 응급실 도착 당시 피해자에게서 술 냄새가 날 정도로 피해자가 술을 마신 상태였던 점

- 피해자가 응급실에 실려 왔을 때 가슴 쪽까지 많은 양의 타액이 흘러나온 흔적이 있었는데, 이는 메소밀 중독 시의 주요 증상인 과도한 타액분비와 일치하는 점

- 피해자 사망 직전·직후의 피고인의 행동 및 이후의 피고인으로 신분이 바꾸어진 피해자에 대한 사망신고, 보험금 청구 및 피해자 명의의 운전면허취득 과정 등에 비추어 볼 때, 피고인이 병원에서 피해자 사망사실을 확인한 후 갑자기 보험금을 청구하기 위하여 자신과 피해자

의 신분을 바꾸었다기보다는 처음부터 치밀하게 계획을 세우고 이와 같은 일련의 행동 및 절차를 취하였다고 보여지는 점

- 이 사건 당일의 행적을 비롯하여 피해자의 사망 전후의 피고인의 행적에 대한 피고인의 변소를 믿기 어려운 점 등을 종합하면, 피해자의 사망이 살해의사를 가진 피고인의 행위로 인한 것임이 합리적인 의심의 여지없이 충분히 증명되었다고 판단하였다.

5) 본 사건에의 적용

(1) 간접증거

- 경찰조사 시 피의자의 범행사실 인정, 다만 항소심 재판 진행 시부터 원래 피해자와 친밀하게 지내온 사이라고 주장하며 피해자에게 2,500만원을 빌려주었고, 이 사건 범행 당일 피해자의 집을 찾아가 위 차용금의 변제를 요구하였으나 거절당하여 집 밖으로 나오려는데, 피해자가 피고인의 다리를 잡고 놓아주지 아니하여 피해자를 살해하였다고 주장함으로써 강도살인의 강도혐의 부인
- 범행 전·후 현장주변 방범용과 사설 CCTV에 피의자의 모습 녹화
- 피의자가 식당에 맡긴 휴대폰과 피의자의 구강상피 채취, DNA 동일 여부를 국립과학수사연구원에 유전자 감정 의뢰한바, 피의자의 DNA형이 일치한다는 감정서 회신

(2) 법원의 판단

- 수사기관 및 1심 법정에 이르기까지 일관되게 이 사건 강도살인 범행에 대하여 자백을 하였고, 그 내용이 객관적으로 보아 합리성이 있고, 달리 피고인이 수사기관 및 1심 법정에서 자백을 하게 된 동기나 과정에 합리적인 의심을 갖게 할 만한 사정이 없음.

피고인이 일거리를 구할 생각에 성남에서 수원역으로 왔다가 인력사무실이 많은 세류역 쪽으로 걸어가던 중 배가 고파서 음식을 훔쳐 먹기 위해 소지하고 있던 망치로 현관문 유리를 깨고 집 안으로 침입한 후, 거실 탁자 위에 놓여 있던 휴대폰을 오른쪽 바지 주머니에 넣고 방안으로 들어가 텔레비전 옆 탁자 위에 놓여 있던 5,000원 내지 6,000원가량의 동전을 쓸어 담고 돌아서는데, 인기척을 느낀 피해자가 '강도야'라고 소리치자 주먹으로 피해자의 복부를 2회 때렸고, 방에서 막 나오는 순간 피해자가 피고인의 다리를 잡고 놓아주지를 아니하여 싱크대 위에 있던 칼을 잡고 피해자의 복부와 목 부위를 수회 찌른 후에 급히 위 집을 나와 도망을 갔다.

- CCTV 영상 등 다른 정황증거 중에서 자백과 모순되는 증거를 발견할 수 없는 점
- 피고인은 이 사건 다음날 오후에 천안역 인근 식당에서 순대국밥을 사 먹은 후, 식당 주인에게 식사대금 대신 위 피해자의 휴대폰을 맡긴 사실이 있는바, 이러한 사실도 위 자백 내용에 부합하는 점
- 피고인이 새로이 주장하는 살해 경위와 동기 등은 다음과 같은 이유에서 믿기 어려우므로 받아들이지 않음.
  - 피고인이 오랫동안 피해자와 친밀한 관계를 유지하여 왔다거나 돈을 빌려주었다는 사실을 인정할 만한 객관적인 자료를 전혀 제출하지 못하고 있음.
  - 피해자가 위 돈을 변제받는 것을 포기하고 집 밖으로 나오려는 피고인의 다리를 붙잡고 놓아주지 아니할 이유가 없는 등 위 주장은 선뜻 납득하기 어려움
  - 피고인은 피해자를 찾아가기 직전에 공중전화를 이용하여 피해자의 휴대폰에 2차례 전화를 한 사실이 있다고 주장하나, 피고인이 전화하였다는 휴대폰 번호는 피해자의 번호가 아닐 뿐만 아니라, 각 휴대폰의 통화내역에 의하면 피고인이 위 각 휴대폰에 위 주장과 같은 전화를 한 사실이 없음.

1. 본 사건 시나리오를 바탕으로 면식범과 비면식범을 징표하는 단서들이 경합할 때 어떤 방식으로 수사관의 주관적인 편견을 최대한 배제할 것인지, 어느 방향으로 수사를 진행하는 것이 수사의 신속성, 객관성 측면에서 바람직할지 토론해 보자.

2. 간접증거의 증명력을 인정하기 위해서 ① 범행동기, ② 범행 수단 및 방법, ③ 범행에 이르는 과정(살해계획 등), ④ 범행 전후 피고인의 태도 등 판례에서 요구하는 요건들이 어느 정도 증명되어야 하며, 하나하나의 간접사실이 모순이 없음이 또 어떻게 증명되어야 하는지 토론해 보자.

제2장

사라진 두 여인
실종과 수색을 중심으로

1. 가출사건 발생

2. 가출에서 실종사건으로

3. 실종에서 납치사건으로 전환

4. 다시 살인사건으로 수사 확대

••• 도입

지금부터 여러분은 실화 같은 허구, 허구 같은 실화를 통하여 사건을 수사하는 수사관으로서 또한 프로파일러가 되어 강력사건 발생에 대해 초동수사와 현장 수사를 통하여 자료를 수집할 것이다.

수집된 자료들을 토대로 사건을 분석하고, 분석된 결과를 가지고 다양한 수사기법을 동원하여 범인을 검거하시기 바란다. 아울러 수사와 관련된 현행법에서 인정하는 법률적인 부분까지도 공부하게 될 것이다.

••• 학습목표

1. 발생 사건에 대하여 범죄의 흔적을 찾아 사건을 추리할 수 있다.
2. 가출인과 실종사건 접수 처리에 대해 알 수 있다.
3. 초동수사 및 현장 감식을 통하여 범죄의 증거를 수집할 수 있다.
4. 수집된 자료를 토대로 수사의 단서를 찾아 사건을 분석할 수 있다.
5. 사건사례를 통하여 범인을 검거할 수 있는 유능한 수사관이 될 수 있다.

사례연구

1. 가출 사건 발생

어느 날 19:00경 S대학 앞 로데오거리에서 마케팅회사에 근무하는 진미래(28세.여)씨가 집으로 전화를 걸어 같은 직장 입사 동기인 이슬(28세.여)과 함께 저녁을 먹고, 늦으면 이슬 집에 가서 자겠다고 어머니와 통화하였다. 그러나 다음날 진미래씨와 이슬씨 모두 직장에 출근하지 않고 집에도 들어오지 않아 진미래씨 부모가 저녁 무렵에 어제 나간 딸이 아직까지 집에 귀가하지 않고 있다고 경찰관서에 가출 신고를 하였다.

경찰에서는 여성 2명이 같은 직장에 근무하고 있고, 18세 이상 성인인 것을 고려하여 가출 사건으로 판단하였다.

가출인의 개념

"가출인"이란 신고 당시 보호자로부터 이탈된 18세 이상의 사람을 말한다.

「실종아동등 및 가출인 업무처리 규칙」 제2조(정의)

여기서 문제!

문: 성인 여성이 가출하면 경찰이 수사를 개시 한다! 맞으면○ 틀리면×

⇒ 정답은? (   )

※ 성인의 가출은 범죄에 연루된 사실이 확인되지 않고는 ⇒ 인권침해 논란 등이 발생할 수 있어 적극적으로 수사를 개시하지는 않는다.

수사의 개시

사법경찰관은 범죄의 혐의가 있다고 인식하는 때에는 범인, 범죄사실과 증거에 관하여 수사를 개시·진행하여야 한다.

형사소송법 제196조②항

그러나 가출인 신고는 관할에 관계없이 접수하여야 하며, 신고를 접수한 경찰관은 범죄와 관련 여부를 확인하여야 한다. 아울러 경찰서장은 가출인에 대한 신고를 접수한 때에는 정보시스템의 자료 조회, 신고자의 진술을 청취하는 방법 등으로 가출인을 발견하기 위한 조치를 하여야 하며, 가출인을 발견하지 못한 경우에는 즉시 실종아동등 프로파일링시스템에 가출인에 대한 사항을 입력한다. 경찰서장은 접수한 가출인 신고가 다른 관할인 경우 가출인을 발견하기 위한 조치 후 지체 없이 가출인의 발생지를 관할하는 경찰서장에게 이첩하여야 한다. 「실종아동등 및 가출인 업무처리 규칙」 제15조(신고접수)

여성 2명이 평소 잘 다니고 있는 회사에 출근하지도 않고 뚜렷한 이유 없이 사라진 점에 대해 경찰서장은 범죄혐의점이 있다고 판단하여 실종수사조정위원회를 구성하여 범죄관련성 여부를 판단하기로 하였다.

제20조(실종수사 조정위원회) ① 경찰서장은 실종아동등 및 가출인의 수색·추적 중 인지된 강력범죄의 업무를 조정하기 위하여 실종수사 조정위원회를 구성하여 운영할 수 있다.
   1. 위원회는 위원장을 경찰서장으로 하고, 위원은 여성청소년과장(미직제시 생활안전과장), 형사과장(미직제시 수사과장) 등 과장 3인 이상으로 구성한다.
   2. 위원회는 경찰서 여성청소년과장이 회부한 강력범죄 의심 사건의 범죄관련성 여부 판단 및 담당부서를 결정한다.
② 위원회는 경찰서 여성청소년과의 안건 회부 후 24시간 내에 서면으로 결정하여야 한다.
③ 경찰서장은 위원회 결정에 따라 실종아동등 및 가출인 발견을 위해 신속히 추적 또는 수사에 착수하여야 한다.

「실종아동등 및 가출인 업무처리 규칙」

실종된 여인들의 부모를 상대로 탐문을 실시하였으나 특별히 가출할 만한 점이 없고 친구들 상대로도 확인한바 특이점을 발견할 수 없었다. 아울러 직장 사람들을 상대로 탐문 한바 CCTV 영상과 동일한 착의 상태로 퇴근한 사실을 확인하였다. 또한 실종자들이 이용한 주점과 카페에 대하여 탐문 활동을 한바 술에 취한 상태는 아니었다는 진술을 들을 수 있었다. 경찰서장은 실종수사조정위원회를 통하여 단순 가출이 아니라 범죄혐의점이 있는 실종사건으로 결론을 내리게 되었다.

2. 가출에서 실종사건으로

실종의 개념

두 여인 모두 사라진 시간 이후부터 특별한 이유 없이 핸드폰을 사용하지 않고 꺼져 있으며, 뚜렷한 사유 없이 장기간 회사를 출근하지 않는 점 등으로 보아 가출보다는 실종사건으로 무게를 두고 수사를 진행하였다.

이제부터는 두 여인의 실종사건으로 수사에 초점을 맞추어 범죄의 흔적과 초동수사, 현장 감식, 사건분석, 추리 사항, 수사기법 등으로 분류·분석하여 사건을 추리해 나가시기 바란다.

　실종이라고 하면 종래의 주소 또는 거소를 떠나 그 소재나 생사를 알 수 없는 부재(不在) 상태에 있는 것을 말한다.

　"실종아동등"이란 약취(略取)·유인(誘引) 또는 유기(遺棄)되거나 사고를 당하거나 가출하거나 길을 잃는 등의 사유로 인하여 보호자로부터 이탈(離脫)된 아동등을 말한다.

「실종아동등의 보호 및 지원에 관한 법률」 제2조(정의)

아동등	실종 당시 18세 미만인 아동, 「장애인복지법」 제2조의 장애인 중 지적장애인, 자폐성장애인 또는 정신장애인, 「치매관리법」 제2조제2호의 치매환자
실종아동등	약취(略取)·유인(誘引) 또는 유기(遺棄)되거나 사고를 당하거나 가출하거나 길을 잃는 등의 사유로 인하여 보호자로부터 이탈(離脫)된 아동등
찾는실종아동등	보호자가 찾고 있는 실종아동등
보호실종아동등	보호자가 확인되지 않아 경찰관이 보호하고 있는 실종아동등
가출인	신고 당시 보호자로부터 이탈된 18세 이상의 사람
보호자	친권자, 후견인이나 그 밖에 다른 법률에 따라 아동 등을 보호하거나 부양할 의무가 있는 사람
신상정보	이름·나이·사진 등 특정인(特定人)임을 식별하기 위한 정보

※ 실종아동등보호및지원에관한법률(제2조), 실종아동등 및 가출인 업무처리 규칙(제2조) 용어 정의

　실종사건으로 수사를 하던 중 실종되던 날 이슬씨의 통장에서 돈이 인출되었고, 다음날 현금지급기에서 현금서비스를 받은 사실이 확인되었으며, 진미래씨 핸드폰으로 112에 발신한 사실이 확인되었다. 이러한 여러 가지 사실들을 기초로 두 여인이 타인에 의해 납치된 것으로 보고 납치사건에 무게를 두고 수사를 확대하게 되었다.

1) 실종사건 처리절차

사건발생 직후의 경우

① 지구대(112), 형사당직, 여청계 등에서 실종신고 접수 시 실종자 인상착의 등 필수 청취 사항 확인

② 신고 접수부서는 신속히 실종전담팀과 형사당직 전파 및 수배, 필요시 인접서 전파, 지방청 보고

  • 일과시간은 실종전담팀· 형사당직 동시 현장 출동, 수사
  • 일과시간 외에는 우선 형사당직 현장출동, 초동수사 후 실종전담팀 연락

그림 2-1 실종사건 처리절차 개요도

• 아동 · 여성 실종사건

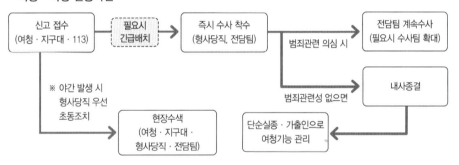

• 일반 실종사건

범죄 연관성이 높은 실종사건은

발생 후 상당시간이 경과한 경우

① 발생관서 중심 긴급배치 · 수색 · 수사 동시 전개
  • 긴급배치는 발생초기에는 국도 등 주요도로 · 국도 연계 고속도로 IC 입구부터 우선 차단 장악 후, 이면도로 · 골목길 등으로 확대 차단
  • 수색은 발생지 주변 · 이동로 · 사체유기 예상지역으로 순차적 확대 실시
  • 수사는 형사 · 전담팀 등 가용경력 동원, 목격자 탐문 · CCTV 자료확보 · 실종자 휴대폰 위치추적 등 집중, 필요시 지방청 범죄분석 요원 · 외부전문가 합동 진출
② 인접서 · 해당廳 · 인접廳은 발생관서 단계별 조치와 동시, 필요한 범위 내에서 가용경력 동원, 검거 · 수색 · 수사
③ 발생관서 수색 및 초동 수사
  • 수사공조회의 개최, 사건분석 · 수사방향 설정(필요시 수사팀 확대편성), 예상 이동로 · 사체유기예상지역 주변 수색수사, CCTV · 차량 · 통신자료 등 중점 수사
④ 인접서 · 해당廳 · 인접廳은 발생관서 단계별 조치와 동시, 필요한 범위 내에서 가용경력 동원, 검거 · 수색 · 수사

실종신고 접수 시 필수 질문사항

• 실종자의 이름
• 실종자의 나이(생년월일 또는 주민등록번호)
• 실종된 일시 · 장소
• 실종된 자세한 경위
• 실종 발생 당시 실종자가 입고 있던 옷차림과 신발, 소품 그리고 신체특징
• 실종자의 최근 사진(각각 다른 모습이 담긴 여러 매의 최근 사진)
• 신고자의 이름 및 언제라도 연락이 가능한 연락처, 주소

실종사건 발생 전에 준비해야 할 사항들

• 실종사건 수사계획 · 시나리오
• 수사에 필요한 인력, 예산 등 필요한 자원
• 관련 기관 및 단체 등의 담당자 이름과 연락처
  ※ 관할 소방서, 실종아동전문기관, 국과수 부서별 연락처, 보호시설, 쉼터 등

- 가족·피의자 등 관계자 면담조사 시 사용할 구체적 질문 체크리스트
- 범죄정보관리시스템(CIMS), 강력범죄수사지원시스템(VISS), 수법범죄시스템(CRIFISS), 공조조회포털시스템 등 수사정보 관리시스템 활용방안 강구
- 필요 수사사항을 구체적으로 기록한 체크리스트
- 실종사건 이해를 돕기 위한 전문지식 사전 교육
- 실종사건 수사 시 협력해야 할 지역언론, 이동통신사 및 공공장소 전광판 등 사전 파악·협력
- 실종 관련 비영리 기관·단체, 보호시설, 기타 협력기관 등 사전 파악 및 업무시간과 업무시간 외에 빠르게 연락할 수 있는 방법 강구
  ※ 담당자 이름과 연락처, 비상연락체제 등 구비

최초 현장에 도착한 근무자 또는 초기 대응자 체크리스트
- 현장에 접근할 때 가급적 추후 수사분석, 증거확보 등을 위해 비디오카메라·디지털 카메라·녹음기 등을 휴대할 것
- 실종자와 유괴범에 대한 간략한 묘사와 실종경위 등 기본적인 사항을 확인할 것
- 최초 신고를 한 사람(보호자 또는 가속 능)과 변남할 것(보호자 여부 및 관련싱 확인)
- 실종자가 실제로 실종된 것인지와 이전에 가출 등 유사경력 여부를 확인
- 실종자가 가족 등 주변인물에 의해 감금된 것은 아닌지 확인
- 실종 당시의 구체적 상황을 면밀하게 파악
  - 최종 확인 위치, 휴대폰 전원 상태 및 통화 여부
  - 인상착의, 소지품(현금, 카드, 위험물건 등)
  - 정신·신체장애, 기타 병력사항
  - 일상적인 행동패턴과 행동반경(평상시 귀가시간 등)
  - 최근·당일행적 및 특이한 점(행동변화 요인 유무, 자살 기도 언급 및 시도 전력 등)
  - 휴대폰, 금융(카드, 통장) 사용내역(가족 확인사항)
  - 습관, 흥미, 취미, 관심사
  - 가족이나 다른 사람들과 관계 및 갈등 여부(친한 친구, 이성친구, 직장동료, 채권채무, 원한감정 등)
- 실종자를 언제, 어디서, 누가 최종 목격했는지 확인
- 실종자가 마지막으로 접촉한 사람에 대한 면밀한 조사(현장에 없으면 우선 전화통화)
- 실종자의 연령 및 성장 단계로 볼 때 실종자가 갈 만한 주변장소 등 파악

- 대략적 정보를 볼 때 면식범(가족 포함)에 의한 납치·유괴인지, 비면식범에 의한 납치·유괴인지, 가출인지, 길을 잃거나 부상을 당한 것인지, 다른 형태의 실종인지 여부와 수사·수색 인력 투입에 대해 초기적인 판단을 할 것
- 실종자 및 실종자와 같이 있을 만한 사람(용의자 포함)의 휴대폰·차량·주거지 등 추적가능 자료 확인
- 실종자와 납치·유괴 용의자 등의 사진과 동영상(CCTV 녹화자료) 확보
- 공개수사나 멤버경보 발령 기준에 해당하는지 판단하고 상급자와 발령 여부에 대해 논의할 것
- 수사관·감독자 등 추가 필요 인력 판단
- 사건에 추가로 투입되는 모든 직원에게 사건을 브리핑하고 업데이트할 것(실종자 사진 제공 포함)
- 현장의 모든 사람과 실종자와 관련된 사람들(가족, 형제, 친구, 평소 교류자, 직장동료 등)의 인적사항을 확인하고 분리하여 조사할 것. 이때 그들을 조사하고 정보를 확인하는 모든 과정이 기록되어야 한다는 것을 명심해야 함. 가능하다면, 현장에 있는 모든 사람들에 대해 비디오 영상 녹화나 사진촬영을 해둘 것(실종자가 아동일 경우 학교와 협조, 친한 친구 및 혼자 사는 친구 등 면담)
- 실종자의 친구, 가족의 친구, 친척, 기타 관련된 모든 사람의 이름, 주소, 집·사무실 전화번호 기재
- 각 사람들과 실종자와의 관계 확인
- 각 사람들이 실종자나 실종사건에 대해 알고 있는 모든 정보를 파악, 기재
- 각 사람들이 실종자를 최종적으로 언제, 어디서 보았는지 확인
- 관련된 사람들에게 '실종자에게 무슨 일이 생겼다고 생각하는지' 질문
- 공개수사나 엠버경고 발령 중인 경우에는 추가 입수되는 정보를 언론매체에 계속 업데이트해 줄 수 있도록 필요한 정보를 언론 대응팀에 계속 알려 줄 것
- 사건이 발생한 장소의 건물 또는 가정집을 수색할 필요가 있는 경우 권리자의 동의 또는 영장을 확보하고 그 사항을 기록할 것
- 실종자가 집 외의 다른 지역에서 실종되었다고 신고된 경우에도 실종자의 집은 반드시 신속하고 철저하게 수색할 것
- 수색과정과 그 이후까지 증거가 소실되지 않도록 실종현장과 실종자 집에 외부인의 출입을 차단할 것
- 실종자의 주거지 및 방의(지정 및 정돈) 상태나 물건들을 면밀하게 확인

- 실종자를 찾거나 실종자의 신원을 파악하는 데 도움이 될 만한 물품들(실종자의 머리빗, 일기장, 사진 및 지문, 족적, 치아 상태를 확인할 수 있는 물건 등 개인적 물품 포함)을 보존할 것
- 실종자의 물건(현금, 카드, 애장품, 가방, 의류, 사진기 등) 중 없어진 것이 있는지 확인하고 가능하다면 현장 주변에 대해 비디오 촬영이나 사진촬영을 해둘 것
- 실종자의 인터넷 사용내역, 메모, 일기, 우편물 여부와 그것이 실종사건과 어떤 관련이 있는지 조사할 것
- 실종자가 휴대전화나 그 밖의 다른 통신장비를 가지고 있는지 확인
- 차량이나 다른 사체유기·은닉용이 장소를 포함한 주변지역까지 수색을 확대할 것
- 조금이라도 의심이 가는 장소는 '잠재적 범죄현장'으로 여기고 철저히 수사할 것
- 근처의 CCTV에 실종자와 관련된 정보가 있는지 확인할 것
- 실종자의 가족, 친구, 동료와 가족의 친구들을 조사하여 다음 사항을 파악할 것
  - 실종자를 최종적으로 본 때가 언제인지
  - 실종자에게 무슨 일이 생겼을 것이라고 생각하는지
- 성폭력 전과나 성도착증이 있는 자가 실종 발생지역 주변에 살거나 근무하거나 혹은 어떻게든 관계된 것이 있는지 성폭력 선과사 기록으로 확인할 것
- 실종자 관련 정보를 최대한 신속하게 '실종아동등프로파일링시스템'에 입력하고 용의자 관련 정보는 '범죄정보관리시스템(CIMS)'의 스피드 수배 등 게시판에 입력하거나 그 밖의 다른 수사정보 공유시스템을 활용하여 인접 관서 등과 공유할 것
- 실종자와 납치·유괴범의 사진 및 상세 설명을 적은 전단과 벽보를 준비하고 필요한 지역에 배포
- 초기적인 판단 이후 확인된 정보를 근거로 면식범(가족 포함)에 의한 납치·유괴인지, 비면식범에 의한 납치·유괴인지, 가출인지, 길을 잃거나 부상을 당한 것인지, 다른 형태의 실종인지 여부 및 수사팀 증원 여부에 대해 2차 판단을 할 것

수사팀
- 초동조치 경찰관과 현장에 있던 사람들로부터 사건개요, 발생경위, 관련 사항, 현재까지의 수사 및 조치상황 등을 브리핑받을 것
- 초기 수사 동안 얻은 정보들과 세부사항이 정확한지 확인할 것
- 범죄정보관리시스템(CIMS) 등 이용할 수 있는 모든 시스템으로부터 실종자 및 실종사건과 관련된 유사 사건기록이 있는지 찾아보고 실종지역 내 전과자, 성도착증 환자, 부랑자,

과거 유괴를 시도한 전력이 있는 자 등에 대한 수사자료 등을 최대한 확보
- 지역주민을 상대로 미리 정해진 질문 체크리스트를 사용하여 조사를 사용할 것
- 실종자 가족과 관련하여 최근 변화한 부분이 있는지 확인하고 그에 대한 정보를 수집할 것
- 목격자 등 사건 관련자들이 서로 모순되는 정보를 제공하는 경우 그 원인에 대하여 수사하고 확인할 것
- 수색견 등을 활용하기 위해 실종자의 옷가지, 물건 등을 신속하게 수집할 것
- 수집된 모든 증거와 정보를 재검토하고 분석 평가할 것
- 실종자의 최근 치과치료 기록을 포함한 의료기록을 확보할 것
- 실종자가 살해되었을 것으로 예상되는 경우에는 신속하게 실종자 주거 및 사체유기 용의지역 주변 쓰레기를 훼손치 않도록 청소업체 등에 분리 요청할 것
- 수사와 관련된 계획을 계속 보완하고 집행할 것
- 관련지역 내 범죄 용의자나 사건 관계자의 범죄경력 확인
- 추가적인 지원이나 특별한 조치가 필요한지 여부 판단
- 인접 관서 및 공조관서 수사팀, 실종사건 유관기관들과 실시간 공조하고, 실종자 전단지를 제작·배포하되 사건 진행에 따라 보완되는 최신 자료로 업데이트할 것
- 사건에 대한 자문과 단서를 즉각 확보할 수 있는 제보전화나 핫라인을 구축할 것
- 단서에 대해 우선순위를 매기고 각각의 단서를 빠짐없이 지속적으로 재검토할 것

2) 실종사건 초동 대응단계에 공통 적용되는 수사팀의 조치 요령

① 사건을 접수한 직후 실종자 가족이나 목격자 등을 만나기 전에 먼저 현장에 도착하여 초동조치 경찰관들로부터 사건에 대한 상세한 인계를 받아야 한다. 특히 최초 현장 대응 경찰관으로부터 얻는 정보는 수사관이 향후 면담 조사의 방향을 정하고 수사 전략을 세우는 데 중요한 역할을 한다.
② 필요한 초기 정보와 자료를 수집한 후에는 신고자·가족·목격자·지역주민 등으로부터 사건 관련 진술을 청취하기 시작한다.
③ 현장에 있던 사람들로부터 가족사에 대한 간단한 정보를 얻고 그 정확성 여부를 최대한 확인하는 것도 중요하다. 그러한 정보가 실종자에게 발생할 가능성이 있는 일 또는 현재 실종자의 소재 등에 대해 중요한 정보를 제공할 수 있다.

④ 관련자들로부터 진술 청취가 끝나면 그동안 관련자들을 접촉했던 다른 경찰관들과 함께 해당 기록을 비교 검토해야 한다. 모순되는 정보가 있다면 모순되는 이유 등 사실관계를 정확히 파악해야 한다.

⑤ 수집된 모든 정보와 증거들을 재검토, 분석하여 후속적인 수사절차를 진행하고 추가인력 이나 지원이 필요한지 판단해야 한다.

⑥ 사건에 대한 대응계획을 수립하고 인접 지방청 및 관련 기관·기능과 공조 체계를 구축한다.

수집한 정보를 근거로 아래 사항을 점검하여 실종사건을 판단해보자.

- 실종자가 정말로 실종되었다고 생각되는가?
- 실종자가 자발적으로 가출한 것은 아닌가?
- 납치 또는 유괴된 것은 아닌가?
- 납치·유괴 용의자를 알고 있는가? 혹시 가족에 의한 실종은 아닌가?
- 납치·유괴자나 실종자의 소재를 알거나 집작하고 있는가?
- 납치·유괴 용의자의 정신적·신체적·도덕적 특징은 무엇인가?
- 실종자의 정신적·신체적·발달 심리적 특징은 무엇인가?
- 가족에 의한 실종이 의심된다면 가정불화에 의한 것으로 추정되는가?
- 가정 내 문제에 의한 실종이라도 위범 행위가 포함되어 있는가?
- 범죄와 연관되었다고 판단할 만한 단서가 있는가?
- 사건과 관련하여 부실한 보고서 혹은 거짓 보고서를 쓴 사람은 없는가?

3. 실종에서 납치사건으로!

두 여자의 핸드폰이 꺼져 있고 통장에서 현금이 인출되고, 심지어 현금지급기에서 거액의 현금서비스를 받을 때 다른 사람이 돈을 인출하였으며, 핸드폰으로 112에 발신한 사실이 확인되어 실종보다는 납치사건으로 무게를 두고 수사를 진행하였다.

1) 납치 및 유괴범죄의 동기 및 원인[1]

『납치나 유괴사건』이라고 하면, 개인적인 원한을 풀기 위하거나 재물(금전) 획득 목적으로 아니면 사사로운 집단들이 그들의 이익을 챙기기 위해 자위력이 없는 나약한 어린아이나 부녀자 혹은 외부로부터 납치장소가 차단되고 통제가 용이한 곳에 모여 있는 군중(승객 또는 관람객)들을 불법으로 구속 인질로 하는 반인륜적이며 비인도적인, 용서받지 못할 범법행위로 인식되어 있는 것이 일반적인 상식이다. 그렇다면 이러한 납치나 유괴사건이 범법행위임을 알면서도 지속적으로 일어나는 이유는 무엇일까? 이러한 납치 및 유괴범죄를 일으키는 요인에 대해 알아보자.

---

① 경제적 요인

모든 범죄가 마찬가지이겠지만 생활비 마련, 유흥비 마련, 도박비 마련, 허영·사치심, 치부, 사행심 등의 경제적인 요인은 범죄 동기의 많은 비중을 차지하고 있다. 이는 납치나 유괴사건에서도 예외가 아닌 것이다. 앞서 언급했듯이 납치 및 유괴범은 범행상황에서 주도권을 쥐고 자신의 요구금액을 제시하여 다른 범죄와는 달리 일시에 막대한 액수의 돈을 얻을수 있을지 모른다는 착각을 하여 경제적으로 여유롭지 않은 사람들이 범죄를 계획하게 되는 작용을 한다.

② 국익 목적

납치나 유괴사건이 이전에는 사람을 붙잡아서 협박하여 돈이나 금품을 요구하는 형태가 대부분을 이루었지만, 최근에는 개인의 의도나 경제적인 요인뿐만 아니라 글로벌 시대라는 차원에 걸맞게 국가 간의 이익을 위해서도 타국민들을 납치의 대상으로 삼고 있음이다. 2002년도에 실제 북한에서 일본인 11명을 십여차례 납치해 자본주의 교육, 일본어 교육, 일본인화 교육 등 주로 공작원교육에 활용한 사실이 있으며, 위에 언급한 사례 김선일씨 납치사건 역시 이라크 파병을 철회할 것을 요구로 한 납치였으며, 이외에도 테러 국들의 이데올로기적 목적을 위해서도 비행기 납치 등 특정국의 정책 목적 달성을 위해서도 납치사건은 이루어지고 있다.

③ 감정적 원인

납치의 의도로 원한, 분노, 보복등의 감정적 요인을 빼놓을 수도 없다. 대체적으로 감정

---

1 곽대경. (2004). 「통제의 납치 및 유괴범죄의 실태와 대책」. 「한국공안행정학회보」, Vol.17No. – [2004].

적 요인에 의해서는 살인이나 폭행 등의 형태로 범죄가 일어나지만, 그러한 범죄는 납치 후 제2의 범죄형태가 될 수 있다는 점에서 밀접한 관련성을 가진다고 본다. 실제 이러한 감정적인 요인에 의해 1973년 8월 8일 박정희가 당시 일본 도꾜에 체류중이던 김대중 씨를 납치, 강제로 한국에 끌고 온 사건이 있었다. 민주화운동에 앞장선 김대중씨는 박정 희의 독재체제에 방해가 되었기 때문에 여러차례 암살당할 뻔했으며, 그로 인해 김대중 씨가 다리를 절게 되었다고 한다.

④ 기타요인

이외에도 여자 어린이나 여학생들을 상대로 성폭력의 대상으로 삼기 위해 납치나 유괴사 건을 계획하기도 하며, 호기심 및 우발적요인, 현실불만 등의 이유로 죄없는 사람들을 납 치하는 경우도 종종 나타난다. 그리고 최근에는 영화의 내용을 모방하여 여고생만을 납 치하여 살해한다거나 잘산다는 이유만으로 납치하여 제2의 범행을 행하는 등 무동기 범 죄가 새로운 형태로 추가되어 시민들의 인상을 찌푸리게 만들며 경찰수사에 있어서도 큰 지장을 초래하고 있음이다.

2) 유괴 및 납치를 피하는 예방법[2]

특히 어린이를 상대로 한 유괴범들은 자신의 집 근처나 직장 주변에서 범행 대상을 찾는다고 한다. 마음씨 좋은 이웃으로 둔갑해 수 차례에 걸쳐 어린이들 에게 다가가는 것이다. 따라서 '낯선 사람을 조심하라'는 예방책은 더 이상 어 린이를 위험에서 보호해줄 방어막이 될 수가 없다. 현재 미국에서 실행되고 있 는 유괴 및 납치 관련 어린이 범죄예방 프로그램은 사례별로 사고유형을 구분 하고, 유괴에 대처하는 방안에 대해 구체적인 행동요령을 가르치고 있는데, 우 리도 그와 같이 사례별로 위급 시 어린이의 행동요령을 일러주는 교육을 해야 할 필요성이 있다.

① 낯선 사람만 위험한 게 아니다.

'나쁜 사람'은 정말로 낯선 사람일 수도 있고, 몇 차례 안면이 있는 낯익은 사람일 수도 있다는 것을 인식시켜 주어야 한다. 어린이들 중에는 낯선 사람이 자신의 이름을 부르면

---

2 곽대경. (2004). 「통제의 납치 및 유괴범죄의 실태와 대책」. 「한국공안행정학회보」, Vol.17No. – [2004].

주저 없이 다가가는 어린이가 있는데 이때는 아이가 붙임성이 좋다고 놔두는 것보다 주의를 주는 것이 좋다. 그리고 낯이 익은 사람이더라도 억지로 데리고 가려고 하면 단호히 거부하고 소리를 질러 주변사람에게 도움을 청해야 한다고 일러둔다.

② **모르는 사람이 도움을 요청하면 일단 주의!**

잘 모르는 사람이 돈이나 학용품, 과자, 음료수 등을 주면 받지 않도록 주의시킨다. '엄마 또는 아빠가 교통 사고로 병원에 입원해 있으니 데려다주겠다'거나, '아빠의 직장 동료인데 아빠와 만나기로 되어 있으니 같이 가자'고 아이를 유인해 범행을 저지르는 경우가 종종 있으므로 유사한 사례를 예로 들어 위험에 대처하는 요령을 일러준다. 또한 낯선 사람이 길을 물어보면 위치만 알려주도록 일러둔다. 어른에 대한 예의로 길을 가르쳐준다며 앞장서서 그를 안내하거나 따라가지 않도록 한다. 납치 관련 사건을 통계 분석한 결과를 보면 범인 중 상당수가 길을 묻거나 짐을 들어달라고 도움을 청하는 수법으로 범행대상 아이를 한적한 곳으로 유인하는 경우가 많기 때문이다.

③ **위급 시 대처요령을 상세히 일러준다.**

낯선 사람이 자신의 가방 등 소지품을 강제로 빼앗을 때에는 물건에 신경 쓰지 말고 범인으로부터 도망치는 게 급선무라고 일러준다. 아이들 중에는 위험에 처했다는 것보다 물건을 빼앗긴다는 사실에 놀라 울고불고 하는 경우가 많은데 그것은 적절한 대처방안이 아니다. 소리를 지르는 등의 행동은 범인을 자극할 수 있기 때문이다. 위험에 처했을 때는 일단 자극할 만한 행동을 자제하고 도주할 의사가 없음을 밝히도록 알려준다. 낯선 사람의 위협이 느껴지면 집까지의 거리가 멀 경우에는 일단 근처의 가게나 이웃집, 학원 등 안전한 곳에 뛰어들어 집에 전화를 하도록 한다. 매우 위급한 상황에서는 112로 범죄신고를 하거나, 동전이 없을 경우는 공중전화의 적색 긴급버튼을 누르고 112번을 누르는 방법도 가르쳐준다.

④ **남의 차를 함부로 타지 않으며 귀가시간을 지킨다.**

처음 보는 사람이 아닐지라도 부모에게 말하지 않고 다른 사람의 차를 타는 행위는 대단히 위험하다. 낯선 사람이 강제적으로 따라가자고 하면 큰 소리를 질러 도움을 요청하도록 한다. 그리고 유치원 또는 학교, 아파트 놀이터에서는 혼자가 아닌 친구들과 여럿이 함께 놀도록 한다. 특히 늦은 시각의 놀이터는 다른 장소에 비해 유괴·납치될 확률이 높다는 점에 유의한다. 또 저녁 늦게까지 밖에서 놀지 말고 귀가 시간을 지키도록 일러준다. 밤늦은 시각은 인적이 드물기 때문에 어린이에게는 매우 위험하다는 것을 설명해준다.

⑤ **화려한 옷은 피하는 게 좋다.**

외출할 때는 부모에게 행선지를 알리도록 하며 외진 길을 피해 될 수 있으면 큰길을 이용하는 것이 안전하다고 알려준다. 값비싼 옷이나 눈에 띄는 고가의 시계, 가방 등을 몸에 지니고 다니지 않는 게 좋다. 금품을 노린 유괴납치범으로부터 범행의 표적이 될 수 있다.

⑥ **전신사진을 찍어둔다.**

부모는 언제나 관심을 갖고 아이가 입고 있는 옷과 소품 등의 특징을 알아둔다. 또 일년에 한 번 정도 아이의 전신사진을 찍어둔다. 위급 상황시 아이의 신원을 확인할 수 있도록 지문을 미리 찍어두는 것도 경찰의 수사에 도움을 준다.

⑦ **어린 자녀에게서 눈을 떼지 않는다.**

아이가 자신의 이름과 집 주소, 전화번호 등을 확실히 외우고 있도록 가르친다. 자녀의 나이가 어리다면 미아방지용 팔찌와 목걸이 등을 통해 연락처를 적어놓아야 한다. 유치원생의 경우 외출했다가 길을 잃거나 부모와 떨어지게 되면 낯선 곳에서 헤매지 말고 경찰 아저씨께 도움을 청하도록 가르치는 것도 좋다.

3) 납치되었을 때의 대응요령[3]

우선 어떠한 이유에서든 자신이 납치를 당하게 되면 침착함을 잃게 될 것이다. 그 상황을 당장 빠져나오려고 발버둥을 치거나 반항은 불가피할 것이다. 하지만 이러한 행동은 곧 납치범을 초조하게 만들며, 신변에 위협을 받을 수 있는 위험한 행동임을 알아야 할 것이다.

대불대학교 경찰행정학부 이동영 교수는 '납치 생존 십계명'을 제시했다. 탐정 보안업체인 리스크 프리라인(Risk Free Line)의 대표이기도 한 이 교수는 경찰청 외사과 출신의 해외범죄 전문가이며, 국제 납치범 협상 전문가로도 유명하다.

① **자신을 할리우드 영화의 주인공이라고 착각하지 마라.**

대부분 인질이 되면 할리우드 영화의 주인공처럼 탈출을 시도, 성공할 것으로 예상한다. 그러나 이는 영화에서나 가능한 일이지 실제 상황은 그렇지 않다.

② **감정을 자제하라.**

인질이 되면 감정이 격해져 납치범들에게 대드는데 이는 생명을 담보로 한 자충수다.

③ **논쟁을 벌이지 마라.**

인질범과 따지듯 대화하면 인질범이 수갑을 채우거나 입을 막아 자칫 살해될 수도 있다. 절대 금물이다.

---

3 곽대경. (2004). 「통제의 납치 및 유괴범죄의 실태와 대책」, 「한국공안행정학회보」, Vol.17No. – [2004].

④ 밥과 간식은 많이 먹으라.

인질이 되면 물론 밥맛이 싹 달아나겠지만 티를 내지 말고 일부러 더 많이 달라며 많이 먹어야 한다.

⑤ 부정적인 생각을 버리라.

현실을 인정하고 받아들여야 한다. '이것이 끝이 아니다'라는 사고를 하라.

⑥ 유머를 하라.

인질범과 대화를 할 때 유머를 쓰면 그들도 인간인 이상 호의적으로 나온다.

⑦ 복종하라.

인질범의 말에는 무조건 '맞습니다. 맞고요' 하며 비위를 맞춰주는 것이 좋다.

⑧ 경찰이 구출할 때는 무조건 땅에 엎드리라.

경찰은 납치범과 인질을 분간하지 못한다. 그 과정에서 탈출을 시도하면 경찰의 총이나 납치범의 흉기에 목숨을 빼앗길 수도 있다.

⑨ 1시간 데이트를 즐기라고 강조한다.

대부분 인질범들은 1시간 동안 이미지가 좋으면 살려주지만 그렇지 않으면 목숨을 빼앗는다.

⑩ 경찰에 적극 알려야 한다.

여대생이나 여고생의 납치 살인 사건에서 보듯 가족들이 경찰에 일찍 알렸으면 목숨만은 건질 수 있지 않았냐는 아쉬움이 남는다.

납치사건으로 무게를 두고 사건을 계속 수사하던 중 실종된 일주일이 지났을 때 한강 변에서 실종 납치사건 피해자 여성이 옷이 모두 벗겨진 채 변시체로 발견되었다. 이제는 가출 – 실종 – 납치사건에서 살인사건으로 수사를 확대하게 되었다.

4. 다시 살인사건으로 수사를 확대하다!

두 여인이 실종된 일주일이 지났을 때 한강변에서 옷이 모두 벗겨진 여성 변시체가 발견되었다. 과학수사팀이 출동하여 DNA와 지문채취를 통하여 신원을 확인 한바 일주일 전에 실종되었던 진미래씨(28세)로 밝혀졌고, 또한 진미래씨가 발견되고 이틀 후에 다시 한강변에서 옷이 모두 벗겨진 여성 변시체가 발견되었는데, DNA와 지문 감정 결과 이슬(28세)씨로 판명되었다.

경찰은 변시체들의 발견된 지점과 검시를 통하여 단순 실종사건이 아니라 납치 및 살인사건으로 판단하고 수사방향을 재설정하였다. 아울러 현금지급기에서 이슬씨의 카드로 현금서비스를 받을 때 불상의 남자가 사진과 같은 모자를 착용하고 있었던 것을 확인하고 범인을 검거하기 위해 살인사건에 대한 수사를 시작하였다.

그림 2 - 2 불상의 남자가 착용한 모자

위와 같은 살인사건 수사와 관련하여 아래 사항에 대해 자유롭게 생각하고 훌륭한 수사관이 되어보시기 바란다.

1. 어떻게 수사를 진행하시겠습니까?
2. 변시체의 신원확인은 어떻게 하시겠습니까?
3. 범죄의 구체적인 흔적은 어떻게 찾으시겠습니까?
4. 발생 사건에 대해 사건 분석은 어떻게 하시겠습니까?
5. 수사 시 어떠한 수사기법들을 사용하시겠습니까?
6. 범인인 특정되었다면 어떻게 범인을 검거하시겠습니까?

이제부터 여러분과 함께 살인사건에 대하여 본격적인 수사를 시작해 보도록 하겠다. 함께 수사를 진행해 나가다 보면 사건에 대한 정확한 분석으로 범인을 추정할 수 있으며 검거할 수도 있을 것이다. 수사관의 심리로 사건을 해결해 보시기 바란다.

원룸에서 혼자 생활하며 회사에 다니는 진미래씨(28세)는 저녁에 전화통화 후 다음날 휴대전화의 전원이 꺼져 있고 회사에 출근하지 않았다. 아울러 진미래씨와 회사 입사 동기인 이슬(28세)씨도 고시원에서 혼자 생활하면서 회사에 다니고 있는데 실종되는 날 어머니에게 진미래씨와 적녁식사 후 늦으면 진미래씨 집으로 간다고 통화한 후 전원이 꺼져 있고 다음 날 회사에 출근하지 않았다.

1) 사건의 특징

이번 사건은 여성 2명이 회사에 출근하지 않고 집에서도 발견하지 못한 사항으로, 사건 현장이 명확하지 않아 현장 감식 및 탐문이 불가능한 곳으로 어디서부터 수사를 해야 할지 막막한 사건이었다. 그러나 흔적이 곧 현장인 것에 대한 불멸의 진리로 흔적을 추적해 나가기 시작하였다.

2) 수사의 시작

처음에는 실종사건으로 간주하고 먼저 2명의 여인에 대해 소재 파악하는 것을 우선으로 수사 방향을 설정하였다. 소재파악을 위해서는 위치추적 수사로 119 긴급위치 추적과 통신 수사방법으로 통화내역수사, 금융권에 대한 계좌추적으로 신용 및 현금카드 사용 내역에 대해 확인하고, 탐문 수사로 직장동료나 친구, CCTV 수사 등을 시작하였다. 통신사에 실종자들의 휴대폰 통화 내역 등 통신수사[4]와 카드 및 현금 사용 여부에 대하여 금융기관을 상대로 수사를 시작하였다.

수사진들은 서둘러 119긴급 위치추적을 위하여 실종자들의 통신에 대해 위치정보이용[5] 수사를 시작하였다.

그림 2-3 수사의 시작과 수사방향

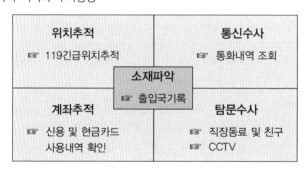

---

4 통신수단에 대해 감청 등을 통하여 통화내용 및 송화자의 발신지추적 등 수사진행에 필요한 단서를 확보하는 수사방법.
5 위치정보의 보호 및 이용 등에 관한 법률(약칭: 위치정보법) 제29조(긴급구조를 위한 개인위치정보의 이용).

3) 위치추적

119긴급 위치추적 – 위치정보의 보호 및 이용 등에 관한 법률(약칭: 위치정보법)은 위치정보의 유출·오용 및 남용으로부터 사생활의 비밀 등을 보호하고 위치정보의 안전한 이용환경을 조성하여 위치정보의 이용을 활성화함으로써 국민생활의 향상과 공공복리의 증진에 이바지함을 목적으로 제정하였다.

119긴급 위치추적 – 위치정보의 보호 및 이용 등에 관한 법률 (약칭: 위치정보법)

제2조(정의) 이 법에서 사용하는 용어의 정의는 다음과 같다.

1. "위치정보"라 함은 이동성이 있는 물건 또는 개인이 특정한 시간에 존재하거나 존재하였던 장소에 관한 정보로서 「전기통신사업법」 제2조 제2호 및 제3호에 따른 전기통신설비 및 전기통신회선설비를 이용하여 수집된 것을 말한다.
2. "개인위치정보"라 함은 특정 개인의 위치정보(위치정보만으로는 특정 개인의 위치를 알 수 없는 경우에도 다른 정보와 용이하게 결합하여 특정 개인의 위치를 알수 있는 것을 포함한다)를 말한다.
3. "개인위치정보주체"라 함은 개인위치정보에 의하여 식별되는 자를 말한다.
4. "위치정보 수집사실 확인자료"라 함은 위치정보의 수집요청인, 수집일시 및 수집방법에 관한 자료(위치정보는 제외한다)를 말한다.
5. "위치정보 이용·제공사실 확인자료"라 함은 위치정보를 제공받는 자, 취득경로, 이용·제공일시 및 이용·제공방법에 관한 자료(위치정보는 제외한다)를 말한다.
6. "위치정보사업"이라 함은 위치정보를 수집하여 위치기반서비스사업을 하는 자에게 제공하는 것을 사업으로 영위하는 것을 말한다.
7. "위치기반서비스사업"이라 함은 위치정보를 이용한 서비스(이하 "위치기반서비스"라 한다)를 제공하는 것을 사업으로 영위하는 것을 말한다.
8. "위치정보시스템"이라 함은 위치정보사업 및 위치기반서비스사업을 위하여 「정보통신망 이용촉진 및 정보보호 등에 관한 법률」 제2조 제1항 제1호에 따른 정보통신망을 통하여 위치정보를 수집·저장·분석·이용 및 제공할 수 있도록 서로 유기적으로 연계된 컴퓨터의 하드웨어, 소프트웨어, 데이터베이스 및 인적자원의 결합체를 말한다.

제29조(긴급구조를 위한 개인위치정보의 이용) ① 「재난 및 안전관리 기본법」 제3조 제7호에 따른 긴급구조기관(이하 "긴급구조기관"이라 한다)은 급박한 위험으로부터 생명·신체를 보호하기 위하여 개인위치정보주체, 개인위치정보주체의 배우자, 개인위치정보주체의 2촌 이내의 친족 또는 「민법」 제928조에 따른 미성년후견인(이하 "배우자등"이라 한다)의 긴급구조요청이 있는 경우 긴급구조 상황 여부를 판단하여 위치정보사업자에게 개인위치정보의 제공을 요청할 수 있다. 이 경우 배우자 등은 긴급구조 외의 목적으로 긴급구조요청을 하여서는 아니 된다.

실종자들의 휴대폰 위치정보가 놀랍게도 평소 연고가 없는 일산 쪽 장항IC 부근으로 나타나 있어 좀 더 폭넓은 수사 방향을 잡아야 했다.

4) 통신수사

통신수사란 통신수단에 대해 감청 등을 통하여 통화내용 및 송화자의 발신지 추적 등 수사 진행에 필요한 단서를 확보하는 수사방법으로 통신비밀보호법에 준하여 실시하고 있다. 범죄자들은 통신수단을 범행을 목적으로 유선 및 무선전화나 인터넷 등 정보통신 매체를 다양한 방법으로 활용하고 있어 다양한 범죄 수법들이 발생하고 있다. 이에 대응하기 위해 사이버 포렌식 수사 등 고도의 수사기법들이 개발되었고 계속해서 발전해 나가고 있다.

통신수단에 대해 감청 등을 통하여 통화내용 및 송화자의 발신지추적 등 수사진행에 필요한 단서를 확보하는 수사방법으로 **통신제한조치, 통신사실 확인자료, 통신자료 요청으로 구분**된다.

※ **통신수사기법**은 범죄와 무관한 제3자의 사생활을 침해하는 등 국민의 법익침해가능성이 높기 때문에 통신비밀보호법을 제정하여 통신매체를 활용한 수사에 대한 엄격한 제한을 가하고 있다. 공중전화 위치확인수사, 사이버 추적수사, 이동통신추적수사 등 다양한 기법이 있다.

(1) 전기통신사업법

제83조(통신비밀의 보호) ③ 전기통신사업자는 법원, 검사 또는 수사관서의 장(군 수사기관의 장, 국세청장 및 지방국세청장을 포함한다. 이하 같다), 정보수사기관의 장이 재판, 수사(「조세범 처벌법」 제10조 제1항·제3항·제4항의 범죄 중 전화, 인터넷 등을 이용한 범칙사건의 조사를 포함한다), 형의 집행 또는 국가안전보장에 대한 위해를 방지하기 위한 정보수집을 위하여 다음 각 호의 자료의 열람이나 제출(이하 "통신자료제공"이라 한다)을 요청하면 그 요청에 따를 수 있다.

1. 이용자의 성명   2. 이용자의 주민등록번호
3. 이용자의 주소   4. 이용자의 전화번호
5. 이용자의 아이디(컴퓨터시스템이나 통신망의 정당한 이용자임을 알아보기 위한 이용자 식별부호를 말한다)
6. 이용자의 가입일 또는 해지일

④ 제3항에 따른 통신자료제공 요청은 요청사유, 해당 이용자와의 연관성, 필요한 자료의 범위를 기재한 서면(이하 "자료제공요청서"라 한다)으로 하여야 한다. 다만, 서면으로 요청할 수 없는 긴급한 사유가 있을 때에는 서면에 의하지 아니하는 방법으로 요청할 수 있으며, 그 사유가 없어지면 지체없이 전기통신사업자에게 자료제공요청서를 제출하여야 한다.

수사와 관련하여 통신비밀보호법[6]에 의거하여 전기통신사업자에게 통신사실 확인 자료를 열람하거나 제출을 요청할 수 있다. 통신사실 확인 자료는 통신가입자의 전기통신일시 및 개시종료시간, 발착신통신번호 등 상대방의 가입자 번호 및 사용 내역 등을 확인할 수 있다.

(2) 통신비밀보호법

제1조(목적) 이 법은 통신(우편물 및 전기통신) 및 대화의 비밀과 자유에 대한 제한은 그 대상을 한정하고 엄격한 법적 절차를 거치도록 함으로써 통신 비밀을 보호하고 통신의 자유를 신장함을 목적으로 한다.

---

6 통신비밀보호법 제1조(목적) 이 법은 통신 및 대화의 비밀과 자유에 대한 제한은 그 대상을 한정하고 엄격한 법적 절차를 거치도록 함으로써 통신 비밀을 보호하고 통신의 자유를 신장함을 목적으로 한다.

제5조(범죄수사를 위한 통신제한조치의 허가요건)

　① 통신제한조치는 다음 각 호의 범죄를 계획 또는 실행하고 있거나 실행하였다고 의심할만한 충분한 이유가 있고 다른 방법으로는 그 범죄의 실행을 저지하거나 범인의 체포 또는 증거의 수집이 어려운 경우에 한하여 허가할 수 있다.

　(중요범죄의 수사나 국가안보를 위한 정보수집 등에 이용하기 위하여 법원에 영장을 발부받아 감청, 우편검열 등을 행하는 것을 말한다)

제6조(범죄수사를 위한 통신제한조치의 허가절차)

제7조(국가안보를 위한 통신제한조치)

제8조(긴급통신제한조치) ① 검사, 사법경찰관 또는 정보수사기관의 장은 국가안보를 위협하는 음모행위, 직접적인 사망이나 심각한 상해의 위험을 야기할 수 있는 범죄 또는 조직범죄등 중대한 범죄의 계획이나 실행 등 긴박한 상황에 있고 제5조 제1항 또는 제7조 제1항 제1호의 규정에 의한 요건을 구비한 자에 대하여 제6조 또는 제7조 제1항 및 제3항의 규정에 의한 절차를 거칠 수 없는 긴급한 사유가 있는 때에는 법원의 허가없이 통신제한조치를 할 수 있다.

제9조(통신제한조치의 집행)

제9조의2(통신제한조치의 집행에 관한 통지)

제9조의3(압수·수색·검증의 집행에 관한 통지)

제12조(통신제한조치로 취득한 자료의 사용제한)

제12조의2(범죄수사를 위하여 인터넷 회선에 대한 통신제한조치로 취득한 자료의 관리)

제13조(범죄수사를 위한 통신사실 확인자료제공의 절차)

제13조의3(범죄수사를 위한 통신사실 확인자료제공의 통지)

　　그러나 감청 등의 통신수사기법들은 수사라는 목적하에 실제 범죄와 관계 없이 선량한 사람들의 개인 정보를 침해할 가능성도 높아, 엄격한 법률적인 요건하에 사용되어져야 한다는 것이 다수의 의견이다.

　　통신수사 방법은 통신제한조치, 통신사실 확인자료 요청 및 통신자료 요청으로 구분되어 진다. 아울러 통신제한조치를 집행한 사건에 관하여 공소를 제기하거나, 공소의 제기 또는 입건을 하지 아니하는 처분(기소중지 결정을 제외한다)을 한 때에는 대상자에게, 감청의 경우에는 그 대상이 된 전기통신의 가입자에게 통신제한조치를 집행한 사실과 집행기관 및 그 기간 등을 서면으로 통지하여야 한다. 수사 도중 이슬씨의 휴대폰 최종 발신 시간이 같은 날 20:40분이며, 휴대전화는 꺼져 있었고, 같은 날 22:00경 이슬씨의 시민은행 통장에서 3만원이 인출되었고, 다음날 06:00경 현금지급기에서 4차례에 걸쳐 100만원의 현금서비스를 받은 사실이 확인되었다. 아울러 같은 날 21:00경 진미래씨 핸드폰으로 112에 2초간 발신한 사실이 확인되었다.

5) 금융기관 계좌추적

> 자금의 수요자와 공급자에게 각종 금융서비스를 제공하는 기관으로 금융서비스의 성격에 따라 은행, 상호신용금고 및 신용조합 등 예금·대출서비스를 제공하는 기관, 보험회사와 같이 연금·보험서비스를 제공하는 기관, 증권 및 투자회사와 같이 브로커, 인수(underwriting) 등의 업무를 수행하는 기관으로 분류한다. 우리나라의 금융기관도 다른 나라와 마찬가지로 **은행·증권·보험의 3대축으로 구성**되어 있다.

실종자들의 카드내역을 확인하기 위하여 카드사 상대로 ARS조회를 실시하였다.

카드사 ARS조회는 분실신고, 잔액조회, 대금청구내역 확인, 현금서비스조회, 비밀번호 확인 등으로 이루어져 있어 실종자들이 사용한 내역이 있는지 확인하였다. 실종 당일 진미래씨의 롯데카드로 3만원이 인출되었고, 다음날 06시경에 4차례에 걸쳐 100만원 현금서비스를 받은 이력이 있었고, 이슬씨의 카드는 실종 당일 주점과 카페에서 4만원 가량을 결재한 사실을 확인하였다.

6) 탐문수사

생각해 보기

탐문으로 무엇을 얻을 것인가?
- 사건 판단에 필요한 정보를 수집한다.
- 실종사건과 관련된 잠재적 목격자를 발견한다.
- 그동안 수집한 정보의 진실성 여부를 확인할 수 있다.

(1) 탐문 수사의 개념

- **탐문은** 다수의 수사관을 실종 발생 지역 또는 범죄용의 장소 등에 배치하여 해당 지역에서 시간을 보내는 사람이나 근무자, 거주자들로부터 사건과 관련된 유용한 정보를 모으는 활동이다. 최종 목격 시간부터 실종 사실을 발견한 시간 사이에 목격 지역 내에 누가 있었는지를 파악하기 위해 지역주민에 대한 방문 조사 등을 실시하는 것이다.
- **탐문수사는** 수사관이 범죄를 탐지하거나 또는 범죄수사를 행함에 있어서 범인 이외의 제3자로부터 범죄에 대하여 견문 또는 직접 체험한 사실 등 제 정보를 인지하기 위하여 행하는 면접 활동으로 수사의 기본적인 기술이다. **수사관은** 범죄사건을 완전하게 재구성하기 위해서는 물적 증거 이외에도 범죄현장 등에서 수집된 물적 증거와 용의자의 사건 연결성을 추리해 낼 수 있는 자료의 수집이 필요하다.
- **탐문수사는** 수사자료의 수집의 가장 전형적이면서 가장 중요한 수사방법이다. 범죄수사는 "범인은 누구인가, 사건은 어떠한 형태인가" 등에 대한 의문을 풀어나가는 과정 즉, 사실을 명확히 하기 위해 산재된 문제를 하나하나 확인하여 해결하는 활동이므로 수사의 초기 단계에 사건과 관련된 보다 많은 사실을 알게 된다면 그만큼 그에 대한 문제를 보다 명확하고도 구체적으로 해명해 나갈 수 있는 것이다.
- **"범죄수사는 탐문에서 시작해서 탐문으로 끝난다"**는 말과 같이 범행 전후를 불문하고 범인의 현출, 검거에 이르기까지 탐문수사는 지속적으로 진행되어야 하는 것이다. 즉 범죄의 동기, 피해상황의 추정, 범행도구의 입수 등 범행착수 전 상황으로부터 장물, 현금의 처분 등 범행 후의 동정에 이르기까지 이 모든 것이 탐문의 대상이 되는 것이다.
- **탐문수사 활동으로** 얻을 수 있는 자료는 수사관 자신이 관찰, 체험하여 얻어진 자료와 비교할 수 없을 만큼 많다는데 또다른 중요성이 있다. 그렇기 때문에 탐문수사의 성공은 사건 해결에 직결되는 때가 많고 탐문수사의 실패는 수사실패의 큰 원인이 될 때도 많은 것이다. 따라서 수사관이 탐문수사를 통해 얼마나 많은 범죄관계의 제 자료를 수집할 수 있는가, 바꾸어 말하면 수사관이 어느 정도 탐문기술을 습득하고 있는지가 수사의 성공여부에 중요한 관건이 되는 것이다.
- **탐문수사는**
  ① **수사개시 전 범죄의 탐지를 위한 탐문수사**와 ② **범죄발견 후의 탐문수사로 구분**되고, 후자에 대해서는 다시 피의자 특정 및 색출을 위한 탐문수사와 피의자 특정 후에 이에 관련된 사항을 탐문하는 것으로 나누어 살펴볼 수 있다.

(2) 탐문대상

① 방문지(또는 목적지) 관련자

학교·기숙사·근무처·약속장소 등 방문지(또는 목적지)로 가거나 그 장소로부터 귀가하는 도중에 실종되는 경우가 많다. 실종 당시의 행적을 특정하기 위해서도 방문지(또는 목적지) 관련자로부터 조속하게 당시 상황 등을 청취한다.

• 성인이 실종된 경우 방문지의 관련자가 범인일 가능성도 있다. 관련자의 언동에 충분히 주의하면서 당시 상황에 대해 자세하게 청취해야 한다.

• 근무지의 상사·동료·부하 등으로부터 귀가 코스와 귀가 도중 경유할 가능성이 있는 장소, 당시 상황 등에 대해 광범위하게 청취한다.

• 영업사원 등 불특정 다수를 만나는 직업인 경우에는 영업상 접촉했거나 접촉하려고 했던 자가 누구인지, 또한 그들과의 돈 문제, 언쟁, 기타 다른 문제는 없었는지 파악한다.

• 학생이 실종된 경우 담임교사나 학교관계자 등으로부터 하교 당시 상황, 함께 하교한 사람, 친한 사람이 누구인지 등을 청취한다.

• 실종자가 보관하고 있는 지인들의 주소록을 입수하여 탐문자료로 활용한다.

② 지인이나 학교친구

지인이나 학교친구 중에는 평소 실종자와 접촉이 잦았거나, 실종자에 관한 정보를 많이 가지고 있는 사람이 있을 것이다. 실종자의 가족, 친구, 동급생들로부터 실종자와 특별히 친하게 지내고 있는 사람이 누구인지 파악하여 신속하게 탐문을 실시한다.

※ 사람들 중에는 신문보도 등을 통해 간접적으로 알게 된 사실을 마치 체험한 것처럼 진술하는 경우도 있으므로 주의해야 한다.

③ 최종「행적」부근에 대한 탐문

실종자의 행적이 판명된 경우는, 최종「행적」부근의 주민, 당시 행인, 주변 상인이나 노점상, 건물 관리인 등을 상대로 목격자를 찾아내기 위한 탐문을 실시한다.

④ 교통수단 관련 탐문

실종자의 연령이 낮을수록, 단독으로 대중교통을 이용하는 기회가 적다. 실종자가 이용했을 만한 대중교통의 운전기사(휴게 중이거나 근무종료하고 귀가한 자 모두 포함), 승객, 기타 관련자 등을 상대로 혼자 대중교통을 이용하기에는 너무 어린 자가 단독으로 승차하거나, 누군가에게 강제로 끌려가는 것 등을 목격한 적이 있는지를 탐문해야 한다.

⑤ 그 외 관계기관 등에 대한 탐문·조회

종종 실종자와 최종 동행하였거나 실종자의 행적을 알고 있는 자가 아무것도 모르는 것처럼 위장하여 신고하는 경우도 있으므로 주변 탐문을 통해 신고자의 행적에 대해서도 면밀하게 탐문해야 한다. 또한 구급차, 병원, 아동복지시설 등을 상대로 환자, 미아 등 취급사실에 대한 조회를 실시한다.

⑥ **은신처 등에 대한 탐문**

실종의 원인이 납치·유괴에 의한 것이든, 자발적인 것이든 실종자나 용의자가 현재 위치를 알리지 않기 위해서 여러 장소를 전전하며 사람들의 눈을 피하고 있을 가능성이 있다. 따라서 다음과 같은 은신이 용이한 장소나 지역에 대한 탐문은 실종자 발견에 도움이 될 것이다.

- **은신할 가능성이 있는 장소**: 여관, 호텔, 모텔, 고시원 등의 숙박시설과 pc방, 찜질방 등 공원이나 유원지, 산장, 빈 별장, 창고, 폐가 등
- **이동에 필요한 차량을 주차하고 있을 가능성이 있는 장소**: 수림도로, 이면도로, 고속도로, 유료도로 등 주차 가능 장소, 항만, 공원, 운동장, 골프장, 하천, 조성지 등 사람 눈에 띄지 않는 주차 가능 장소

7) 수색

탐문과 수색은 실종사건 수사의 시작이자 끝이라고 할 정도로 매우 중요하다. 사건 발생 직후 이루어지는 신속하고 체계적인 수색은 실종사건이 조기에 해결될 것인지, 아니면 장기 미제사건으로 남을지를 결정할 수 있는 핵심 사항이다.

(1) 수색요령

① 수색과 관련하여 중요한 원칙이 있다. **"수색은 언제나 중심에서 시작하고 중심에서 끝나야 한다."** 이는 무턱대고 범죄 가능성이 있는 현장의 중심으로 들어가 단서를 찾으라는 뜻이 아니라, 핵심적인 범죄 용의 지점을 확인하고, 거기에서 시작하여 덜 중요한 지역으로 수색을 진행시켜 나가라는 뜻이다.

② **수색은 현장에 최초로 출동한 경찰관부터 실시**하되, 초기 단계에 개입했던 경찰관들과 수사관들에 의해 사건에 대한 각종 정보가 수집되면 재차 전방위적이고 본격적인 수색을 해야 한다.

③ **'수색 담당자'로 지정된 사람은 최초 수사 단계부터 개입**되어야 한다. 이렇게 해야만 적

절한 수색범위를 제대로 판단할 수 있고 향후 수색견 활용에 도움이 되도록 실종자의 물건을 확보, 훼손되지 않게 보호하는 역할도 할 수 있게 된다. 그밖에 수색 인력이 추가로 얼마나 필요한지, 어떤 지원이 필요한지를 판단할 수 있다는 장점도 있다. '수색 담당자'들은 수색 실시 중에는 감독자와 거의 유사한 중앙에 위치하여 수색참여자들의 활동을 일사불란하게 지휘하고 통제해야 한다. 그렇게 해야만 수사관이나 수색요원들로부터 계속 들어오는 새로운 정보를 적절히 수집·판단하고, 그에 따라 필요한 수색 작업을 지휘할 수 있게 된다.

④ 수색시에는 해당 지역의 지도와 실종자의 사진을 수색요원들에게 제공하여야 한다.

⑤ 수색 시에는 최소한 두 사람 이상으로 구성된 조를 편성, 배치하되 이미 수색한 지역을 한 번 더 수색할 때에는 기존 수색조와는 다른 조를 배정, 교차 수색토록 해야 한다.

⑥ 범인은 수색 요원들이 이미 알고 있는 인물일 수도 있다는 가능성을 배제하지 말아야 한다.

⑦ 친구들이나 이웃에게 동의를 구하여 그들의 집을 방문하고 자동차를 확인한다. 납치·유괴사건의 용의자가 같은 동네에 살고 있을 수도 있고, 단순 가출사건이라 하더라도 실종자가 사전에 친구나 이웃들로부터 조언을 구했거나, 가족이나 보호자 몰래 이웃이나 친구 집에 머무르고 있을 수도 있기 때문이다.

⑧ 아동실종 사건에서는 아동이 다른 장소에서 실종되었다고 하더라도 아래와 같은 이유 때문에 아동의 주거는 반드시 수색해야 한다. 수색견을 이용한 추적을 위해 아동이 집에서 평소 사용하던 물품을 확보하여 보호해야 한다. 아동이나 용의자가 남겨둔 증거를 찾을 수 있다. 가족이나 보호자가 아동을 숨겼을 가능성도 있다.

> • 아동이 스스로 집으로 돌아왔을 수도 있다.
> • 아동이 개인 물품을 가지러 잠깐 집에 들를 수도 있다.
> • 실종에 대한 단서를 집에서 발견할 수도 있다.
> • 수색견을 이용한 추적을 위해 아동이 집에서 평소 사용하던 물품을 확보하여 보호해야 한다.
> • 아동이나 용의자가 남겨 둔 증거를 찾을 수 있다.
> • 가족이나 보호자가 아동을 숨겼을 가능성도 있다.

⑨ 어떤 지역이나 장소를 수색할 때에는 자칫 증거를 놓치는 경우가 없도록 **면밀하게 하되, 실종 원인이나 동기를 찾도록 노력**해야 한다. 아울러 호기심이 많은 아동에게 자연스럽게 끌리는 장소가 있는지 찾아보아라. 폐가·공가, 공사장, 아동들이 아지트로 빈번하게 사용하는 PC방·찜질방, 동네 은신처, 풀장이나 계곡, 강 등 수영지역, 기타 위험하거나 은신처가 될 만한 장소 등을 수색하라. 특히 작은 키의 아동을 찾을 때에는 어떤 장소도 간과해서는 안 된다는 점을 명심하라. 벽장이나 지하실, 다락방, 세탁물 밑, 냉장·냉동고,

세탁기, 건조기, 우물, 개집, 수영장, 관목, 탈것, 나무집, 침대나 가구 밑, 건물 벽 사이, 지붕 위, 소파침대 안, 큰 짐이나 여행가방 안, 쓰레기 더미 같은 곳을 철저히 찾아보아야 한다.

⑩ **실종사건의 수사 초기에는 대규모 수색이 정당화 된다.** 관련자 진술, 현장 조사결과, 범죄현장과 증거의 재구성을 통해 대규모 수색이 필요하다고 판단되면, 지체 없이 실행하라. 단, 전문적이고 숙련된 소수의 수색요원들이 먼저 핵심지역에 대해 철저히 수색을 한 후에 대규모 수색을 해야 한다.

⑪ **명백한 증거가 모두 기록되고 수집된 후에는 범죄현장 내의 부가적이고 잠재적인 증거를 찾기 위한 수색을 실시하여야** 한다.

(2) 수색유형

수색의 유형에는 여러 가지가 있는데 사건의 성격, 지역 특성 등에 따라 적절한 수색 유형을 사용함으로써 실종자나 증거를 찾는데 도움이 될 수 있다. 따라서 수색 유형을 결정하기 전에 현장의 특성, 위치, 지형을 판단하라. 수색 유형은 격자, 선, 4분면, 지역, 구획, 나선형이 있다.

① **격자 수색**
넓게 오픈된 지역 또는 미세한 증거의 수집을 위해 정밀한 수색을 실행할 작은 지역에 사용하는 것이 좋다.

② **선 수색**
수색요원들이 다양한 방향으로 일렬로 뻗어나가며 수색하는 것으로서 산악지대 등 다소 험악한 지역에서 유용하다.

③ **면 수색 또는 구역 수색**
격자, 선, 나선 수색을 사용하여 수색하던 지역을 더 작은 분할 구역으로 나누어 수색할 필요가 있을 때 또는 지역이 주차장, 도로, 마당 등으로 자연적으로 경계 지어진 장소를 수색할 때 실용적이다.

④ **나선 수색**
수색 지역 중심에서 바깥쪽으로 나선형으로 돌며 전진하는 나선 수색은 흔하지 않지만 효과적인 수색 패턴이다. 나선 수색은 대개 수중에서 사용된다. 다이버들이 회전축(점)에 매달려 바깥쪽으로 휩쓸어 가는 패턴을 실행한다. 참고로 수중 수색을 실행할 때에는, 그 지역에 조수가 있는지 여부를 판단하라. 조수가 있는 곳이라면 실종자가 물에 들어갔을

가능성이 높은 시간과 가장 근접한 시간대에 수색을 실행하라. 그래야만 입수시간의 조수 상황을 파악하여 피해자의 입수 지점이 상류일지 하류일지, 그리고 물의 흐름이 피해자를 입수 지점에서 얼마나 멀리 운반했는지를 판단하는데 도움을 줄 것이다.

8) 출입국수사

출입국관리법 제1조(목적) 이 법은 대한민국에 입국하거나 대한민국에서 출국하는 모든 국민 및 외국인의 출입국관리를 통한 안전한 국경관리, 대한민국에 체류하는 외국인의 체류관리와 사회통합 등에 관한 사항을 규정함을 목적으로 한다.

공무소 기타 공사단체 조회: 형소법 제199조(수사와 필요한 조사) 수사에 관하여는 그 목적을 달성하기 위하여 필요한 조사를 할 수 있다. 다만, 강제처분은 이 법률에 특별한 규정이 있는 경우에 한하며, 필요한 최소한도의 범위 안에서만 하여야 한다. 공무소 기타 공사단체에 조회하여 필요한 사항의 보고를 요구할 수 있다.

출입국수사를 통하여 실종자들이 해외로 나간 사실이 있는지에 대하여 수사하였으나 출입국 기록상 해외로 나간 사실은 없는 것으로 확인하였다.

9) CCTV수사

- **CCTV수사는** 수사관이 범죄를 탐지하거나 또는 범죄수사를 행함에 있어서 범인 이외의 제3자로부터 범죄에 대하여 견문 또는 직접 체험한 사실 등 제 정보를 인지하기 위하여 행하는 면접 활동으로 수사의 기본적인 기술이다. **수사관은** 범죄사건을 완전하게 재구성하기 위해서는 물적 증거 이외에도 범죄현장 등에서 수집된 물적 증거와 용의자의 사건 연결성을 추리해 낼 수 있는 자료의 수집이 필요하다.
- CCTV 소유주의 동의를 얻어 임의성을 띠고 있는 경우에는 언제든지 열람할 수 있으며, 관할 경찰서장의 허가가 있는 경우에는 CCTV 소유주의 의사와 관계없이 영상확인이 가능하다.
- **CCTV영상정보 조회의 법적근거는**
  - 경찰관직무집행법 제8조(사실의 확인 등)
  - 형사소송법 제199조 제2항(수사와 필요한 조사)
  - 개인정보보호법 제15조 제1항(개인정보의 수집,이용)을 이용하여 확인할 수 있다.

카드를 사용한 현금지급기와 주점, 카페가 위치한 곳을 상대로 CCTV수사와 탐문수사를 실시하여 CCTV상에서 실종된 여인들을 영상을 통하여 확인할 수 있었다. 그런데, 실종자들과 연고가 없는 지역에서 핸드폰 위치가 확인되고 실종자의 계좌에서 100만원의 현금서비스와 카드사에 ARS 조회를 실시한 점을 이상히 여기고 범죄 관련 가능성을 두고 수사를 하게 되었다.

확인해보니 실종자의 카드로 100만원의 현금서비를 받은 특정지역의 ATM기기 CCTV를 분석한바 검정색에 흰 선이 있는 나이키 모자를 쓰고 있는 남자를 확인하고 납치범죄로 의심하게 되었다. 또한 실종자들이 이용했던 주점과 카페에서 거리가 먼 지역의 ATM기를 이용하였다는 점과 실종자들이 차량이 없는데도 빠른시간 내에 지역이동이 있었다는 점이 더욱더 납치사건으로 무게를 두게 되었다. 이제는 실종자들보다 ATM기기에서 실종자의 카드로 100만원의 현금서비스를 받은 남자에 대한 수사에 초점을 모으게 되었다. ATM주변 CCTV와 통신내역, 실종된 지점부터 ATM이 있는 곳까지의 과속으로 이동한 차량 등 남자와 차량, 검은 나이키 모자에 대한 수사를 진행하게 된 것이다.

10) 사건분석

- **사건분석은** 지금까지 밝혀진 사실적 요소를 체계적으로 배열하고, 범죄혐의에 대한 논거를 제시하는 작업으로, 사건분석단계에서는 수사관으로 하여금 형법상의 구성요건을 확인하고, 증거를 발견 가능하게 하며, 범죄용의자 특정에 많은 정보를 체계적으로 제공한다.
  - 수사관이 인지할 수 있었던 사건이 무엇인가?
  - 사건 경과가 어떻게 진행되었는가?
  - 어떤 사건요소가 증명되고, 또한 증명될 수 있는가 등에 관한 내용을 체계적으로 분석하는 작업이다.

11) 범죄형태분석(Modus Operandi)

- **범죄형태분석(MO)은** 범죄현장에 대한 상황분석을 통해 범죄자들이 범죄를 할 때 사용하는 방법이나 범죄과정을 체계화하는 분석이다. 혼란스럽고 복잡하게 보이는 사건을 여러

세부 카테고리별로 체계적으로 재배열함으로써 사건을 효과적으로 분석할 수 있다.

- **범죄형태분석(MO)은** 범죄자와 범행방법에 따라 아래와 같은 **10개의 세부적인 카테고리로 분류할 수** 있다.

  1. 범행시각과 날짜
  2. 범행장소
  3. 피해자의 유형
  4. 범행방법
  5. 범행도구
  6. 범행목적
  7. 트레이드마크 혹은 별난 특징
  8. 범인의 언행
  9. 기록 혹은 상징적 기호
  10. 이동수단

지금까지 수시한 자료를 토대로 사건분석을 통하여 가설을 설정할 수 있었는데 범인들은 차량을 이용하고, 실종자들이 이용한 주점과 카페 주변에서 헌팅했거나 실종자들을 납치했을 가능성을 설정하였다. 실종사건이 발생한 지 일주일이 지날 무렵 강가에 하의가 탈의되고 심하게 부패된 변사체가 발견되어 변사자를 상대로 개인식별 수사를 실시하게 되었다.

12) 변사자의 개인식별

변사자의 개인식별로는 유족의 육안에 의한 식별과 변사자가 소지한 신분증 확인에 의한 방법, 지문에 의한 신원확인 방법, 치과적 치료, 상처 등 신체적 특징으로 확인하는 방법, DNA대조에 의한 방법 등이 있다.

변사자의 신원확인을 위해 손가락 등을 확인한바 물에 부어 장갑처럼 생긴 현상을 보이고 있어 잉크를 이용한 기법으로는 지문채취가 어려워 뜨겁게 끓인 물에 순간적으로 피부를 담갔다 꺼내는 고온처리법을 이용하여 지문을 채취하여 신원확인한바 진미래(28세. 여)씨로 판명되었다.

(1) 고온처리법을 이용한 지문채취

- 수중에 잠긴 변사체의 경우에는 손가락 등이 물에 불어 장갑처럼 부풀어 오르는 현상이 있다.
- 물에 불은 피부의 융선은 굴곡으로 인해 기존에 사용하는 잉크를 이용한 지문채취가 불가능하여 이러한 경우 고온처리법으로 지문을 채취한다.

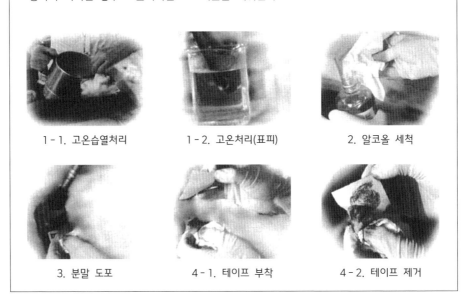

| 1-1. 고온습열처리 | 1-2. 고온처리(표피) | 2. 알코올 세척 |
| 3. 분말 도포 | 4-1. 테이프 부착 | 4-2. 테이프 제거 |

실종자인 진미래씨가 변사체로 발견되 다음날 진미래씨가 발견된 곳에서 멀리 떨어진 강가에서 이슬씨가 옷이 모두 벗겨진 채로 변사체로 발견되었다. 이슬씨 또한 고온처리법으로 지문을 채취하여 신원을 확인하게 되었다. 신원확인은 가능한 지문과 DNA 모두를 채취하여 완벽하게 확인하는 것이 바람직하다.

물에 빠져 사망한 익사시체 중에 옷이 벗겨진체 발견되었을 경우에는 이미 다른 방법에 의해 살해한 후 물속에 버려졌을 가능성을 염두에 두고 시체를 관찰하여야 한다. 시체에 손상이 있다고 모두 타살이라고 단정지어서는 안 된다. 물속이나 기타 물건들에 의해 몸에 상처가 날 경우도 있기 때문이다. 실종자들이 변사체로 발견된 이후 수사는 납치에 의한 살인사건으로 발전하게 되었다. 용의자 추적을 하기 위하여 유사살인사건을 검색하고, 통신수사로 실시간 위치 추적과 중복통화분석기법을 사용하였으며 예상이동경로에 대한 통행차량들에 대한 수사를 진행하기로 하였다. 이후 피해자들이 마지막으로 있었던 주점과 카페가 있는 지점으로부터 피해자의 카드로 현금서비스 100만원을 받은 ATM 현금지급기가 있는 곳까지 이동시간이 빨랐던 것을 단서로 과속카메라에 적발된 차량을 중심으로 수사를 시작하였고, 아울러 피해자의 휴대전화 위치와 기지국 위치가 비슷한 나쁜 놈에 대하여 통신 수사로 휴대전화 위치 수사와 중복통화분석기법(사회연결망분석(Social Network Analysis기법이라 한다)을 사용하기로 하였다.

(2) 사회연결망분석(Social Network Analysis)

- **사회연결망 분석(social network analysis)**은 '노드(node)'와 '연결(ties)'로 구성되어 있는 네트워크 이론이며, 연결은 edges, links, connections 등으로 표현된다. 노드들은 네트워크 안에서 각각 객체가 되며 이러한 객체 관계는 '연결'이 된다. 사회연결망 분석은 특정 사회적 관점에서의 네트워크 구성부분들과 그 네트워크들의 관계와 행동방향을 분석한다. 관계성을 중요시하는 사회연결망 분석은 조금 가까운 연결부터 매우 밀접한 연결까지의 관계들과 범위의 구조를 분석한다. 분석결과에 따른 그래프로 구현이 되는데 그래프는 많은 종류의 노드와 연결을 포함하기 때문에 매우 복잡한 형태를 지닌다. 많은 연구에서 사회연결망 분석이 이용되어 하나의 가족 구성체부터 국가까지 폭넓은 범위를 갖으며 여러 조직들의 문제점을 파악하고 해결한다. 이와 같이 사회연결망 분석은 인류학, 생물학, 언론정보학, 커뮤니케이션학, 경제학, 지리학, 정보과학과, 조직학, 사회심리학까지 다양한 분야에서 활용된다.
- **사회연결망 분석**은 크게 자기중심적 분석(egocentric analysis)과 사회중심적 분석(sociocentric analysis)으로 구분할 수 있다. 자기중심적 분석은 개인을 대상으로 하며 개인과 관련된 네트워크와 개인에게 영향을 주는 요인을 분석한다. 그리고 사회중심적 분석은 인간들의 큰 집단을 대상으로 하며 집단 내의 인간들 사이의 상호 영향 요인이나 유형들의 정량적인 관계를 분석한다.

용의자가 누구인지 모를 경우, 특히 두 개 이상 동일범의 소행으로 추정되는 사건 발생 시, 통신회사로부터 사건발생지 관할기지국 통화내역을 제공받아 분석하여 사건 발생 시간대에 두 개 이상 기지국에서 동일전화번호가 발견될 경우, 범행 시간대에 그 휴대전화를 소지한 자가 범죄현장 관할 기지국 내에 있었고 범행 시마다 범죄현장에 있었다면 용의점이 있다는 점을 착안하여, 사회연결망 분석으로 중복된 전화번호를 검색해 용의자를 특정하는 기법을 사용하였다.

위와 같은 수사기법들을 동원하여 범죄현장을 관할하는 10여개의 기지국에 송수신된 전화번호를 발췌하여 중복 통화된 용의자에 대하여 수사를 시작하였다.

해당사건 범죄지와 범행차량 도난지, 동일수범행지, 범행차량 유기지 등을 중심으로 중복된 전화번호를 검색하였더니 놀랍게도 이중에 동선이 피해자와 일치된 자가 3명이나 발견되었다. 또한 과속카메라에 촬영된 차량과 용의자들이 사용한 휴대전화 명의와 일치하기도 하여 수사는 급물살을 타게 되었다.

이제는 용의자 검거에 들어가게 되었으며, 미행·잠복 수사 등을 통하여 주거지 등에서 용의자들을 검거하고, 범행사실에 대하여 여러 증거들을 토대로 자백을 받아내게 되었다. 이후로는 피의자들을 상대로 다른 범죄를 저지른 것이 있는지 여죄 수사를 실시하였다.

13) 여죄수사(餘罪搜査)

> **여죄수사**는 검거한 피의자의 밝혀지지 않은 범죄와 밝혀졌거나 처분받지 않은 범죄(수배)를 발견하는 수사방법으로 피의자의 범행수법, 인적특징의 동일성을 전산시스템의 피해통보(여죄)조회 등을 활용하여 검색한다. 여죄발견은 경합범의 효과가 있어 범인을 사회로부터 장기간 격리하며 대국민(각 사건 피해자)의 수사경찰의 신뢰 등 효율적인 수사활동이다.

여성 회사원을 납치해 성폭행한 뒤 살해하고 강에 시신을 유기한 일당 3명은 성폭력 범죄의 처벌 및 피해자 보호 등에 관한 법률 위반(강간 등 살인) 혐의로 법정최고형인 무기징역이 선고됐다.

재판부는 판결문에서 피고인들은 경제적인 동기 때문에 범행을 저질렀다고 주장하고 있으나 뚜렷한 동기를 찾을 수 없다며 범행의 잔혹성과 결과의 중대성 등을 감안할 때 우리 사회의 인명경시 풍조에 경종을 울릴 필요가 있어 법정최고형을 선고한다고 양형 이유를 밝혔다. 또한 재판부는 범인이 구속되지 않았다면 계속해서 범행을 저질렀을 것이라고 진술하는 등 진실로 반성하고 있는지 의문이 들고, 인간의 생명에 대해 최소한의 존중 의식이 있는지 의심스럽다고 말했다.

재판부는 그러나 피고인들이 범행을 자백하고 있고 이전에 중대한 범죄를 저지르거나 중형을 선고 받은 적이 없다는 점 등을 감안하면 교화·개선의 가능성이 엿보인다며 수감생활을 통해 범행을 되돌아보고 성찰할 수 있는 기회를 부여함이 바람직하다고 덧붙였다.

토론거리

1. 가출과 실종의 차이점에 대해 이야기해보고 가출에서 실종사건으로 전환할 때 어떠한 것들을 참고해야 하는지 토론해보자.

2. 가출에서 실종사건으로 전환할 때 어떻게 결정하는지 논해보자.

3. 실종사건으로 전환하기 전에 준비해야 할 사항들은 어떤 것들이 있는지 논해보자.

4. 범죄연관성이 높은 실종사건은 어떻게 조치해야 하는지 토론해보자.

5. 실종사건 초동 대응단계에 공통 적용되는 수사팀의 조치 요령에 대해 논해보자.

6. 납치되었을 때 대응요령에 대해 토론해보자.

7. 탐문수사 시 탐문대상과 탐문요령에 대해 논해보자.

8. 수색 유형과 요령에 대해 논의해 보자.

Korean Dream
폴리그래프 검사 증거능력을 중심으로

●●● 도입

Polygraph(거짓말탐지) 검사는 과학적 수사기법으로서 인권의 옹호와 자백 수사의 대안으로서 제시되고 있다. 아울러 수사기관에서는 Polygraph(거짓말탐지) 검사기법을 활용한 수사방법이 해마다 증가하고 있고, 수사방법이 증가함에 따라 Polygraph(거짓말탐지) 검사결과의 정확성에 대한 신뢰성이 요구되고 있다. 검사결과가 공판정에 증거로 제출되고 있는 현실을 감안해 볼 때 폴리그래프 검사결과의 증거능력에 대한 법리를 제고해 보는 것은 현실적으로 의미가 크다고 할 수 있다.

●●● 학습목표(무엇을 배울 것인가?)

1. Polygraph(거짓말탐지)검사에 대한 증거능력에 대해 알 수 있다.
2. Polygraph(거짓말탐지)검사가 사건 수사에 미치는 영향력에 대해 알 수 있다.
3. Polygraph(거짓말탐지)검사의 증거능력의 유형을 알 수 있다.

사례연구

1. Korean Dream(외국인 살인사건)

사례를 통하여
Polygraph 검사결과가 살인사건의 수사 방향을 설정하는 계기가 되었다.
외국인을 상대로 통역을 활용한 Polygraph 검사기법을 도입하게 되었다.

중고자동차 딜러인 키르키즈스탄인 라흐르트(가명 50세. 남)는 여느 때와 같이 하루 일을 마치고 저녁 6시경 자신의 원룸으로 퇴근을 하였다. 원룸 문을 열고 집안으로 들어가는 순간 뒤따라온 불상의 자에 의해 햄머로 머리를 공격받고 부엌칼로 왼쪽 심장 부위를 찔려 사망한 사건이 발생하였다. 또한 범인은 라흐르트가 가지고 있던 현금 4천5백여만원을 강취하여 도주하였다. 저녁 9시경 라흐르트의 아들이 집으로 돌아와보니 아버지가 방바닥에 피를 흘린채 사망한 것을 발견하고 경찰에 신고한 사건이었다. 경찰서에서는 수사본부가 설치되고 피해자 라흐르트와 관련된 인물들에 대해 수사가 진행되었다. 그 중 사건 당일 피해자와 2회 통화한 내역이 있고 알리바이가 정확하지 않은 우즈베키스탄인 슈베르트(가명 37세. 남)가 유력한 용의자로 선정되었다. 강력계 형사들은 여러 가지 정황들을 참고로 슈베르트를 범인으로 확신하고 집중 추궁을 하였다. 그렇지만 슈베르트는 자신은 라흐르트를 죽이지 않았다고 계속해서 주장하고 있어 슈베르트의 범행을 밝히지 못하고선 거짓말탐지(Polygraph)검사를 의뢰하였다.

수사본부에서는 살인사건의 유력한 용의자인 슈베르트를 상대로 사건 당일 피해자에게 전화를 걸었던 이유와 그날 행적에 대해 집중 추궁을 하였다. 통화

그림 3-1 살인사건 현장을 촬영한 채증사진

왼쪽 심장이 부엌칼에 찔려 있는 모습

머리 부위를 해머로 가격당한 상처

피해자의 심장 부위에 꽂혀 있던 부엌칼

머리 부위를 가격한 해머

내역에 피해자에게 2회 전화를 걸었던 기록이 있는 데도 슈베르트는 피해자에게 전화한 사실이 없으며 평소처럼 회사에서 잔업을 하였기에 사건 발생시간에 회사에 있었다고 주장하였지만 회사 사람들은 일찍 퇴근하였다고 하여 더욱더 유력한 범인으로 선정되었다.

슈베르트는 우즈베키스탄인으로서 한국말을 하지 못하여 폴리그래프검사는 통역의 도움을 받아 진행되었다. 검사를 하기 하루 전에 통역에게 폴리그래프 검사 요령에 대해 사전에 교육을 시키고 통역에 참가하기로 하였다.

폴리그래프 검사 전날 수사본부에서 수사관들에게 사건에 대해 다시 한 번 조사를 받고 있는 슈베르트의 얼굴에는 두려움과 떨림이 가득해 보였으나 전회에 진술한 내용에 대해 특별히 다른 것이 없었다.

폴리그래프검사를 하기 전 검사와 관련된 질문요령에 대해 인터뷰를 하는 동안에도 슈베르트는 긴장함이 있었으나 폴리그래프검사관의 라포(Rapport) 형성으로 어느 정도 안정된 모습을 보이고 있어 검사를 실시하였다.

그림 3-2 폴리그래프 검사

폴리그래프 검사 전 인터뷰 모습

폴리그래프 검사 장면

2. Polygraph 검사 질문

① 당신은 그 날 라흐르트의 머리를 햄머로 때려서 죽였습니까?
② 당신은 라흐르트의 가슴을 칼로 찔러서 죽였습니까?
③ 당신은 돈을 빼앗기 위해 라흐르트를 햄머로 때리고 칼로 찔렀습니까?

피검사자 슈베르트는 사건과 관련된 질문에 햄머로 때리고 칼로 찔러서 죽이지 않았다고 주장하는데 대해 진실반응을 나타내었다.

그림 3-3 폴리그래프 검사 차트

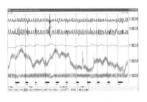 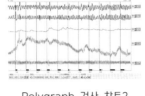 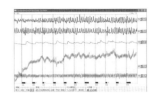

Polygraph 검사 챠트1   Polygraph 검사 챠트2   Polygraph 검사 챠트3

PG검사 결과를 통보받은 수사본부는 슈베르트를 사건용의자에서 일단 배제하고 다른 용의자를 찾기로 하였다. 그 결과 놀랍게도 수사 방향을 바꾼 지 2일 만에 살인사건의 용의자인 아베라트(가명 27세. 남) 등 3명을 밝혀내고 5일 만에 전원을 검거하게 되었다.

사건의 내용은 이러하였다. 아베라트는 평소 피해자인 라흐르트와 알고 지내는 사이였고, 호텔 카지노에서 도박으로 돈을 탕진하게 되자 급하게 돈을 마련하기 위해 중고자동차를 사고 팔기 위해 평소 많은 돈을 소지하고 있던 라흐라트집에 찾아가 라흐르트가 집으로 들어가는 순간 뒤따라가 햄머로 머리를 공격하여 방바닥에 쓰러뜨리고선 부엌에 있던 부엌칼로 왼쪽 심장 부위를 찔러 오른쪽으로 비틀어 버린 수법으로 살인을 하고 현금 4천5백만원을 강취해 도주한 것이었다.

이번 사건의 가장 큰 의의는 Polygraph 검사결과가 의심받고 있는 유력한 용의자의 진실을 밝혀 억울함을 풀어주어 또 다른 피해자가 생기지 않도록 하였고, 사건과 관련된 용의자 선정에 수사 방향을 바꾸도록 영향을 주게 되었다는 것이다.

3. Polygraph 검사원리

Polygraph(거짓말탐지기)는 인간이 정상적인 심리상태에서 고의적이고 계획적인 거짓말을 하면 반드시 심리적인 변화가 발생할 것이라는 전제하에 이에 수

반하는 다양한 생리적 반응 변화를 측정하여 시각적으로 구현해내는 장비를 지칭하는 것으로(Bull, 1988), Polygraph(거짓말탐지기)검사는 심리학과 생리학을 기본 배경으로 거짓말하는 그 자체를 기록하는 것이 아니라, 사람이 범행을 하고선 의식적으로 거짓말을 할 때, 그 내용이 탈로 날까봐 심리적인 갈등(Ego Defence Mechanism)으로 정서적 자극에 흥분, 초조, 불안감 등 긴장상태를 초래하게 되어, 과학적으로 측정이 가능한 호흡반응(Breathing Respiration)과 피부전기활동(Electrodermal Activity), 심장혈관활동(Cardiovascular Activity), 그리고 손가락맥박(Finger Pulse) 등의 변화를 Polygraph(거짓말탐지)장비가 검사절차와 검사기법 등을 통하여 기록하는 것을 Polygraph검사관이 챠트를 분석, 판독한 후 진술의 진위여부를 가려내는 원리이다(Ben-Shakhar & Furedy, 1990).

4. Polygraph 검사절차

표 3-1 폴리그래프 검사단계 및 절차

단계	절차	내용
1단계	• 검사접수 및 자료수집 (data collection)	- 사건 및 피검사자 검사 적격 여부 검토 - 사건 자료수집, 내용 파악, 질문 작성 및 기법 적용
2단계	• 검사 전 면담 (pretest interview)	- 검사동의서 및 자력표 작성 - 피검사자 심리상태 조절 및 심리·생리적 이상 여부 검토 - 질문내용 확정 및 검사 리허설 - 검사원리 설명
3단계	• 검사(in-test)	- 장비부착, 변화측정 - 3~4회 연속검사 실시
4단계	• 검사 후 면담 (post-test interview)	- 언동, 태도로 나타난 행동징후와 검사반응과의 일치 여부 확인 등
5단계	• 심문(interrogation)	- 거짓반응을 나타내는 피검사자에게 자백을 받는 단계(생략 가능)
6단계	• 차트 판독	- 검사 차트 기록 판독
7단계	• 검사결과서 작성 • 의뢰 관서 공문 회시	- 검사결과서 작성 및 검사의뢰 관서 결과 회시

5. Polygraph 검사단계

표 3-2 폴리그래프 검사단계 및 소요시간

준비단계	예비단계	검사단계	소요시간
• 기록검토 • 기법선정 • 질문구상 • 장비검검 등	• 동의서 작성 • 자력표 작성 • 내용확인 • 원리설명	• 장비부착 • 변화측정 • 종료면담 • 차트 판독	• 1건당 약 6~8시간 • 1명당 약 2~3시간

6. Polygraph 검사결과

- 거짓반응(DI: Deceptive Indication)
- 진실반응(NDI: NondeceptiveIndication)
- 판단불능(INC: Inconclusive)

7. Polygraph 검사적용

- 진술의 진위 확인: 피의자, 용의자, 고소, 고발, 진정사건 등
- 사건의 증거 및 단서 수집
- 강력사건(살인, 납치 유괴, 강도, 강간 등) 수사 방향 설정
- 교통사고에서 상반된 진술의 진위여부 판단
- 심증은 가나 물증이 없는 사건

8. Polygraph 검사장비

컴퓨터식 Polygraph 장비

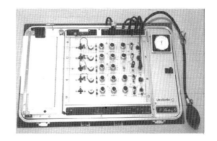

기계식 Polygraph 장비

뇌파 Polygraph 장비

비접촉식 Vibra Polygraph System

9. 초동 수사단계에서 활용

중요 사건을 장기적으로 수사하다 사건종결용으로 의뢰하는 경우보다는 살인, 강도 등 강력사건 용의자에 대해서는 초동 수사단계에서 활용되어야 효과적이다.

10. Polygraph 검사 부적합 요인

1) 장기 및 철야 조사로 신경과민 상태이거나 체념상태에 있는 경우
2) 과음 및 향정신성의약품(마약, 대마초, 아편)복용으로 심신이 비정상인 경우
3) 호흡, 심장, 신경계통의 질환자이거나 지나친 고협압인 경우

4) 사건에 대한 자백이나 번복 그리고 고의 또는 과실을 구분하려는 경우

5) 범죄사실에 대하여 일부 시인하는 경우

6) 범죄가 어떻게 발생했는지 범죄 과정에 대한 검사인 경우

7) 체포 직후, 사건 발생 직후, 장기간 수사대기, 과도 신문, 강제수사, 사망 사건의 가족 등 특수 관련자

8) 심리면역 상태로 자포자기, 합리화, 의리, 명예, 애국심에 사로잡힌 자인 경우

9) 검사 받기 전날 밤에 수면을 충분히 취하지 못한 경우

10) 기타 배고픔, 감기, 피로, 질병, 통증, 가려움, 지나친 비만, 과식, 특이 체질, 임신중인 여성, 생리 중인 여성 및 환각상태에 있는 경우에는 검사 부적합

11. Polygraph 검사결과 증거능력

Polygraph 증거능력에서는
• Polygraph 검사결과가 공판정에 증거로 제출되고 있다는 것을 알 수 있다.
• 대법원의 Polygaph 검사결과에 대한 증거능력을 알 수 있다.

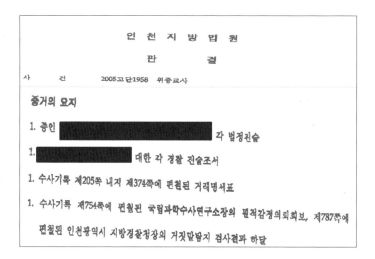

2017. 6. 27. 경찰에서는 장기미제 살인사건[7] 피의자에 대한 폴리그래프검사를 실시했다. 피의자는 2002. 12월 서울 구로구 소재 ○○ 주점에서 여성업주와 술을 마시다가 살해한 혐의로 수사를 받던 중 결백하다며 폴리그래프검사를 강력하게 요청하였다. 피의자는 3차례 이상 폴리그래프검사를 하였다. 검사결과 "흉기로 때린 사실이 없다"는 진술에 대해 현저한 거짓반응이 나왔고, 경찰은 이를 근거로 추궁한 끝에 피의자는 사건당시 피해자와 함께 술을 마시다가 성관계를 요구하자 쫓겨나 밖으로 나온 것에 격분하여 둔기를 소지하고 다시 주점에 들어가 피해자 머리를 내리쳐 살해하였고 현금과 카드를 가지고 나왔다고 범행을 자백했다. 경찰은 강도 살인을 적용해 검찰에 사건을 송치하였다. 하지만 검찰은 기히 사건현장에서 채취한 쪽 지문이 피의자의 지문과 비교하여 일치하는 점, 현장에서 채취한 담배꽁초가 피의자 유전자와 일치하는 점은 차치하더라도 폴리그래프검사결과가 확실하게 정황증거로 받아들일지 검사의 신뢰성 문제, 즉 증거능력[8] 유무가 논란이 될 수 있다. 하지만 이에 대하여 대법원은 이미 폴리그래프 검사결과의 증거능력을 부정하는 견해를 밝힌바 있으며,[9]이러한 태도는 지금까지 유지되고 있다.[10] 즉, 대법원은 거짓말탐지기[11] 검사결과의 증거능력에 관하여는 학설상으로 대립이 있어 이를 쉽게 인정할 수 없다.

---

7 2002년 12월 서울 구로구 소재 ○○ 주점에서 피해자 A씨(당49세,여)가 살해된 상태로 발견된 장기미제 살인사건.
8 증거능력은 어떤 증거가 엄격한 증명의 자료로 사용될 수 있는 법률상의 자격을 말한다. 증거능력은 미리 법률에 의하여 형식적으로 규정되어 있기 때문에 증거능력 없는 증거는 사실인정의 자료로 사용될 수 없다. 한편 증명력은 증거자료가 요증사실의 인정에 기여하는 정도, 즉 증거의 실질적 가치를 말한다. 증거능력이 미리 법률에 의하여 형식적으로 결정되는 반면, 증명력은 법관의 자유심증에 맡겨져 있다(이종대 외, 신형사소송법, 홍문사, 2013, 599면).
9 대법원 1983. 9. 13. 선고 83도712 판결, 대법원 1979. 5. 21. 선고 79도547 판결.
10 대법원 2005. 5. 26. 선고2005도130 판결, 대법원 1987. 7. 21. 선고 87도968 판결, 대법원 1986. 11. 25. 선고 85도2208 판결, 대법원 1986. 9. 24. 선고 86도306 판결 등에서 대법원은 같은 입장을 견지하고 있다.
11 오늘날 국제적으로 사용되는 거짓말탐지기는 'Polygraph'이다. 'Polygraph'의 Poly는 다수(many)를 graph는 기술함(delineate)을 의미하며, 이를 종합하면 Polygraph는 다수의 생리검사를 측정하는 기계를 의미한다. 즉 Polygraph는 피검사자의 심장 박동수, 혈압, 호흡, 신체의 전하량 등 피검사자의 생리적인 변화를 측정하는 기구를 의미하며, 그 검사결과를 분석하여 피검사자의 진술의 신빙성을 판단하게 되므로 거짓말탐지기는 정확한 표현이 아니고 오히려 정확히 표현하자면 '생리검사기'라고 하여야 할 것이다(권영범, 형사소송에서 폴리그래프 허영여부와 그 한계, 저스티스 통권제128호, 2002, 203면 각주 1). 따라서 본고에서는 거짓말탐지기 대신 폴리그래프(polygraph)라는 용어를 사용한다.

Polygraph 검사결과의 증거능력 <대법원, 1986. 11. 25. 85도2208>

거짓말탐지기의 검사결과에 대하여 증거능력을 인정할 수 있으려면,

1. 거짓말을 하면 반드시 일정한 심리상태의 변동이 일어나고,
2. 그 심리상태의 변동은 반드시 일정한 생리적 반응을 일으키며,
3. 그 생리적 반응에 의하여 피검사자의 말이 거짓인지 아닌지가 정확히 판정될 수 있다는 전제요건이 충족되어야 하며,
4. 특히 생리적 반응에 거짓 여부의 판정은 거짓말탐지기가 위 생리적 반응을 정확히 측정할 수 있는 장치가 있어야 한다.
5. 검사자가 탐지기의 특정 내용을 객관성 있고 정확하게 판독할 능력을 갖춘 경우라면 그 정확성을 담보할 수 있어 증거능력을 부여할 것이다.

[판결요지]

1) 거짓말탐지기의 검사는 그 기구의 성능, 조작 기술에 있어 신뢰도가 극히 높다고 인정되고 그 검사자가 적격자이며 검사를 받는 사람이 검사를 받음에 동의하였으며 검사자 자신이 실시한 검사의 방법, 경과 및 그 결과를 충실하게 기재하였다는 여러 가지 점이 증거에 의하여 확인되었을 경우에 형사소송법 제313조제2항에 의하여 이를 증거로 할 수 있다.
2) 거짓말탐지기의 검사결과가 증거능력이 있는 경우에도 그 검사 즉 감정의 결과는 검사를 받는 사람의 진술의 신빙성을 가늠하는 정황증거로서 기능을 다하는데 그치는 것이다.

간단히 말하면, 대법원은 폴리그래프 검사결과는 현재의 수준에서 과학적으로 신뢰할 만한 것이 아니며, 따라서 요증사실을 증명할 수 있는 최소한의 힘을 갖고 있다고 볼 수 없으므로 증거능력을 인정할 수 없다는 것이다.[12] 이러한 현상은 공판정에서 폴리그래프 검사결과의 증거능력이 인정되지 않음에도 불구하고, 폴리그래프검사가 수사의 방법으로 활발히 이용되고 있음을 나타낸다. 폴리그래프 검사결과의 증거능력 문제가 여전히 꺼지지 않는 불씨로 남아 있는 이유가 있다. 즉, 폴리그래프검사가 국내에 도입된 지 50년이 지났으며,[13]

---

12 최정학, 거짓말탐지기 검사결과의 증거능력, 경희법학 제44권 제1호, 2009,10면.
13 우리나라는 1967년에 최초로 폴리그래프검사를 도입하였으며, 1979년 대검찰청에서 정규교육을 통한 심리분석관을 양성하기 시작하였다. 폴리그래프검사의 역사 및 국내도입에 대한 자세한 내용은 박용철, 거짓말탐지기 검사결과의 활용에 대한 소고, 형사정책 제25권 제3호, 2003, 343 – 344면, 박판규, 거짓말탐지기의 효용과 한계, 형사정책연구 제10권 제3호, 1999, 46 – 51면, 송광섭, 거짓말탐지기의 검사방법과 그 유용성 및 정확성, 원광법학 제14집, 1997, 76면 각주 1주 참조.

그림 3-5 폴리그래프 검사결과의 증거능력

작성: 서울중앙 지방법원 [그림: 이영욱 변호사]

그 동안 검사장비 및 검사기법 등은 많이 발전하였다. 또한 경찰, 검찰 등 수사기관에서는 매년 폴리그래프검사를 수사에 적극적으로 활용하고 있는데, 수사기관으로서는 공판정에서 증거능력이 부정됨에도 불구하고 폴리그래프검사 환경의 발전에 따른 수요증대와 그 중에서 많은 검사결과가 공판정에 증거로 제출되고 있는 현실을 감안 할 때 폴리그래프 검사결과의 증거능력에 대한 법리를 재고해 보는 것은 현실적으로 의미가 크다고 할 수 있다.[14]

1) Polygraph 검사의 증거능력에 대한 논의

폴리그래프검사의 증거능력과 관련하여 논의의 대상을 '직접증거'로 할 것인지, 또는 '간접증거 내지 정황증거'로 할 것인지 범주 확정이 필요하다. 직접증거와 간접증거는 서로 다른 내용의 논의가 이루어져야 하기 때문이다. 살피건대 판례는 "폴리그래프 검사결과의 증거능력을 인정하더라도 직접증거가 아닌 정황증거로서 인정할 수밖에 없다"[15]고 하면서, 마치 '정황증거로서 인정할 수밖에 없다'라고 하여 증거능력을 부정하는 듯한 뉘앙스로 판시하고 있으나, 정황증거 역시 증거능력 있는 증거임은 주지의 사실이다. 또, 다른 판례에서 "간접증거가 개별적으로는 범죄사실에 대한 완전한 증명력을 갖지 못하더라도 전체 증거를 상호 종합적으로 고찰할 경우 그 단독으로는 가지지 못하는 종합력이 있는 것으로 판단되면 그에 의하여도 범죄사실을 인정할 수 있다"[16]고 하여, 현재 우리 형사소송에서는 간접증거 내지 정황증거의 증명력도 비중 있게 다루어지고 있다는 점에서 직접증거뿐만 아니라 간접증거인정 여부 역시 중요한 문제라고 할 수 있다.[17] 구체적으로 살펴보면, 직접증거(direct evidence)란 형사재판에서 '법률효과의 발생에 직접 필요한 사실인 주요사실의 존부를 직접

---

14 이 문제는 다시 폴리그래프 검사 결과가 자백과는 무관하게 독자적으로 범죄사실을 입증하는 엄격한 증명의 자료로 쓰일 수 있는 자격을 가지고 있는가 하는 물음으로 나누어진다. 그런데, 자백의 보강증거도 일단 증거능력이 인정되는 증거이어야 한다는 통설의 판정에서 보면 양자의 물음은 결국폴리그래프 검사 결과에 증거능력을 인정할 수 있는가 하는 큰 질문으로 합쳐질 수 있다(신동운, 자백의 신빙성과 거짓말탐지기 검사결과의 증거능력, 법과 정의, 1995, 237면).

15 대법원 1987. 7. 21. 선고 87도968 판결.

16 대법원 2008. 3. 27. 선고 2008도507 판결.

17 이와 같은 견해로 최정할, 앞의 글, 2009, 26면.

증명하는 증거'로서 범죄사실에 대한 추론 없이 증거 그 자체만으로 범죄사실이 인정되는 증거를 의미하는데, 예를 들면 피고인의 자백, 직접 목격한 증인의 증언 등이 직접증거이다.[18] 생각건대 폴리그래프 검사결과는 직접증거로서의 증거능력은 인정할 수 없다. 검사결과 피의자가 거짓말을 했다고 판정된 경우에도 이와 같은 사실만으로 아무런 추론과정 없이 피의자가 유죄라는 심증을 가질 수는 없기 때문이다. 더욱이 폴리그래프검사의 정확도가 100% 완벽하다고 하더라도 피의자는 유죄인 이유 이외에 다른 이유로도 거짓말을 할 수 있기 때문이다.[19] 폴리그래프 검사결과는 검사대상인 피고인이 공판정에서 직접 진술하는 내용이 아니므로 전문증거이다.[20] 즉 폴리그래프 검사결과는 검사데이터 분석을 거쳐 문서로써 변환되어 제출되므로 전문증거일 수밖에 없다. 따라서 폴리그래프 검사결과가 직접증거로서 증거능력이 있다 하더라도 이는 전문증거에 해당하기 때문에 그 증거능력을 인정하기 위해서는 전문증거의 예외에 해당하여야 한다. 하지만 폴리그래프 검사결과는 '피고인의 진술을 기재한 서류'[21] 에 해당하게 되는데, 검사결과가 거짓으로 나오게 된 경우 피고인이 자신에게 불리한 증거에 대하여 성립의 진정을 인정할 가능성은 없으므로 전문증거로서의 증거능력 역시 인정하기가 어렵다.[22] 다음으로 간접증거(indirect evidence)또는 정황증거는 어떤 추론이나 가정 없이 범죄를 증명할 수 있는 직접증거와는 달리 추론 등을 통하여 입증할 수 있는 일련의 사실들로서 해당 사실로 피의자 및 피고인이 특정범죄를 저지른 것이 추측되는 것을 의미한다.[23]

---

18 배종대 외 3인, 앞의 책, 2003, 554면.

19 배종대외 3인, 앞의 책, 2003, 349면.

20 박용철, 앞의 글, 2003, 349면; 전문증거는 사실인정의 기초가 되는 사실을 경험한 간접적으로 보고하는 경우 그 제3의 매체를 말한다. 제3의 매체가 사람인 경우를 전문증인, 서류인 경우를 전문서류라고 한다(배종대 외 3인, 앞의 책, 2003, 624면).

21 이와 관련하여 대법원은 "피고인 또는 피고인 아닌 사람이 정보저장매체에 입력하여 기억된 문자정보 또는 그 출력물을 증거로 사용하는 경우, 이는 실질에 있어서 피고인 또는 피고인 아닌 사람이 작성한 진술서나 그 진술을 기재한 사유와 크게 다를 바 없고 압수 후의 보관 및 출력과정에 조작의 가능성이 있으며, 기본적으로 반대신문의 기회가 보장되지 않는 점 등에 비추어 그 내용의 진실성에 관하여는 전문법칙이 적용되고, 따라서 원칙적으로 형사소송법 제313조 제1항에 의하여 그 작성자 또는 진술자의 진술에 의하여 성립의 진정함이 증명된 때에 한하여 이를 증거로 할 수 있다"라고 판시하고 있다(대법원 2003. 7. 26. 선고 2003도2511 판결).

22 박용철, 앞의 글, 2003, 360면.

23 배종대 외 3인, 앞의 책, 2003, 554–555면.

예를 들어 피고인이 체포시 저항한 사실, 피고인이 범죄가 발생한 시각 및 장소에 있었던 사실 등이 정황증거로서 성격을 갖고 있다고 볼 수 있다. 심지어 범죄현장에서 발견된 피고인의 지문 역시 해당 지문이 범행장소에 피고인이 있었음을 추정하는 것에 불과하다는 점에서 직접증거가 아닌 간접증거로 기능하게 된다. 생각건대 만약 폴리그래프 검사결과의 증거능력을 인정한다면, 검사결과는 피의자 또는 피고인의 진술의 신빙성을 판단하고 범죄와 관련된 사실을 추정하는 간접증거 내지 정황증거로서 인정될 수 있다.[24]

2) 증거능력의 여러 견해

증거능력이란 증거가 엄격한 증명의 자료로 사용될 수 있는 법률상 자격을 갖추었는지를 나타낸다. 증거로 사용할 수 없는 증거를 조사하는 것은 무익하고 이를 조사하는 때에는 사실상 심증 형성에 영향을 미칠 수 없기 때문이다.[25] 폴리그래프 검사결과를 증거로서 인정할 것인가에 대하여 부정설과 긍정설의 대립이 있으며, 판례는 부정적인 입장이다. 그런데 폴리그래프 검사결과의 증거능력 인정문제는 검사결과를 신뢰할 수 있는 거라는 사실적 관련성[26]뿐만 아니라 법적 관련성[27]도 함께 검토되어야 한다. 비록 폴리그래프 검사결과에 사실적 관련성이 인정된다고 하더라도 이를 사용하는 것이 법관의 심증 형성에 있어서 다른 증거의 증명력 평가를 도외시할 정도로 심하게 부당한 영향을 미칠 수 있거나 소송경제적인 판정에서 필요 이상의 비용을 부담시키는

---

24 이와 같은 견해로 김종률, 거짓말탐지기 검사결과의 증거능력에 관한 연구, 검찰 통권 제113호, 2002, 64면.

25 이재상, 형사소송법, 박영사, 2011, 450면.

26 '사실적 관련성'이란 증거가 문제되고 있는 사실의 증명과 관련되고 있으며 또 이를 증명할 수 있는 최소한의 힘이 있음을 의미한다. 사실적 관련성은 '자연적 관련성'이라고도 불린다. 거짓말탐지기와 관련하여 사실적 관련성이 문제되는 항목으로는 일반적으로 볼 때 거짓말탐지기의 이론적 근거가 공인된 과학적 법칙에 기초하고 있는가, 구체적으로 볼 때 실제로 사용되고 있는 거짓말탐지기의 성능과 검사요원의 자질, 그리고 검사절차가 과학적 정밀성을 구비하고 있는가 하는 점 등을 들 수 있다(신동운, 앞의 책, 2014, 1344면).

27 '법적 관련성'이란 자연적 관련성이 대립하는 개념으로서, 자연적 관련성이 인정되는 증거라 할지라도 그 증거를 사용함으로써 얻는 이익과 그 대가로 치러야 할 해악을 비교하여 전자가 후자를 능가하여야 한다는 요청을 말한다(신동운, 앞의 책, 2014, 1344면), 이러한 법적 관련성은 자연적 관련성이 인정됨을 전제로 하여 증거의 관련성을 제한하기 위하여 사용되는 개념이다(신동운, 앞의 글, 1995, 243면).

경우, 또는 인간의 기본권을 침해하는 경우 등에 해당한다면 법적 관련성이 없음을 이유로 폴리그래프 검사결과를 증거로서 사용할 수 없기 때문이다.[28] 이하에서는 폴리그래프 검사결과의 증거능력에 대한 기존의 논의들을 사실적 관련성과 법적 관련성 측면에서 살펴보고 판례의 태도를 검토한다.

3) 증거능력을 부정하는 견해

폴리그래프의 검사결과에 대하여 증거능력을 인정할 것인가에 대하여 대체로 학설은 증거능력을 인정해서는 안 된다고 본다. 부정설은 다음과 같은 논거를 들어 증거능력을 부정하고 있다.

첫째, 폴리그래프의 검사결과에 대하여 자연적 관련성이 없으므로 증거능력을 절대적으로 배제하여 법원에 증거로 제출되는 것이 금지된다고 본다.[29] 이 학설은 폴리그래프 검사의 정확도·신뢰성 및 타당성에 대하여는 문제점이 많을 뿐만 아니라, 폴리그래프 검사결과는 여타의 전형적·법의학적 감정결과와는 달리 최량의 조건하에서도 증거로서 허용될 수 있는 신빙성을 결하고 있다고 본다.

둘째, 폴리그래프 검사결과의 신빙성에 대하여 긍정적인 조사결과가 나타나고 있는 것은 사실이나, 폴리그래프의 검사결과는 기계와 기술의 정확성에 대한 일반적 신뢰성과 검사자에 대한 개별적 신뢰성을 인정할 수 없으므로 증거로 인정할 수 없다고 본다.[30] 폴리그래프의 신빙성 전체는 결코 극복될 수 없고, 자연적 관련성이 없음을 이유로 증거능력을 부정하는 이상 자연적 관련성이 인정되면 증거능력을 인정할 수 있다는 견해이다. 이 학설은 폴리그래프의 이론적 근거 자체에 대한 검증이 현실적으로 곤란한 점에 주목하면서 이 문제를 피하기 위해 구체적인 검사시에 갖추어야 할 최량의 조건이 구비될 가능성이 없음을 증거능력 부정의 이유로 보고 있다.

셋째, 폴리그래프의 사용은 인간의 존엄과 가치 및 진술거부권의 보호라는

---

28 신동운, 앞의 책, 2014, 1344면.
29 백형구, 형사소송법강의, 박영사, 1996, 437면.
30 손동권, 형사소송법, 세창출판사, 2010, 693면; 이재상, 앞의 책, 547 – 548면.

법적 관련성까지 금지해서는 안 된다는 이유로 폴리그래프의 증거능력을 부인한다고 본다.[31] 이 설은 폴리그래프 검사결과의 증거능력 문제는 진술의 주체 인간에 대하여 그의 내면세계를 신체적 반응으로 전환하여 진위를 파악하려는 국가기관의 위헌적 시도에 주목하여 판단해야 한다고 본다. 그리고 의사결정권과 의사 활동권을 가지는 인간을 단순한 신체작용의 측정대상으로 삼으려는 폴리그래프의 사용은 단순히 자연적 관련성 관점을 넘어서서 인간의 존엄과 가치 및 진술거부권의 보호라는 법적 관련성까지 금지하지 않으며 안 되며, 그 검사결과 법적관련성의 결여를 이유로 증거능력을 부인해야 한다고 본다. 설사 피검사자가 폴리그래프 사용에 동의하였다 하더라도 폴리그래프 사용 자체가 피검사자에 대한 기본권 침해이기 때문에 폴리그래프에 의한 검사 자체가 허용되지 않는다는 것이다. 특히 피검사자가 폴리그래프 검사에 동의하지 아니한 경우 폴리그래프를 사용할 수 없고, 이를 무시하고 사용한 경우 검사결과는 위법수집증거가 된다. 이는 인간의 무의식 세계의 반응을 신체상태의 변화로 측정하여 포착하려는 시도는 불가침 영역인 인격의 내면세계를 침범하는 것으로 폴리그래프 검사결과를 증거로 사용할 수 없다는 독일연방법원이나 독일 헌법재판소 판례의 태도와도 같다.

4) 증거능력 (제한적) 인정설

긍정설의 주요 논거는 다음과 같다. 첫째 피검사자의 동의가 있는 때에는 인격의 침해라고 볼 수 없다는 점, 둘째 검사결과는 감정서의 성질을 가지므로 동의가 있을 때에는 증거능력이 인정될 수 있다는 점, 셋째 폴리그래프에 의하여 검사한 결과와 피의자의 진술이 진실이라고 판단되는 경우에는 수사가 신속히 종결되고 피검사자는 피의자의 지위에서 벗어날 수 있게 된다는 현실적 필요성 등을 들고 있다. 구체적으로 살펴보면, 먼저 폴리그래프에 의한 검사가 인격에 대한 침해이자 인간가치의 부정이라는 견해에 대하여, 긍정설은 기계에 의하여 인간의 심리를 검사하는 것이 인격에 대한 침해라고 한다면 극단적으

---

31 배종대·이상돈·정승환, 앞의 책, 585면; 신동운, "자백의 신빙성과 거짓말탐지기 검사결과의 증거능력," 「법과 정의」, 이회창선생 화갑기념논문집, 박영사, 1995, 250 – 251면.

로 기계를 이용한 DNA감식 역시 허용되어서는 안 된다고 한다. 인간이 인간을 판단해야만 하는 형사재판의 현실상황에서 폴리그래프 검사결과의 정확성을 긍정할 수 있다면 그 증거능력을 인정할 필요가 있다. 특히 증거능력의 인정과 유·무죄 판단에 관한 증명력은 다른 차원의 문제이기 때문에 증거능력을 인정한다고 해서 바로 유죄판단의 대상이 되는 것도 아니다.[32] 다음으로 폴리그래프 검사결과서는 전문지식을 가진 검사관이 검사기록을 분석한 보고서이고, 실질적으로 감정서로서의 성질을 가지므로 형사소송법 제313조 제2항(진술서 등)의 요건을 충족하면 증거능력이 인정된다[33]고 한다. 또한 제한적 긍정설로서, 국가가 폴리그래프검사로 피의자의 무의식적인 심리상태를 탐지하는 것은 절대불가침의 영역인 인격의 핵심영역을 침해하는 것으로서 법적으로 허용할 수 없지만, 폴리그래프검사를 통해 피의자는 혐의를 좀 더 빨리 벗어날 수도 있으므로, 피의자의 진정한 동의를 전제로 한다면 그러한 방어 전략의 사용가능성을 피의자에게서 빼앗을 필요는 없다.[34] 긍정설 가운데 외국 판례를 근거로 증거능력을 인정하는 견해가 있다. 이 견해에 따르면, 우리나라 판례는 폴리그래프 검사결과의 증거능력에 관해서 미국의 Frye v. Unite State 사건[35] 의 영향을 받아 아직까지 부정하고 있다.[36] 그러나 미국의 경우에도 Daubert v. Mecell Dow Plemerfical, Inc 사건[37] 에서 과학적 증거의 타당성에 대해 Frye 기준을 완화해 가고 있는 점은 우리에게 시사하는 바가 크며, 특히 과학원리나 기술이 일반적 승인기준을 충족하기만을 기다린 다면 상당기간 결정적으로 중요한 증거를 잃게 될 우려가 있다[38]고 한다.

---

32 정용석·백승민, 형사소송법, 2014, 730면.
33 권오길, 형사소송법, 2010, 779면; 이재상, 신형사소송법, 2008, 604면.
34 배종대 외 3인, 앞의 책, 2013, 696면.
35 배종대 외 3인, 앞의 책, 2013, 698면; 하태훈, 한국과 독일의 형사소송절차에 있어서의 거짓말탐지기, 형사법학의 과제와 전망, 1993, 935면.
36 Frye기준은 과학적 기술과 원칙이 해당 과학분야에서 일반적인 승인(general acceptence)을 얻었을 때에만 증거 능력을 인정할 수 있다는 원칙이다(강동욱·황훈규·이성기·이성기·최병호, 형소송법 강의, 2014, 587면).
37 이와 같은 견해로 심회기, 과학적 증거방법에 대한 대법원판결의 최근 동향, 비교형 사법연구 제13권 제2호, 2013, 288면.
38 Daubert기준은 과학적 증거는 요증사실에 대한 관련성뿐만 아니라 그 증거자체가 과학적 지식에 근거하여 충분히 신뢰할 만한 것인가를 판단하는 것이므로 과학적 이론의 검증가능성, 동료들에 의한 심사(peer review)여부, 오류

상기와 같이 폴리그래프의 수사과정에서의 활용에 대하여 학설의 견해가 엇갈리지만 대체로 수사 활용 자체는 긍정하는 분위기이다. 다만 피검사자의 동의가 반드시 전제로 된 경우에만 허용될 수 있는 부분이라고 이해한다.

반면에 폴리그래프의 검사결과에 대하여 증거능력을 인정할 것인가에 대하여는 보다 첨예하게 대립함을 알 수 있다. 부정설의 경우 검사결과에 대한 자연적 관련성이 없음, 일반적 신뢰성을 인정할 수 없음, 인간의 존엄과 가치 등 법적 관련성이 없음을 이유로 증거능력을 부정한다. 반면, 인정하는 견해에서도 전면적으로 인정하는 견해는 없고 다만 당사자의 명시적인 동의를 얻고, 적법 타당한 절차에 따라 이루어진 폴리그래프 검사라면 이를 신뢰하고 증거능력을 인정할 수 있다고 본다.

폴리그래프는 현재까지 많은 장비 및 기법의 개발, 피검사자 요건의 강화들이 있어 왔지만 법정에서는 이러한 부분에 대한 충분한 논증이나 판단 없이 일관되게 그 활용을 배제해 왔다. 그러나 폴리그래프 검사와 관련된 요건의 타당성에 대하여 충분히 검증하고 이에 대한 신뢰성을 확보할 수 있다면 아무런 증거나 증인이 없는 사건의 경우 당사자의 진술의 부정확함을 이유로 증거의 하나로 활용할 수 있을 것으로 판단된다.

12. 폴리그래프 검사결과에 대한 법원의 판단

전국 대부분의 하급심법원은 거짓말탐지기에 의한 감정결과를 신뢰하고, 증거로 채택하고 있는 반면에 대법원은 1983년 판례 이후로 증거능력을 부인하고 있다. 폴리그래프 검사결과의 증거능력에 관한 우리나라 최초의 판결은 1979년도 판결(79도 547)이며, 일반적인 기준을 제시한 것은 1983년도 판결(83도712)이다. 폴리그래프 검사결과에 대한 최초의 대법원 판결[39]의 주요 내용은 다음과 같다.

비율이 알려져 있는지 여부, 과학계의 일반적 승인 여부 등을 종합적으로 따져 결정한다(강동욱 외 3인, 2013, 199-200면).
39 노명선·이완규, 형사소송법, 2013, 199-200면.

"거짓말탐지기 검사결과 및 그 보고서를 유죄의 증거로 사용하고 있는 원심에 대하여 거짓말탐지기 검사결과의 증거능력에 관하여는 학설상으로 대립이 있어 이를 쉽게 인정할 수 없다.

1) 우리나라 최초 거짓말탐지검사 판례

거짓말탐지기 검사결과가 우리나라 법원에서 처음으로 평가되고, 증거능력을 인정한 사례는 1978년 전주지법 군산지원에서 폭력행위등처벌에관한법률위반 및 살인 사건이었다. 그러나 이 사건에 대해 대법원에선 1979년에 거짓말탐지기 검사결과의 증거능력을 불인정한 최초 사례로 평가되었다.

위 폭력행위 및 살인사건에서는 20여 명의 용의자를 대상으로 거짓말탐지검사를 한 결과, 피검사자 김○○(19세)의 검사차트에서만 거짓반응이 나오고, 나머지 19명의 피검사자 차트에선 진실반응이 나왔으며, 검사결과 거짓반응이라는 것을 알고 난 피검사자 김○○가 자백을 함으로써 거짓말탐지검사결과에 대한 평가가 지방법원 및 고등법원에선 증거능력을 인정받았지만 대법원에서는 증거능력 불인정이 되었던 사건이었다.

2) 1심(전주지법군산지원 합의부)과 2심(광주고법)에서 거짓말탐지 검사결과 증거능력 인정

이 사건의 경우 제1심 법원인 전주지법군산지원 합의부는 검사결과서 등 모두 15가지의 증거를 들어 유죄를 선고했다(78 고합 21 사건, 1978. 10. 14). 제2심인 광주고법 역시 제1심의 태도를 그대로 유지, 거짓말탐지기 검사결과의 증거능력을 인정했다.

"원심이 증거로 채택한 거짓말탐지기 검사결과 및 그 보고서의 증거능력에 관하여는 학설상 다툼이 있기는 하나, 이 사건 거짓말탐지기의 검사관인 송○○은 수년간 거짓말탐지기 검사를 전담해 왔으며, 피검사자인 김○○의 동의를 얻어 검사를 하였으며, 검사결과 보고서는 동 검사관이 실시한 검사의 경과 및 결과를 충실히 기재하여 작성한 사실을 인정할 수 있기 때문"이라고 판시했다.

3) 대법원에서의 증거능력 불인정

대법원 형사2부는 1979년 5월 22일 거짓말탐지기 검사결과에 대한 증거능력 유무와 관련, "검사결과의 정확성을 보증할 수 있는 일정한 조건이 구비되지 아니한 거짓말탐지기 검사의 결과 및 그 보고서는 그 증거능력을 인정할 수 없다"고 판시했다. 이 판시는 우리나라 법정에서 거짓말탐지기 검사결과에 대한 증거능력 불인정 판례의 효시가 되었다.

대법원은 거짓말탐지기 검사결과 및 그 보고서가 증거능력을 인정받기 위해서는 먼저 그 검사결과의 정확성이 보증되어야 한다고 전제했다. 또 그 정확성을 보증하기 위한 주·객관적 조건 7가지를 들었다.

Polygraph 검사결과의 증거능력 〈대법원, 1979. 79도547〉

거짓말탐지기의 검사결과의 증거능력이 인정되기 위해서는 우선 그 검사결과의 정확성이 보증되어야 하고, 그 정확성을 보증하기 위해서는 몇 가지 조건이 충족되어야 한다.

1. 검사 시 피검사자의 의식이 명료하고 심신이 건전한 상태에 있을 것
2. 검사 기계 성능이 우수할 것
3. 질문표의 작성과 질문의 방법이 합리적일 것
4. 검사자가 특정의 전문지식과 훈련을 받은 자일 것
5. 질문 자극 이외의 자극 영향이 없는 장소에서 행해질 것
6. 그 검사결과가 전문가에 의해 정확히 판정될 것
7. 피검사자의 동의를 받아 검사할 것 등이 충족된 검사가 아니면 그 시험결과 및 보고서를 증거로 사용할 수 없다.

따라서 그러한 조건들이 갖추어진 상태에서 검사가 시행되었다고 볼 자료조차 없는 이 사건에 있어서, 단지 거짓말탐지기의 검사관이 수년간 거짓말탐지기의 시험을 전담해왔고, 피검사자인 피고인의 동의를 얻어 검사하였고 그 검사결과의 결과를 충실히 기재한 것이라 하여 이 사건 시험결과 및 보고서를 유죄 인정의 직접 자료로 사용한 원심의 조치는 잘못이다."

판례 1

대법원 제2부, 1979. 5. 22. 판결 79도547 상고기각

【사 건 명】: 폭력행위등처벌에관한법률위반, 살인(백화양조사건)

【제　　목】: 거짓말탐지기의 증거능력

【판례전문】: 대법원 제2부, 1979. 5. 22. 판결 79도547 상고기각

【사 건 명】: 폭력행위등처벌에관한법률위반, 살인

【판시사항】: 허언탐지기 시험결과 및 보고서의 증거능력

【판결요지】: 허언탐지기의 시험결과 및 그 보고서는 피검자의 동의가 있고, 기계의 성능, 피검자의 정신상태, 질문방법, 검사자 및 판정자의 지식, 경험, 검사장소의 상황 등 제반사정에 비추어 검사결과의 정확성이 보증되는 경우에 한하여 증거능력이 인정된다.

【참조조문】: 형사소송법 제171조

【당 사 자】: 피고인, 상고인 강희욱

【변 호 인】: 변호사 김병화, 최윤모, 최정수(사선), 손우영(국선)

【원심판결】: 원판결 광주고등법원 1979. 2. 22. 78노434 판결

【주　　문】: 상고를 기각한다

상고제기 후의 구금일수 중 85일을 본형에 산입한다

【이　　유】: 피고인의 국선변호인 변호사 손우영, 사선변호인 변호사 김병화의 각 상고이유에 대하여 판단한다(피고인의 사선변호인 변호사 최윤모, 변호사 최정수의 상고이유서 및 상고이유보충서는 모두 상고이유서 제출기간 경과 후에 제출된 것이므로 위의 각 상고이유서를 보충하는 범위 내에서만 판단한다).

가. 변호사 김병화의 상고이유 제1점과 변호사 손우영의 상고이유에 대하여, 원심은 원심이 타당하다 하여 유지하고 있는 제1심 판결이유에서 거시증거들을 종합하여, 피고인은 고등학교 3학년생으로서, 피고인과는 국민학교 동기동창생이며 국민학교 졸업이래 자주 편지왕래가 있으면서 판시 범행일 일주일쯤 전에는 피고인과 성관계까지 있었던 여자고등학교 3학년생인 피해자의 남자관계가 복잡하다는 급우의 말을 듣고 그 점을 따져보려고 판시 범행일시에 피해자를 만나 백화양조 공장 2층 시험사 입실까지 데리고 가서 위 공장에 침입하여 피해자에게 이성과의 성관계 유무를 따지는 등 여고생으로서는 참아넘기기 어려울 정도의 충격적인 힐문을 하자 평소 성격

이 급한 편인 피해자가 모욕감과 수치감이 지나쳐 흥분한 나머지 옷을 벗어 자기의 결백함을 나타내 보이겠다면서 알몸을 보이기까지 하였는 데도 계속 피해자의 결백을 의심하는 투의 피고인의 말에 피해자가 충격을 받고 그대로 졸도해 쓰러지자 피고인은 피해자의 어깨를 몇 번 흔들어 보았으나 별 반응이 없어 동녀의 심장, 호흡, 맥박 등으로 생사 여부를 확인해 보지도 않은 채 자기의 행위로 인하여 발생한 위 상황을 은폐하기에 급급한 나머지 아직 살아있어 시간이 경과하면 의식을 회복할 동 피해자를 술이 담겨있는 그 판시 술통에 집어넣어 질식 사망케 한 후 마치 피해자가 자살한 양 위장하기 위하여 피해자가 벗어버린 옷가지들을 가지런히 개어 정돈해 놓고 도주한 사실을 인정한 다음 피고인은 위 범행 당시 살인의 미필적 고의가 있었다 하여 피고인을 살인죄를 적용처단 하였는바, 우선 원심이 위의 범죄사실을 인정하기 위하여 사용한 그 판결 거시증들을 기록과 대조하면서 원심의 채증 과정을 검토하여 보니 원심이 위 각 증거들(그 중 뒤에 설시하는 허언탐지기 시험결과 및 그 보고서는 제외) 중 피고인이 위 범행을 자백한 내용인 검사가 작성한 피고인에 대한 피의자신문조서와 피고인이 작성한 각 자술서 및 반성문들은 모두 피고인 및 변호인이 제1심 법정에서 그 성립의 진정함을 인정하였으며 그 진술이 신빙할 수 있는 상태에서 임의로 된 것이어서 증거능력이 있고, 사법경찰관사무취급이 작성한 참고인들에 대한 각 진술조서는 각 진술자가 제1심 법정에서 그 성립의 진정함을 인정하였으니 역시 증거능력이 있고, 그 밖의 증거들도 모두 제1심 법정에서 적법한 증거조사를 거쳤으니 모두 증거능력이 있다고 판단한 원심의 조치는 정당하고 거기에 소론과 같은 증거능력 없는 증거를 사용한 위법이 없고, 위의 증거들을 종합하면 피고인은 검찰에서 이 사건범행을 상세하고도 조리있게 자백하였고 원판결이 보강증거로 들고 있는 증거들을 살펴보면 위 자백한 사실이 가공적인 것이 아니고 진실한 것이라고 인정되고 위의 자백내용과 판시 보강증거들을 종합하면 피고인에 대한 위 범죄사실을 인정하기에 넉넉하므로 원판결에는 논지가 주장하는 바와 같이 보강증거없이 자백만으로 유죄인정의 자료로 삼았거나, 증거없이 사실을 인정하였거나, 증거판단을 그르친 위법도 없다.

사실관계가 위와 같다면, 피고인이 위와 같이 실신해 있는 피해자를 술통에 넣을 당시 피고인의 심중에는 앞서 본 바와 같은 피고인의 힐문으로 말미암아 피해자가 갑자기 옷을 벗고 알몸이 된 채로 실신해 쓰러져 쉽게 의식을 회복할 기미도 보이지 않고 곧 있으면 위 공장의 직공들이 출근하게 될 뿐만 아니라 당시 그 공장 1층에서는 사람들이 작업을 하고 있는 것을 피고인이 알고 있었으므로 그 사람들이 언제 위 범행 장소에 올지 모르는 극히 불안한 상태였으므로 피고인으로서는 위의 상황을 은폐하고 한시바삐 그 장소에서 피하여야겠다는 생각이 지배하였음을 기록상 엿볼 수 있고, 더구나 피고인이 피해자를 술통에 넣은 후에 피해자의 버려진 옷가지를 가지런히 개어 놓아 마치 피해자가 자살한 양 위장한 점 등이 사건 범행의 동기, 범행의 수단과 방법, 범행 당시 피고인의 심리상태, 범행 후의 조치 등을 종합하여 보면 위 범행 당시 피고인은 피해자가 아직 살아있을 지도 모르지만 당황한 나머지 얼른 그 자리에서 피해야겠다는 생각에서, 피해자를 술통에 넣음으로써 죽게 되어도 어쩔 수 없다는 결과 발생에 대한 인용적 태도, 즉 미필적 고의가 있었다고 인정한 원판결이 그 점에 관한 설시에 있어서 다소 미흡한 점이 있기는 하나 미필적 고의를 인정한 자체는 결국 정당하다.

다만 원심은 허언탐지기 시험결과 및 그 보고서를 이 사건 범죄사실을 인정하는 증거로 사용하고 있는 바 허언탐지기 시험결과의 증거능력에 관하여는 학설상도 대립이 있어 이를 쉽게 인정할 수 없다. 그 증거능력이 인정되기 위하여는 우선 그 검사결과의 정확성이 보증되어야 하고 그 정확성을 보증하기 위하여는 적어도, 예컨대 검사기계의 성능이 우수할 것, 피검사자의 검사 당시의 의식이 명료하고 그 심신이 건전한 상태에 있을 것, 질문표의 작성과 질문의 방법이 합리적일 것, 검사자가 특정의 전문지식과 훈련을 받은 자일 것, 질문자극 이외의 자극, 영향이 없는 장소에서 검사가 행하여 질 것, 그 검사결과가 전문가에 의하여 정확하게 판정될 것은 물론이고 또, 피검사자의 동의를 받아 검사할 것 등의 조건이 충족되어야 하고 그와 같은 조건들이 충족된 검사가 아니면 그 시험결과 및 그 보고서를 증거로 사용할 수 없다 할 것인 바, 위와 같은 조건들이 갖추어진 상태에서 이 사건 검사가 시행되었다고 볼 자료조차 없는 이 사건에 있어서 단지 이 사건 허언탐지기의 검사자가 수년간 허언탐지기 시험을 전담해 왔고 피검사자인 피고인의 동의를 얻어 검사하였고 그 검사 경과와 결과를 충실히 기재한 것이라 하여 이 사건 시험결과 및 그 보고서를 유죄 인정의 직접 자료로 사용한 원심의 조치는 잘못이라 하겠으나 원심에서도 그 판단이유에서 설시하고 있듯이 그 시험결과 및 보고서를 제외하더라도 그 밖의 다른 증거들에 의하면 위 범죄사실을 인정할 수 있다고 인정하였으므로 위의 잘못은 이 사건 결과에 영향을 미치지 못하여 이 점을 지적하는 논지는 적법한 상고이유가 되지 못한다.

나. 변호사 김병화의 상고이유 제2점에 대하여, 유죄판결 이유에 명시하여야 할 증거의 요지는 범죄 될 사실을 증명할 적극적 증거를 거시하면 되고 인정되는 범죄사실이나 그 인정증거에 모순되는 반대증거는 그것이 특히 객관적으로 고도의 신빙성이 있는 것이어서 그것을 배척하지 않고서는 유죄 될 범죄사실을 인정하는 것이 도저히 납득될 수 없는 등의 사정이 없는 한 법원이 믿지 않는 모든 반대증거를 일일이 거시하여 판단하지 아니하였다고 해서 위법하다고는 볼 수 없다 할 것인 바, (당원 1960. 1. 19 선고, 4292 형상802 판결 참조) 논지가 이 사건 범죄사실에 대한 반대증거가 된다고 주장하는 피고인의 친모인 제1심 증인 배금자의 증언 중 그 판시 범행시각에 피고인은 피고인의 집 방에서 자고 있는 것을 보았다는 취지의 증언부분은 원심이 이를 믿을 수 없는 것으로서 배척한 취지로 볼 수 있고, 참고인 박분님의 진술녹취서는 동인이 이 사건 범행시각 쯤에 범행 장소인 백화양조 공장 쪽에서 여자의 비명 같은 소리를 들었다는 내용인 바, 동인이 들었다는 여자의 비명 같은 소리가 과연 이 사건 피해자의 소리였다거나 이 사건과 어떤 관련이 있다고 볼 자료가 없으니 위 진술녹취서 만으로는 이 사건 범죄사실 인정에 장애가 될 수 없고, 기록에 의하면 논지가 지적하는 지문 감정회보와 모발 감정회보는 논지가 주장하는 것처럼 이 사건 범행에 제공된 술통에서 채취한 지문들이 아니고 당시 시험실에 있었던 마

취병에서 채취한 지문들로서 그 중에는 피고인의 지문은 없고 그 공장직원의 지문이 나왔다는 내용이고 이 사건 범행현장에서 발견된 모발이 누구의 것인지 감정할 수 없다는 내용일 뿐이어서 이것들 역시 위 사실인정에 방해가 되는 바 없고, 그 밖에 논지가 지적하는 증거들을 자세히 살펴보아도 이 사건 범죄사실 인정에 지장이 되는 사정은 보이지 않으므로 원판결이 위 증거들에 대하여 일일이 판단하지 않았다고 해서 위법하다고는 볼 수 없다.

다만 기록에 의하면 이 사건 수사를 담당했던 검사는 수사단계에서 피고인이 작성하여 동 검사에게 제출한 자술서 2통(1978. 5. 17자 및 동월 20자 공판기록 제120, 289정 참조)을 소지하고 있다가 제1심에서 변호인의 신청에 의한 법원의 제출명령에 따라 비로소 이를 제1심 법원에 제출하였음을 알 수 있고 동 자술서의 기재에 의하면 피고인은 검사의 제1회 신문당시(1978. 5. 3)에는 이 사건범행을 자백하였다가 후에 그 범행을 부인하는 내용으로 동 자술서들을 작성하여 검사에게 제출한 사실을 인정할 수 있는 바, 위의 사술서들은 제1심 이후 원심에 이르기까지 일관하여 이 사건 범행을 부인하고 있는 피고인에게 일응 유리한 자료가 된다고도 볼 수 있는데 공익을 대표하여 공정한 수사와 공소유지를 하여야 할 입장에 있는 검사로서는 피고인에게 유리, 불리를 막론하고 수집한 모든 자료를 수사기록에 남겨 놓아야 마땅함에도 불구하고 위와 같이 피고인에게 유리한 자료인 위 자술서들을 소지하고 있는 채 이를 수사기록에 편철하지 않아 법원으로 하여금 이를 참고할 수 없도록 하는 것은 검사로서 온당치 못한 태도라 할 것이나 달리 논지가 주장하는 바와 같이 검사가 제2회, 제3회 피고인을 신문하였고 그때마다 피고인은 범행을 부인했는 데도 그러한 내용의 조서를 작성하지 않았다는 따위의 담당 검사가 불미스러운 조치를 하였다는 사실을 인정할 자료가 없을 뿐만 아니라 위와 같은 자술서가 있다고 해서 앞서 본 검찰 제1회 신문시의 피고인의 자백이 임의성이 없는 것이라고 볼 수는 없다 할 것이니 위 자술서에 관하여 원심이 판단하지 않았다고 해서 위법하다고 볼 수 도 없다. 기타 논지도 모두 원심의 유죄 인정을 번복할 만한 것이 없어 상고이유 없다. 그러므로 상고를 기각하고 형법 제57조에 의하여 상고 제기 후의 구금일 수 중 85일을 원심의 본형에 산입하기로 관여 법관의 의견이 일치되어 주문과 같이 판결한다.

재판장 대법원판사 김윤행
대법원판사 민문기, 한환진, 김용철

동 판결은 폴리그래프 검사결과의 증거능력에 관하여 학설상의 대립으로 일반적 승인을 얻지 못하였으므로 증거능력을 인정할 수 없다고 한다. 다만, 일정한 형식적 조건이 구비된다면 증거능력을 인정할 수 있음을 시사하고 있다는 점에서는 그 의미가 있다. 이로부터 4년 후 1983년 대법원 83도712판결을 포함한 이후의 판례[40]들은 형식적 조건의 흠결 외에 폴리그래프 검사결과의 사실적 관련성에 대하여 다음과 같이 의문을 제기하였다.

"거짓말탐지기 검사결과에 대하여 형사소송법상 증거능력을 부여하려면 우선 그 검사결과가 '사실적 관련성,' 즉 요증사실에 대하여 필요한 최소한도의 증명력을 가지고 있음을 요하는 것이다. 그런데 거짓말탐지기 검사의 우리는 의식적으로 거짓말을 하는 자는 양심의 가책이나 거짓 발각에 대한 우려 등으로 심리상태의 변동이 일어나고 이것이 호흡·혈압·맥박·피부 등에 생리적 반응을 일으킨다는 전제 아래 그 생리적 반응을 측정하여 거짓말인 여부를 판독하는 데에 있으므로 이와 같은 검사결과에 대하여 사실적 관련성을 가진 증거로서 증거능력을 인정할 수 있으려면 첫째로, 거짓말을 하면 반드시 일정한 심리상태의 변동이 일어나고, 둘째로 그 심리상태의 변동은 반드시 알정한 생리적 반응을 일으키며, 셋째로 그 생리적 반응에 의하여 피검사자의 말이 거짓인지 아닌지가 정확히 판정될 수 있다는 전제요건이 충족되어야 하며, 특히 생리적 반응에 대한 거짓여부의 판정은 거짓말탐지기가 위 생리적 반응을 정확히 측정할 수 있는 장치이어야 하고 질문사항의 작성과 검사의 기술 및 방법이 합리적이어야 하며, 검사관이 탐지기의 측정내용을 객관성 있고 정확하게 판독할 능력을 갖춘 경우라야만 그 정확성을 확보할 수 있는 것이다. 그러므로 이상과

---

[40] 대법원 2005. 5. 26. 선고 2005도130 판결; 1983. 9. 23. 선고 83도 712 판결.

같은 제반 요건이 충족되지 않는 한 거짓말탐지기 검사결과에 대하여 형사소송법상 증거능력을 부여하기는 어려운 것이라고 보지 않을 수 없다."

동 판결에서 대법원은 폴리그래프 검사결과가 증거능력을 인정받기 위해서는 세 가지 요건을 충족하여야 함을 제시하고 있는데, 세 가지 요건 가운데 첫째와 둘째의 요건은 거짓말탐지기의 구성원리에 관한 이론적 검증부분이며, 세 번째의 요건은 구체적인 거짓말탐지기의 정확성에 관한 요건이라고 할 수 있다.[41] 생각건대 대법원은 폴리그래프의 검사결과에 대한 증거능력 문제를 사실적 관련성의 판정에서 접근하여 "반드시 일정한 심리상태의 변동이 일어나고," "반드시 일정한 생리적 반응을 일으키며," "정확히 판정될 수 있다"는 대단히 엄격한 태도를 취하고 있다. 즉 판례는 폴리그래프의 구성원리에 관한 관련학계의 이론적 검증과 구체적 검사장비의 정확성이 모두 확인되어야 비로소 그 검사결과에 증거능력을 인정할 수 있다는 견해이다.[42] 이와 같이 폴리그래프 검사결과에 대한 판례의 엄격한 태도는 다른 법과학적 증거에 대한 판례의 견해와 비교하면 더욱 명확해진다.

4) 필적감정의 증거인정과 Polygraph

"원래 필적은 물리학적 입장에서 볼 때 점과 선이 합쳐서 성립되는 것이고, 그 구성은 개인차에 의하여 천태만상으로 표현되는 것으로서 이렇게 점과 선이 합친 대소의 형태에 개인의 특징이 현출되며, 필적감정은 이러한 고유의 특징을 발견하여 필적의 이동을 식별하는 것이나, 현재 그 필적감정의 정확성에는 한계가 있을 수밖에 없어 결국 그 한계 내에서 객관성과 공정이 보장되는 여러 가지 합당한 방법으로 감정이 이루어져야 하는 것인 바, (중략) 이 사건 감정서는 신빙성이 있다."[43]

살피건대 판례는 먼저 필적감정이 근거하는 과학적 또는 기술적 이론을 언급하면서, 특히 현재 필적감정의 기술적 한계를 인정하였다. 즉 '현재 필적감정

---

41 신동욱, 앞의 글, 1895, 248면.
42 신동욱, 앞의 글, 1985, 249면.
43 대법원 1992. 7. 24. 선고 92도1148 판결.

의 정확성에는 한계가 있을 수밖에 없어.'라고 하며 필적감정의 현실적 한계를 인정하고 있으며, 또한 '그 한계 내에서 객관성과 공정성이 보장되는 여러 가지 합당한 방법으로 감정이 이루어져야 하는 것'이라며 필적감정의 한계 내에서 객관성과 공정성이 인정된다며 증거능력 있음을 밝히고 있다. 다시 말해 필적감정의 경우에는 폴리그래프검사와는 달리 필적감정의 신뢰성이나 그 이론을 적용하는 기술의 유효성을 문제삼지 않고 바로 신빙성까지 긍정하였다. 필적감정 역시 폴리그래프검사와 같이 감정관의 '주관적 판단'에 의한 법 과학적 증거임을 고려할 때 폴리그래프검사에 대해서만 유독 엄격한 대법원의 태도에 이의를 가지지 않을 수 없다. 더욱이 판례는 DNA 검사결과에 대해서는 증거능력뿐만 아니라 높은 증명력까지 인정하고 있다.[44] 요컨대 판례는 폴리그래프검사결과에 대한 증거능력 인정기준을 대단히 엄격하게 요구하는 반면, 다른 과학적 증거에 대해서는 상대적으로 느슨하게 증거능력을 인정하고 있다[45]고 할 수 있다.

5) 기존 견해 및 판례에 대한 비판

판례의 전체적인 내용을 보면 거짓말탐지기 검사 자체를 부정한다기보다는 거짓말탐지기 검사결과의 정확성이 보장되지 않아서 증거능력을 인정하지 않는다는 의미가 강하다.

폴리그래프 검사결과의 증거능력에 대한 기존의 견해들은 폴리그래프검사의 사실적 관련성과 법적 관련성 한쪽 면만을 부각시키고 있다. 즉 긍정설은 주로 법적 관련성에 대하여, 부정설은 사실적 관련성에 대하여 각각 강조하고 있다. 서로 논증의 대상이 달라 합일점을 찾을 수 없다. 강조하건대, 폴리그래프검사의 증거능력을 인정하기 위해서는 사실적 관련성뿐만 아니라 법적 관련성이 함께 검토되어야 한다.[46] 긍정설이 사실적 관련성에 대한 부정설의 논거를 극복해야만 하는 이유가 여기에 있다.[47] 또한 판례는 폴리그래프검사의 사

---

44 이에 대한 자세한 설명은 박정훈, 앞의 글, 2013, 70–71면 참조.
45 이와 같은 견해로 심희기, 과학적 증거의 허용성과 신빙성, 형사법 연구 제12호, 한국형사법학회, 1999, 17–18면.
46 이와 같은 견해도 신동운, 앞의 글, 1995, 242면.

실적 관련성을 부정하고 있는데, 다른 법과학적 증거와는 달리 대단히 엄격한 기준을 적용하고 있다. 판례가 폴리그래프 검사에 대해서만 상대적으로 엄격한 기준을 적용하는 이유를 정확히 알 수는 없다. 추측하건대, 폴리그래프라는 장비를 이용하여 인간의 내면심리를 확인한다는 사실에 대한 막연한 거부감과 폴리그래프 검사로 피검사자의 진술이 거짓인지 진실인지 정확히 밝힐 수 없다는 판단이 근저에 깔린 것으로 생각된다. 물론 폴리그래프검사는 사람을 직접 상대로 진술의 진위 여부를 확인하기 때문에 여러 가지 조건이 충족되어야 하는 어려움이 있다. 하지만 오늘날 수사현장에서 폴리그래프 검사의 필요성은 증대하고 있고 기술의 발전으로 과거와는 비교할 수 없을 만큼 정확도가 향상되고 있는 점을 고려할 때 판례의 엄격한 태도는 재고되어야 한다. 유용한 과학수사기법이 판례의 엄격한 기준으로 인하여 사장되는 일은 없어야 하기 때문이다. 더욱이 증거능력과 증명력은 서로 다른 문제임을 감안할 때 더욱 그러하다. 대법원 판례는 대체로 거짓말탐지기 검사결과에 대하여 증거능력을 인정하지 않는다. 그 근거로 여러 가지 요건을 갖추어야 함을 설시하고 있다. 그러나 이러한 판례의 태도는 세 가지 측면에서 제고할 필요가 있다.

첫째, 판례에서 일관되게 언급하고 있는 요건들은 증거능력 인정을 위한 요건이 아니라 '증명력' 인정을 위한 요건일 뿐이다. 일반적으로 형사소송법에서 말하는 증거능력이란 엄격한 증명의 자료로 사용될 수 있는 자료로 입법자에 의해 형식적이고 객관적으로 결정되고 법관의 주관적·개별적 판단에 의해 좌우되지 않는 것을 말한다. 반면, 증명력은 증거에 증거능력이 인정됨을 전제로 하여 그 증거가 문제되는 사실을 증명할 수 있는 실질가치를 가지고 있는가의 문제로 다루어야 하고, 이는 법관의 주관적 판단의 대상이 된다고 본다. 형사소송의 이 원칙에 따르자면 거짓말탐지기 검사요건의 경우 법관의 주관적 판단을 요하는 '증명력'에 가깝다고 볼 수 있다. 그런데 대법원 판례는 1979년부터 지금까지 계속해서 이를 증거능력의 문제로 보고 있다.

---

47 다만, 긍정설 가운데 사실적 관련성에 대하여 언급하고 있는 견해가 있기는 하다. 이에 따르면 "피조사자의 동의를 전제로 그 정확도가 전문가 사이에서 일반적으로 인정되고, 그 검사에 사용한 기기가 일정한 규칙에 맞는 제품으로서 상당히 신뢰할 수 있는 상태에 있으며, 그 검사자가 필요한 기술을 갖는 적격자이어야 한다(차용석·최용성, 형사소송법, 2013, 264–265면)"고만 할 뿐이다.

둘째, 증거능력을 인정을 위한 요건으로 본다면 구체적인 하나하나의 요건에 대하여 그 타당성을 판단해야 할 것인데 판례는 구체적인 검토없이 일관되게 ○○요건에 해당하는 경우에만 증거능력이 있다고 보고 있다.

셋째, 1979년 판례 이후 거짓말탐지기에 대한 법원의 입장은 변화하지 않았지만 거짓말탐지기 검사기법이나 환경은 빠른 속도로 변화하였다는 현실을 감안할 필요가 있다. 현재 검사관의 전문성도 많이 확보된 상태이고, 거짓말탐지기의 기술도 놀라울 정도로 많이 발전하였으며, 다양한 기법들을 통해 정확성을 확보하려 노력하고 있다. 이러한 상황에서 1979년 판례 이래로 일관되게 같은 요건들을 이유로 들어 증거능력을 부정하는 것은 타당하지 않다. 각 사례별로 구체적인 내용과 거짓말탐지기 검사결과 및 과정들을 상세히 검토하여 사건별로 타당한 결론을 내리는 것이 현실에 부합하는 판결의 형태가 되는 것이라 생각한다.

13. 증거능력에 관한 기타사항

증거능력이란 증거로서 사용될 수 있는 법률상 자격을 의미한다는 것은 주지의 내용이다. 어떠한 증거가 증거능력을 인정받으려면, 즉 증거로서 법률상 자격을 가지려면 관련성[48]심사를 통과하여야 한다. 관련성 심사는 사실적 관련성과 법적 관련성으로 나누어진다. 따라서 폴리그래프 검사결과에 대하여 증거능력을 인정하기 위해서는 사실적 관련성과 법적 관련성 모두 인정되어야 한다. 사실적 관련성이 인정받기 위해서는 폴리그래프검사가 공인된 과학적 법칙이 기초하여야 한다. 즉 폴리그래프의 성능과 검사관의 자질, 그리고 검사절차가 과학적 정밀성을 구비하고 있어야 한다. 또한 법적 관련성이 인정되기 위해서는 폴리그래프검사로 인하여 침해되는 법익이 얻게 되는 이익보다 크지 않아야 한다. 이것은 폴리그래프검사가 인간의 내면을 투시하는 등 인격권을 침해하느냐의 문제이다.[49]만약 이를 긍정하게 된다면 폴리그래프검사로 얻게 되

---

48 관련성(relevernce)이란 증거의 증거능력을 검토하게 전에 전제조건으로 요구되는 개념이다. 또한 사실적 관련성의 개념은 법적 관련성이라는 기념과 논리적으로 쌍을 이루게 된다(신동운, 앞의 책, 2014. 1344면 각주).

는 이익이 아무리 크다고 하여도 법적 관련성을 인정받을 수 없게 된다. 이하에서 자세히 살펴본다.

1) 사실적 관련성 측면

폴리그래프 검사결과의 증거능력을 인정하기 위해서는 먼저 그것이 요증사실에 대하여 필요한 최소한도의 증명력을 가지는가 하는 사실적 관련성으로 검토해야 한다. 이것은 폴리그래프 검사결과의 정확성에 대한 문제로서 검사결과를 신뢰할 수 있느냐는 것이다. 살피건대 폴리그래프검사가 국내에 도입된지 50여 년이 지났으며, 그 동안 검사장비의 발달 등 검사환경이 비약적으로 발전하였다. 판례가 폴리그래프 검사결과의 증거능력을 부정한 1979년과는 상황이 비교할 수 없을 만큼 많이 바뀐 것이다. 또한 국내·외에서 폴리그래프검사결과의 신뢰성에 대한 실증적인 연구가 다수 이루어졌고, 연구결과가 폴리그래프검사 기술이 크게 향상되었지만 100% 정확하다고 할 수는 없다. 오늘날 아무리 과학문명이 발달되었다 하여도 무조건 상태에서 100% 정확한 과학 장비는 없다. 최첨단 과학기술이 총 집약된 우주선이나 고정밀 의료장비 등도 일정한 조건 하에서 그 성능 및 신뢰도를 보장받게 되는 것이다. 하물며 아무런 형체도 없고 시시각각으로 변하는 사람의 마음을 특정장비로 무조건 상태에서 언제나 100% 정확하게 확인한다는 것은 현실적으로 불가능하다. 이것은 다른 과학적 증거 역시 마찬가지이다. 따라서 그 조사결과를 언제나 100% 정확하지는 않다고 하더라도, 다른 증거를 찾기 힘든 경우에 최후의 수단으로 폴리그래프검사가 동원된다는 점을 고려할 때 '일정한 조건'이 갖추어진다면 이에 대해서 증거능력을 인정하는 것이 타당할 것이다.[50] 문제는 이미 어떠한 조건을 설

---

49 신동운 교수는 폴리그래프검사의 법적 관련성 심사에 대하여 법관의 심증형성에 부당한 영향을 미칠 수 있거나 소송경제적인 관점에서 필요 이상의 비용을 부담시키는 경우, 또는 인간의 기본권을 침해하는 경우 등을 판단기준으로 제시하고 있다(신동운, 앞의 책, 2014, 1344면) 하지만 인간의 기본권 침해 여부를 제외한 나머지 판단요소는 다른 과학적 증언(DNA검사결과 등)의 법적 관련성 심사에도 적용되는 공통된 사항이므로 본고에서는 기본권 침해여부를 중심으로 살펴본다.

50 실례로 1978년 Dru. J. Widacld와 F. Horvath가 폴리그래프검사의 신뢰성을 확인하기 위해 지문감정, 필적감정, 목격자감정 등 4가지 감정방법을 비교 연구하였다. 80건이 실험사건으로 진행된 이 비교연구에서 폴리그래프는 실

정하느냐 하는 점이다. 우리 판례[51]는 이미 이에 관하여 두 가지 기준, 즉 그 증거가 기반하고 있는 과학적 원리의 타당성과 이것이 실제 조사과정에 적용됨에 있어서 갖추어야 할 기술적 정확성을 요건으로 제시한 바 있다. 즉 판례에서 "첫째 거짓말을 하면 반드시 일정한 심리상태의 변동이 일어나고, 둘째로 그 심리상태의 변동은 반드시 일정한 생리적 반응을 일으키며, 셋째로 그 생리적 반응에 의하여 피검사자의 말이 거짓인지 여부가 정확히 판정될 수 있다." 라는 부분은 과학적 원리의 타당성을 의미하고, "생리적 반응에 대한 거짓 여부의 판정은 폴리그래프가 위 생리적 반응을 정확히 측정할 수 있는 장치이어야 하고 질문사항의 작성과 검사의 기술 및 방법이 합리적이어야 하며, 검사관이 탐지기의 측정내용을 객관성 있고 정확하게 판독할 능력을 갖춘 경우라야만 한다."는 것은 구체적인 적용에서의 기술적 정확성을 의미한다고 볼 수 있다. 이때 문제는 첫 번째 요건인 과학적 원리의 타당성을 다시 어떠한 기준으로 판단하느냐 하는 것이다. 이를 Frye 기준과 같이 '관련 학계에서의 일반적 인정'이라고 하게 되면 증거능력의 인정범죄가 상당이 좁아지는 결과가 되겠지만, '해당 이론의 검증 가능성과 실제 검증된 사실'이라는 Daubert 판결의 기준을 받아들인다면 그 범죄는 꽤 넓어질 수 있게 될 것이다. 생각건대 폴리그래프 검사결과의 증거능력에 대한 미국판례의 변화에서도 살펴보았듯이, 오늘날 과학기술의 발달과 검사환경의 발견으로 폴리그래프 검사결과에 대한 증거능력 판단기준은 완화되는 추세이다. 실제로 수사기관에서 사건해결에 폴리그래프검사를 적극적으로 활용하고 있는 것은 폴리그래프 검사결과가 신뢰성과 활용성이 높다는 반증으로 볼 수 있다. 그러므로 폴리그래프검사의 과학적 원리의 타당성 판단기준은 Daubert판결의 기준을 준용하여 완화하는 것이 타당

험조건이 가장 불리함에도 정확도가 95%, 필적감정이 95%, 목격자 감정이 64%, 지문은 100%였으며, 판단불능을 포함했을 경우는 폴리그래프가 90%, 필적감정이 85%, 목격자 감정이 35%, 지문감정이 20%로 나타났다 (Jacreo Allan Matte, Forencic Pcychophyolocy using the Polygraph Scientific Truth Verification Lie Detection, Fuffalo Pritire Compervy. 1996, pp. 556 - 557) 또한 국내에서는 국방부 과학수사연구소에서 1961~1981년까지 21년간 3,714명에 대한 검사결과(거짓반응 432명, 진실반응 2,638명, 판단불능 44명) 중 검사결과가 확인된 인원 2,407명을 분석한 결과, 정확도 97%, 판단불능 29%, 오판 1%로 나타난다(박판규, 앞의 글, 1999, 66면).

51 이와 같은 견해로 최정학, 앞의 글, 2009, 27면.

하다. 따라서 다른 과학적 증거와 달리 유독 폴리그래프 검사결과의 증거능력 판단기준을 엄격히 보고 있는 판례의 태도는 변경되어야 한다. 다음으로 두 번째 기준은 정확한 폴리그래프 검사를 하기 위한 검사조건으로 볼 수 있다. 즉 구체적 사건에 폴리그래프검사를 적용함에 있어서 검사관 자질, 피검사자의 검사 적합성, 검사장비의 상태, 검사절차 등 검사환경이 검사조건을 충족하여야만 검사결과의 정확성을 담보할 수 있는 것이다. 이것은 검사마다 다르므로 일괄적으로 판단할 수는 없다. 다만 각 검사환경이 공인된 객관적 조건을 충족하여야 기술적 정확성을 인정받을 수 있는 것이다. 이에 대한 구체적 내용은 후술한다.

2) 법적 관련성 측면

폴리그래프검사의 법적 관련성 문제는 폴리그래프 검사가 인간의 내면세계를 투시하는 등 인격권을 침해하느냐의 문제로 요약할 수 있다. 즉 폴리그래프는 기계에 의해서 인간심리를 검사하는 것으로 인간의 존엄에 대한 침해이며, 인간의 가치를 부정하는 것인지 여부이다. [52] 살펴건대 현실에서 인간이 인간을 판단한다고 할 때 과연 그 누가 다른 사람의 내심을 정확히 읽어내고 진실을 판단할 수 있을까(이것은 신만이 가능한 일일 것이다) 실례로 갑이 을을 강간했는지 아니면 갑과 을이 서로 화간을 했는지가 쟁점인 사건에서 갑과 을의 진술이 상반되고 다른 증거로도 둘 사이에 실재한 사실을 밝히는데 부족하다면 결국 갑과 을의 진술로서 사실관계로 판단하지 않을 수 없다. 그런데 갑과 을의 주장 모두가 논리적으로 가능하기 때문에 갑과 을을 진술한 내용만으로 사안의 진실을 판단하기는 어렵다. 결국 그들의 주장이 나오게 된 주변정황과 더불어 갑과 을의 태도나 행동 등 감정적 반응을 전반적으로 통찰하여 어느 쪽의 주장이

---

[52] 이러한 논의에 폴리그래프를 '거짓말탐지기'라는 용어로 잘못 사용하는 관계가 일조하고 있다고 생각한다. 즉 폴리그래프는 피검사자의 심장박동수, 혈압, 호흡, 신체의 전하량 등 피검사자의 생리적 변화를 측정하는 기구를 의미하며, 그 결과를 분석하여 피검사자의 진술의 신빙성을 판단하게 되므로 '거짓말탐지기'는 정확한 표현이 아니다. '거짓말탐지기'라고 하니 마치 폴리그래프검사 자체가 피검사자의 내면을 투사하여 거짓을 말하는지 진실을 말하는지를 들여다본다는 선입견을 가지게 되고 이러한 잘못된 이미지가 폴리그래프에 대한 거부감을 낳게 되며, 그 결과 증거능력을 인정하지 않으려고 하는 것이다.

맞는 것인지 결정할 수밖에 없다. 그런데 이러한 감정적 반응 가운데 우리의 오감을 통해 관찰하기 힘든 혈압이나 맥박, 호흡 등을 동시에 관찰할 수 있는 도구가 바로 폴리그래프이다. 폴리그래프검사는 인간이 인간을 판단해야만 하는 형사재판의 현실 속에서 판사나 검사가 이용할 수 있는 보조적 수단이요 도구이다. 폴리그래프검사는 혈압, 맥박, 땀, 등과 같은 신경체계의 반응만을 기록할 뿐이고, 이러한 검사결과(차트분석)를 토대로 검사관이 피검사자의 진술의 진위여부를 객관적 기준에 의해 판단하는 것이다. 또한 폴리그래프검사는 기본적으로 피검사자의 동의와 적극적인 협조가 전제되어야 한다. 따라서 피검사자의 동의가 있는 한 폴리그래프검사는 의사 형성이나 의사 활동의 자유를 침해하는 것이 아니다.[53]

14. 맺으며

미국의 판례는 1923년 Frye 사건 이후 1970년대까지는 대부분의 판례에서 거짓말탐지기의 검사결과를 유·무죄 인정의 증거뿐만 아니라 진술의 신용성에 관한 사실에 대한 증거로서도 허용하지 않았다. 그러나 1970년대 이후 Ridling 사건, Zeiger 사건, Cutter 사건, Dorsey 사건 등을 계기로 거짓말탐지기의 증거능력을 부정하던 전통적 시각에서 벗어나 변화를 꾀하고 있다. 특히 1993년 더버트 판례 이후 미국에서의 폴리그래프검사의 증거능력을 인정하는 뉴멕시코주를 비롯하여 용인하는 주는 20개주로 늘어나고 있다.[54]

---

53 이와 같은 견해로 최정학, 앞의 글, 2009, 24면; 분만 아니라 거짓말탐지기.
54 http://www.austintexas.gov/page/polygraph.

STATES IN YELLOW - POLYGRAPH RESULTS ARE NOT ADMISSIBLE (NA)
STATES IN BLUE - ADMISSIBLE BY STIPULATION

일본에서는 거짓말탐지기 검사결과에 대하여 증거능력을 인정하는 것이 판례의 확고한 입장이다.[55] 1960. 7. 20. 동경지방재판소는 '거짓말탐지기 검사결과의 정당성을 보증하기 위해서는 피검사자의 의식이 명료할 것, (중략) 거짓말탐지기 검사결과를 피고인의 진술의 신빙성에 관한 증거로 할 수는 없다.' 하여 그 증거증력을 부인하였다. 하지만 1968년 거짓말탐지기 검사결과의 증거능력에 관하여 '거짓말탐지기 검사결과를 피검사자의 진술의 신빙성 유무의 판단 자료로 쓰는 것은 신중한 고려를 요하지만, 원심이 형사소송법 제326조 제1항의 동의가 있었던 각 서면에 관하여 그 작성된 때의 정황 등을 고려한 끝에 상당하다고 인정하여 증거능력을 긍정한 것은 정당하다.'고 판시하여 증거능력의 인정 논란에 실무상 결론을 내리고 있다.

실제로 판례와 학설의 입장을 검토해보면, 예상과는 달리 일본이 미국보다 증거능력을 보다 폭넓게 인정하고 있는 듯한 인상을 준다. 일본이 미국보다 증거능력을 보다 더 인정하는 이유는 일본에서는 거짓말탐지기의 성능 및 검사 기술의 우월성에 대한 인식 차에서 비롯되는 것이라고 생각된다.[56]

거짓말탐지기는 인간의 생리 심리의 반응을 기록하는 기계이며, 수사와 관련하여 실체적 진실을 발견하는 데 활용할 수 있는 장비로 계속해서 사용되고 있는 것이 현실이다.

STATES IN GREEN – ADMISSIBLE (A).

55 김종률, 거짓말탐지기 검사결과의 증거능력에 관한 연구, 검찰 통권 제113호, 2002.

한국법심리학회심포지엄(2001)에서 김종률 춘천지방검찰청 부장검사는 "거짓말탐지기의 검사결과는 최소한의 증명력을 넘어 이미 상당한 정도의 증명력을 자는 증거이며, 위의 경우 증거능력과 증거가 거짓을 판단하는 주체가 미국의 배심원과는 달리 고도의 전문성을 갖춘 직업법관이라는 점과 거짓말탐지기 검사결과에 대해서만 높은 기준을 적용, 허용을 엄격하게 하는 것은 부당하다는 점 등에 비춰 볼 때 거짓말탐지기의 증거능력을 인정하지 않는 대법원의 태도는 제고될 필요가 있다"고 발표했다. 같은 심포지움에서 김현택 고려대학 심리학과 교수는 "과거에 비해 거짓말탐지는 현장 실무의 경험에서 개발된 독특한 심리생리적 검사기법으로 보다 정확한 탐지를 위해 다양한 검사 기법이 개발되고, 계측 장비 역시 정교화되어 거짓말탐지는 상당한 신뢰도를 갖는다"고 주장하였다.

56 김진모, 앞의 논문, 498면.

1. Polygraph 검사결과가 수사에 미치는 영향에 대해 논의해보자.

2. Polygraph 검사결과가 재판과정에서 미치는 증거능력에 대해 논의해보자.

3. Polygraph 검사결과의 증거능력의 유형에 대해 논의해보자.

SNS
음란 노출 사건

인터넷의 발달과 함께 일상생활에서 온라인(사이버) 공간의 중요성이 높아지고 있다. 이는 범죄의 발생, 범죄의 수사에 있어서도 마찬가지이다. 무수히 많은 범죄가 온라인상에서 행해지고 있으며, 사건 수도 기하급수적으로 증가하고 있다. 따라서 온라인 공간에서 수사의 단서 수집, 증거의 확보 등을 형사절차에서 매우 중요해지고 있다. 경찰의 대응 또한 달라질 수밖에 없다.

그러나 유의할 점은 순수한 온라인 범죄는 오히려 드물다는 사실이다. 실제 많은 범죄들이 온라인 공간과 오프라인 공간에서의 활동이 혼합된 형태를 보인다. 최근 많은 논란이 되고 있는 인터넷상의 성범죄들이 그러하다. 예를 들어 상대방 몰래 촬영한 성관계 동영상을 인터넷에 유포하는 행위도 전형적인 온라인/오프라인이 결합된 행위이다. 성범죄 이외에도 많은 범죄들도 이러한 모습을 보인다.

따라서 실제 범죄수사는 온라인/오프라인을 가리지 않고 이루어지는 경우가 많다. 그리고 범죄수사의 단서 발견, 증거의 수집도 온라인/오프라인의 경계를 넘나든다. 본 사례를 바탕으로 온라인/오프라인 행위들이 포함된 범죄수사의 실제를 살펴보기로 한다.

••• 학습목표

1. 피의자 외 제3자를 대상으로 한 압수수색을 이해한다.
2. 긴급체포 대상자에 대한 압수수색을 이해한다.
3. 구속영장 청구 시 고려사항에 대해 이해한다.
4. 외국소재 기관, 기업 등에 대한 압수수색을 이해한다.
5. 민간에서 운영하는 CCTV의 범죄수사 활용에 대해 이해한다.

압수수색, 긴급체포, 구속영장청구

1. 112신고 접수

2018년 10월 16일, 서울경찰청 112종합상황실에 근무하는 A경사는 여느 때처럼 분주한 하루를 보내고 있었다. 서울경찰청 112종합상황실은 서울지역 전체에서 발생하는 112신고를 관할하는데, 하루에 약 11,000여 건의 112신고가 집중되는 곳이다. 따라서 업무의 긴장도가 상당하다. 190여 명에 달하는 상황실 근무자들은 4교대로 근무하면서, 단 한 건의 112신고도 소홀하게 처리되는 일이 없도록 노력하고 있다.

오전 근무를 마친 A경사는 교대로 점심식사를 하고, 상황실 접수대로 돌아와 다시 근무를 시작하였다. 신고접수를 위한 헤드셋을 착용하고 시스템에 접속하자 곧바로 한 건의 112신고가 접수되었다. 신고자는 다소 상기된 목소리였다.

"트위터에서 이상한 사진을 봤어요. 트위터에 별의별 사진들이 올라오는 경우가 많아 그냥 넘어가는 경우가 많은데, 이번 건은 왠지 좀 느낌이 이상해서요."

점심식사 후 다소 긴장이 풀려 있던 A경사는 자세를 바로잡고 호흡을 가다듬었다. 최근 들어 인터넷 공간에서의 일들에 대한 신고가 증가하는 추세로, 얼마 전 서울경찰청장도 인터넷 관련 신고에 대한 철저한 대응을 주문하였기 때문이다. 게다가 지난주에 옆자리에 앉은 B경사가 유사한 112신고에 대해 소홀히 대응하는 바람에 곤욕을 치른 적이 있어 더욱 긴장되었다. A경사는 대화를 이어갔다.

"어떤 사진이죠? 어떤 점이 이상한지 좀 더 자세히 말씀해 주시겠어요?"

"네. 제가 트위터에 자주 접속해요. 뭐 원래 트위터에 이상한 사진들이 많은 편인데 오늘 본 사진은 조금 이상했어요. 어떤 남자가 어떤 유치원을 배경으로 찍은 사진이었는데, 그 부분까지도 고스란히 노출되어 있었어요. 자기 집도 아니고 공공장소, 더구나 유치원이면 이거 좀 위험한 거 아니에요? 그래서 신고하게 되었어요. 경찰이 빨리 조치해 주셔야 할 것 같아요."

"감사합니다. 혹시 신고자분이 아는 장소인가요?"

"아니에요. 처음 보는 장소예요."

"사진에 있는 유치원 명칭이 확인되나요?"

"유치원은… '최고유치원'이네요. 어느 지역에 있는지는 잘 모르겠네요."

"설명해 주셔서 감사합니다. 혹시 트위터 아이디도 확인되나요?"

"네. 다행히 제가 사진과 함께 아이디도 캡처해 두었어요. 잠시만요… 아이디는 'my_big'인 것 같아요."

"네. 감사합니다. 신고 정상적으로 접수하였고, 신속히 처리하겠습니다. 필요하면 사건 담당자가 다시 연락드리도록 하겠습니다."

"네. 감사합니다.

A경사는 신고전화를 끊고, 신속하게 '최고 유치원'을 인터넷에서 검색해 보았다. 최고유치원은 전국에 두 곳 있는데, 한 곳은 서울 양천구였고, 나머지 한 곳은 강원도 양양지역이었다.[1] 둘 중 어느 곳인지는 확실하지는 않지만, A경사는 아무래도 서울일 가능성이 높다고 판단하고 서울 양천경찰서에 112신고를 지령하였다. 112신고를 전달받은 서울 양천경찰서 112종합상황실은 수사과 사이버팀에 이와 같은 신고내용을 통보하였다.

"안녕하세요. 112종합상황실입니다. 112신고가 접수되었는데, 트위터에 음란사진이 게시된 것 같아요. 우리 관할지역에서 발생한 것 같고요. 사이버팀에서 수사가 필요할 것 같습니다."

사이버팀의 C경위가 전화를 받았다.

"어떤 사진이지요?"

"트위터에 음란사진이 게시되었다네요. 자세한 정보는 신고자와 통화하면서 확인해보셔야 할 것 같아요."

"아… 네… 알겠습니다."

---

[1] 유치원 명칭 및 지역과 관련된 내용은 저자가 임의로 작성한 것입니다.

C경위는 다소 달갑지 않은 기분으로 전화를 끊었다. 112종합상황실에서 사이버팀으로 직접 신고내용을 전달하는 일은 많지 않기 때문이다.[2] 더구나 최근 들어 여러 경로로 사이버범죄 신고가 증가하면서 처리해야 하는 사건들이 계속 증가하고 있는데, 또 한 건이 접수되는 것이 부담스러웠다.

C경위는 신고자와 전화통화를 하여 캡처한 사진을 전달받았다. 이를 통해 문제가 된 트위터 아이디와 사건 발생장소를 확인할 수 있었다. 인터넷을 통해 검색해 본 결과 '최고유치원'이 위치한 장소는 '양천구 목동'이었는데, 살펴보니 주변 지리가 익숙한 곳이었다. C경위는 사이버팀장과 사건내용을 상의한 바, 수사는 물론이고 현장탐문 등 신속한 조치가 필요하다는 쪽으로 의견이 모아졌다. C경위는 바로 수사에 착수하기로 결정했다.

2. 용의자 신원 확인

우선 가장 시급한 일은 트위터 아이디의 인적사항을 파악하는 일이었다. 우리나라에 소재한 정보통신회사의 경우 간단한 공문을 발송하면 금방 인적사항이 확인되지만, 외국 회사의 경우 기본적으로 요구되는 서류가 많고 많은 시간이 소요된다. 그래도 C경위는 최대한 신속히 기본적인 조치들을 취해야 할 필요가 있다고 판단하였다. 마침 바로 옆 자리의 D경장이 몇 달 전 페이스북(Facebook)을 상대로 한 압수수색영장을 신청한 경험이 있어서 D경장과 관련 매뉴얼 등의 도움을 받아 필요한 서류를 작성하기 시작했다.[3] 이미 음란노출 사진, 유치원의 위치 등으로 대략적인 범죄사실이 특정되어 있었기 때문에 서류 작성은 크게 어렵지 않았다.

C경위는 압수수색영장 신청을 완료한 후 D경장과 함께 사건현장에 가보기로 하였다. 사건 발생장소인 '최고유치원'은 경찰서에서 약 10여 분 거리에 위치한 가까운 곳이었다. 현장에 도착해서 트위터에 게시된 사진과 비교해 보니

---

2 사실 일반적인 112신고의 경우에는 대부분 사건발생 관할 지구대에 출동지령을 하지만, 이번 신고의 경우에는 사이버 팀에서 전문적이고 신속한 조치가 필요했기 때문이다.

3 참고로 경찰청에서는 외국 IT 기업과의 수사공조를 위해 '글로벌 IT 기업을 활용한 사이버 국제공조 수사 매뉴얼'이라는 책자를 발간하고 있다.

세부적인 모습이 모두 일치하였다. C경위는 트위터 사진을 보며 D경장과 대화를 나누었다.

"이거 보니까 최근에 촬영된 사진 같지?"

"네. 맞아요. 유치원 간판이 바뀐 지 얼마 안 된 것 같잖아요."

"그래. 좋아. 그럼 이렇게 하자. 내가 유치원 원장님을 만나 혹시 요즘 행적이 의심스러운 사람을 본 일이 없는지 물어볼게. D경장은 건물 내외부 등 주변에 혹시 CCTV가 설치된 것이 있는지 찾아봐. 가능하면 녹화된 영상도 좀 살펴보고."

"네. 그렇게 해요."

D경장은 유치원 주변을 둘러보기 시작했다. 다행히 유치원이 위치한 건물의 3층에는 복도 맞은편에 CCTV가 설치되어 있었다. D경장은 건물 관리사무실의 협조를 얻어 112신고 시각을 기준으로 그 이전에 녹화된 CCTV 영상을 시청하기로 했다. 다행히 오랜 시간이 걸리지 않아 D경장은 트위터에 올라온 사진 속의 인물과 상당히 유사해 보이는 사람을 찾을 수 있었다. D경장은 호흡을 가다듬었다. CCTV 영상을 반복 시청하면서 트위터 속의 사진과 비교하기 시작했다. 영상이 다소 어둡고 흐릿하였지만, 체격이나 옷의 디자인 등을 볼 때 트위터 사진의 인물이 틀림없어 보였다. CCTV 속의 남자는 엘리베이터에서 내린 후 주위를 힐끗힐끗 쳐다보며 같은 층의 유치원이 있는 방향으로 이동하였다. D경장은 CCTV 영상을 정지시키고 보다 자세히 살펴보았다. CCTV 속 인물은 오른손에 음료수 캔을 들고 있었다. 상표까지는 잘 보이지 않았지만, 박 경장은 이를 유심히 살펴보았다. 이러한 사소한 정보를 통해 의외로 쉽게 인적사항이 특정되는 경우도 있기 때문이다. 이어 D경장은 관리사무실의 동의를 얻어 CCTV 영상을 핸드폰으로 촬영하였다.

D경장은 CCTV 속 영상의 음료수 캔을 염두에 두고 주변 사람들을 대상으로 추가 탐문수사를 해보기로 하였다. 마침 같은 건물 1층에 편의점이 영업을 하고 있었다. D경장은 혹시 하는 심정으로 가게 문을 열고 들어갔다. 다행히 인상이 좋아 보이는 50대 여성 점주가 밝은 인상으로 맞아 주었다.

"안녕하세요. 어서 오세요."

"네. 감사합니다. 저는 양천경찰서 D경장이라고 합니다."

"아. 네. 근처에 무슨 일이 있나요?"

"네. 뭐 큰 사건사고는 아닌데요, 여기 상가 안에서 좀 민망한 일이 있어서요. 그래서 누가 그런 건지 좀 알아보고 있는 중입니다. CCTV에 용의자가 찍힌 영상이 있는데, 여기도 다녀갔을 수 있으니 혹시 한 번 봐 주시겠어요?"

"네. 한 번 보여 주세요."

D경장은 점주가 호의적인 반응을 보여 다행이라고 생각하고 재빨리 핸드폰을 꺼내 CCTV를 촬영한 동영상을 보여 주었다. 그리고 동영상 속의 음료수 캔을 가리키며 혹시 여기에 들른 적이 없는지 물어보았다. 점주는 CCTV를 물끄러미 쳐다보더니 오랜 시간이 걸리지 않아 말을 꺼냈다.

"음…확실하지는 않지만 누구인지 대충 알 것 같아요. 저녁시간에 가끔 오는 사람 같은데… 와서 꼭 800원짜리 레쓰비 커피를 사가는 사람인 것 같아요. 현금도 아니고 꼭 카드로 결제해서 기억이 나요. 요즘은 사람들이 카드 수수료에 대한 인식이 높아져서 1,000원 이하는 현금으로 결제하는 분들이 많으시거든요. 그런데 저 분은 아무 거리낌 없이 늘 당당하게 카드를 내밀어서 좀 짜증났던 기억이 나네요. 그래서 특별히 기억에 남아요."

D경장은 속으로 쾌재를 불렀다. 이 정도면 거의 신원을 특정한 것이나 다름이 없는 수준이기 때문이었다. 특정 장소에서, 특정 시간대에, 특정 음료수를 사면서 카드로 결제했다면 전산상에 매출기록이 고스란히 남아 있을 것이기 때문이다. D경장은 점주에게 매출포스에 대한 결제자료를 부탁했다. 점주는 처음에는 머뭇거렸지만, D경장이 최근 일주일치만 보자는 말에 매출자료를 열람할 수 있었다. 박 경장은 다음과 같은 매출기록을 확인할 수 있었다.

2018. 10. 15. 19:13경 승인번호 1894029 ○○카드
2018. 10. 12. 19:21경 승인번호 1420330 ○○카드

D경장은 매출포스 기록을 메모하고 감사의 인사를 표시한 후에 편의점을 나

왔다. D경장은 곧바로 C경위에게 전화를 걸었다. 마침 유치원 원장과의 면담을 마치고 나오던 C경위가 D경장의 전화를 받았다. 설명을 들은 C경위는 "난 아무것도 못 건졌는데, D경장이 나보다 훨씬 낫구만!" 하고 칭찬을 해주었다. C경위와 D경장은 일단 사무실로 이동하기로 하였다. 확보한 매출기록을 통해 ○○카드사를 대상으로 다시 한 번 압수수색영장을 신청할 필요가 있었다. C경위는 '금융계좌추적용 압수수색영장' 신청서류 작성을 마치고 퇴근하였다.

그림 4-1 금융계좌추적용 압수수색영장

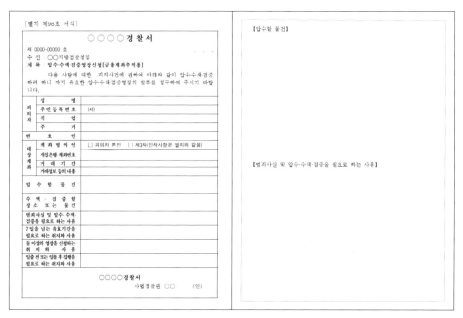

이틀 후 법원에서 압수수색영장이 발부되었다. C경위는 D경장과 함께 서울 남대문구에 소재한 ○○카드로 같이 출장을 가기로 했다. 사실 최근까지만 해도 이와 같은 금융계좌에 대한 영장집행은 영장사본을 팩스로 보내는 것이 관행이었지만, 이제는 발품이 들더라도 수사관이 직접 금융기관을 방문해야 하는 것으로 바뀌었다. 최근 대법원 판례가 압수수색 현장에서 압수수색영장의 원본을 제시하고, 압수목록도 바로 교부할 것을 요구하였기 때문이다.[4] 이를 준수

4 대법원은 "수사기관이 갑 주식회사에서 압수수색영장을 집행하면서 갑 회사에 팩스로 영장 사본을 송신하기만 하고

하지 않으면, 곧바로 위법수집증거에 해당될 수 있다. C경위는 이러한 변화가 과연 합리적인지는 수긍하기 어려웠지만, 바람 쐬러 간다는 생각으로 직접 다녀오기로 했다. ○○카드사에 대한 영장집행을 통해 용의자의 인적사항과 연락처는 어렵지 않게 확인할 수 있었다. 출장에서 돌아온 C경위는 경찰서 전산실에 의뢰해서 용의자에 대한 범죄경력·수사경력자료를 발부받았다. 조회 회보서상에는 용의자에 대한 별다른 범죄경력·수사경력자료를 찾아볼 수 없었다. C경위는 팀장에게 다소 실망한 기색을 내비쳤다.

"팀장님, 이녀석 뭐 별게 없네요. 단순 호기심에서 그랬나 봐요."

"뭐 숱하게 나쁜 짓 했어도, 꼬리가 안 밟혔을 수도 있지. 설사 아니라도 상습적인 범행으로 이어지기 전에 잡는 게 경찰이 할 일 아니겠어?" 팀장은 C경위를 다독였다.

C경위는 고개를 끄덕이며 질문을 했다. "팀장님. 그러면 신병을 어떻게 할까요? 주소지에 출석요구서를 보낼까요, 아니면 예민한 사건인 것 같은데… 바로 긴급체포를 해버릴까요?"

"음… 그건 좀 고민을 해봐야 할 것 같은데…."

3. 용의자 긴급체포

피의자에 대해 일단 출석요구를 하고 불응 시 체포영장을 발부받느냐,[5] 아니면 바로 긴급체포에 착수하느냐는 쉽지 않은 문제이다.[6] 원칙적으로는 피의

영장 원본을 제시하거나 압수조서와 압수물 목록을 작성하여 피압수·수색 당사자에게 교부하지도 않은 채 피고인의 이메일을 압수한 후 이를 증거로 제출한 사안에서, 위와 같은 방법으로 압수된 이메일은 증거능력이 없다."고 판단한 바 있다. 대법원 2017. 9. 7. 선고 2015도10648 판결[국가보안법위반(간첩){인정된 죄명: 국가보안법위반(자진지원·금품수수)}, 국가보안법위반(찬양·고무 등), 국가보안법위반(이적단체의 구성 등)].

5 일반적인 사건의 경우 경찰관이 피의자에게 전화 또는 서면으로 출석을 요구하여 진술을 청취한다. 관련 법조문은 다음과 같다. 형사소송법 제200조(피의자의 출석요구) 검사 또는 사법경찰관은 수사에 필요한 때에는 피의자의 출석을 요구하여 진술을 들을 수 있다.

6 긴급체포는 사법경찰관이 중대한 범죄로써 긴급히 체포해야 할 필요가 있는 경우에 출석요구나 영장 없이도 피의자를 체포할 수 있는 제도이다. 관련 법조문은 다음과 같다.

자에 대해 출석요구를 하고, 응하지 않을 경우 사전에 체포영장을 발부받아 집행해야 한다.[7] 그러나 본 사건의 경우 피의자에게 범죄사실을 알리고 출석을 요구할 경우, 도주하거나 증거를 인멸할 가능성도 배제할 수 없다. 그리고 최근 유사한 사건이 언론에 보도되어 시끄러웠던 점을 고려하면, 본 사건은 사회적으로도 다시 큰 논란이 될 수 있는 사건이다.[8] 따라서 한가롭게 피의자에게 범죄사실을 통지하고 자발적인 출석을 기다리는 것은 적절하지 않아 보였다.

그렇지만 긴급체포의 요건은 매우 엄격하다. 범죄의 중대성, 체포의 긴급성, 체포의 필요성 등의 요건이 모두 충족될 필요가 있다. 그리고 긴급체포 제도는 우리 헌법이 요구하고 있는 사전영장주의를 우회한다는 점에서 최대한 억제될 필요가 있음은 물론이다.[9] 실제 최근 대법원 판례의 경향도 역시 그러하다. 경

형사소송법 제200조의3(긴급체포) ① 검사 또는 사법경찰관은 피의자가 사형·무기 또는 장기 3년 이상의 징역이나 금고에 해당하는 죄를 범하였다고 의심할 만한 상당한 이유가 있고, 다음 각 호의 어느 하나에 해당하는 사유가 있는 경우에 긴급을 요하여 지방법원판사의 체포영장을 받을 수 없는 때에는 그 사유를 알리고 영장없이 피의자를 체포할 수 있다. 이 경우 긴급을 요한다 함은 피의자를 우연히 발견한 경우 등과 같이 체포영장을 받을 시간적 여유가 없는 때를 말한다. 〈개정 2007. 6. 1.〉

   1. 피의자가 증거를 인멸할 염려가 있는 때

   2. 피의자가 도망하거나 도망할 우려가 있는 때

② 사법경찰관이 제1항의 규정에 의하여 피의자를 체포한 경우에는 즉시 검사의 승인을 얻어야 한다.

③ 검사 또는 사법경찰관은 제1항의 규정에 의하여 피의자를 체포한 경우에는 즉시 긴급체포서를 작성하여야 한다.

④ 제3항의 규정에 의한 긴급체포서에는 범죄사실의 요지, 긴급체포의 사유 등을 기재하여야 한다.

[7] 수사기관의 출석요구에 응하지 않을 경우 판사로부터 체포영장을 발부받아 피의자를 체포한 후 수사를 진행할 수도 있다. 관련 법조문은 다음과 같다.

형사소송법 제200조의2(영장에 의한 체포) ① 피의자가 죄를 범하였다고 의심할 만한 상당한 이유가 있고, 정당한 이유없이 제200조의 규정에 의한 출석요구에 응하지 아니하거나 응하지 아니할 우려가 있는 때에는 검사는 관할 지방법원판사에게 청구하여 체포영장을 발부받아 피의자를 체포할 수 있고, 사법경찰관은 검사에게 신청하여 검사의 청구로 관할지방법원판사의 체포영장을 발부받아 피의자를 체포할 수 있다. 다만, 다액 50만원 이하의 벌금, 구류 또는 과료에 해당하는 사건에 관하여는 피의자가 일정한 주거가 없는 경우 또는 정당한 이유 없이 제200조의 규정에 의한 출석요구에 응하지 아니한 경우에 한한다.

② 제1항의 청구를 받은 지방법원판사는 상당하다고 인정할 때에는 체포영장을 발부한다. 다만, 명백히 체포의 필요가 인정되지 아니하는 경우에는 그러하지 아니하다.

③ 제1항의 청구를 받은 지방법원판사가 체포영장을 발부하지 아니할 때에는 청구서에 그 취지 및 이유를 기재하고 서명날인하여 청구한 검사에게 교부한다.

[8] 유사한 사건들에 대한 언론보도로는 2018. 10. 22, 조선일보, "어린이집·키즈카페서 '야외노출' 음란사진 찍은 대학생" http://news.chosun.com/site/data/html_dir/2018/10/22/2018102201371.html; 2018. 10. 23, 서울경제, '어린이집 알몸남, 여자친구와 오래 사귄 평범한 대학생…이중생활 '충격' https://www.sedaily.com/NewsVIew/1S60VRZQPA.

[9] 대한민국 헌법 제12조 ① 모든 국민은 신체의 자유를 가진다. 누구든지 법률에 의하지 아니하고는 체포·구속·압수·수

찰관이 마약사범을 주거지 주변에서 불러내어 긴급체포한 사건에서 긴급체포의 요건이 충족되지 못하다고 판단한 사례도 있었다.[10] 때문에 만약 이 사건에서 피의자의 주거지에 방문해서 피의자를 긴급체포할 경우, 자칫 체포 자체가 위법으로 될 소지도 있는 것이 사실이다. 팀장은 침묵 끝에 말을 꺼냈다.

"일단 이렇게 하자고. 일단 나와 E경사는 피의자의 주거지 쪽으로 가서 상황을 좀 지켜보기로 하고, C경위와 D경장은 한 번 가 봤으니까 다시 유치원 주변으로 가서 주변을 잘 살펴보고 있어. 무슨 일 있으면 바로 전화하자고."

C경위와 D경장은 다시 유치원 쪽으로 이동했다. 현장에 도착해서 어제 방문했던 편의점에 들어갔다. 점주가 C경위를 알아보고 반갑게 맞았다.

"그 사건은 해결되었어요? 근데 무슨 사건이래요?"
"아직요. 여전히 수사 중이에요. 혹시 그 사람 다시 여기에 온 적 없나요"
"네. 그날 이후로는 아직… 그런데 무슨 사건이에요?
"아 그렇군요. 아직 말씀드릴 수는 없어요. 그래도 점장님이 많이 도와주셔서 다행히 조만간 잡을 것 같아요. 어쨌든 잡으면 말씀드릴게요."
"무슨 사건이지… 안 알려 주니 더 궁금하네요."
"네. 죄송합니다. 아무튼 그 사람 다시 나타나면 꼭 연락해 주세요."
"네. 그럴게요."

색 또는 심문을 받지 아니하며, 법률과 적법한 절차에 의하지 아니하고는 처벌·보안처분 또는 강제노역을 받지 아니한다.

② 모든 국민은 고문을 받지 아니하며, 형사상 자기에게 불리한 진술을 강요당하지 아니한다.

③ 체포·구속·압수 또는 수색을 할 때에는 적법한 절차에 따라 검사의 신청에 의하여 법관이 발부한 영장을 제시하여야 한다. 다만, 현행범인인 경우와 장기 3년 이상의 형에 해당하는 죄를 범하고 도피 또는 증거인멸의 염려가 있을 때에는 사후에 영장을 청구할 수 있다.

10 대법원은 "피고인이 필로폰을 투약한다는 제보를 받은 경찰관이 제보의 정확성을 사전에 확인한 후에 제보자를 불러 조사하기 위하여 피고인의 주거지를 방문하였다가, 그곳에서 피고인을 발견하고 피고인의 전화번호로 전화를 하여 나오라고 하였으나 응하지 않자 피고인의 집 문을 강제로 열고 들어가 피고인을 긴급체포"한 사안에서, "긴급체포가 위법하다."고 판시한 바 있다. 대법원 2016. 10. 13. 선고 2016도5814 판결[마약류관리에관한법률위반(향정)].

C경위는 인사를 마치고 편의점 출입문을 열었다. 그런데 마침 그 순간, 낯익은 복장을 한 남자가 문을 열고 들어왔다. CCTV에서 확인한 그 사람이 틀림없어 보였다. C경위와 D경장은 편의점을 나와 핸드폰 속의 영상을 다시 한 번 확인해 보았다. 아무리 봐도 그 사람이 틀림없었다. C경위는 D경장에게 속삭였다.

"확실한 것 같지?"
"네"하며 D경장이 고개를 끄덕였다.
"긴급체포가 가능할까?" C경위가 다시 물었다.
"음. 그냥 가게 둘 수는 없잖아요. 체포하시죠." D경장이 패기있게 답했다.

피의자는 오늘도 역시 레쓰비 커피 캔을 사서 나오고 있었다. C경위는 피의자에게 동영상과 사진을 보여 주며 본인이 맞느냐고 물어보았다. 피의자는 별다른 대답없이 고개를 푹 숙이고 있었다. 이에 C경위는 범인임을 확신하고 체포하기로 했다. 피의자에게 피의사실의 요지, 체포의 이유와 변호인을 선임할 수 있음을 고지하고 변명할 기회를 준 후 피의자를 긴급체포했다.[11] 이어서 피의자가 소지하고 있던 스마트폰도 압수하였다. 다행히 피의자는 별다른 반항을 하지 않았다.
C경위는 피의자와 함께 경찰서로 이동하면서, 피의자의 주거지 부근에서 대기 중인 팀장에게 전화를 하여 체포사실을 알렸다.

"팀장님, 그 녀석하고 편의점 앞에서 딱 마주치는 바람에 고민하다가 그냥 긴급체포를 해버렸어요."
"헉. 그래? 그런데 그 녀석인 건 확실하지?"
"네. 본인도 인정해요."
"아, 그래. 일단 수고했어. 그 녀석 반응은 어때?"
"네. 자포자기 심정인지 조용하네요. 별 말은 없어요."
"그래. 조사하다 보면 확인이 되겠지. 압수물은 뭐가 있지?"
"네. 그 녀석이 소지하고 있던 핸드폰을 압수했어요."

---

11 형사소송법 제200조의3에 의하면, 긴급체포는 검사 또는 사법경찰관에 의하여 행해져야 한다. 때문에 체포의 주체도 C경위가 되는 것이 자연스럽다.

"좋아. 다른 물건은?"

"다른 것은 특별이 없던데요. 음료수 캔이야 오다가 버렸고…."

"노트북 뭐 그런 건 없어?"

"노트북이요? 잠깐만요."

C경위는 뒷좌석에 앉은 피의자에게 노트북을 사용하는지 물었다. 피의자는 ○○ 브랜드의 노트북을 사용하고 있다고 대답하였다. C경위가 어디에 있냐고 묻자, 피의자는 노트북은 거의 집에서 사용하고 밖에는 잘 갖고 다니지 않는다고 답하였다. C경위는 팀장에게 다시 전화하였다.

"노트북은 집에 있다는데요?"

"아. 그래? 잘됐네. 그럼 우리가 갖고 갈게."

4. 긴급체포와 압수수색

원칙적으로 압수 등의 강제처분은 영장에 의해서 가능하고, 다만 '체포현장에 있는 물건' 등에 대하여 영장없이도 압수할 수 있다.[12] 그런데 긴급체포의 경우에는 한 가지 더 예외가 있다. 피의자가 '다른 장소에서 보관 중인 물건'에 대해서도 24시간 이내에 압수할 수 있는 것이다.[13] 이에 대해서는 찬반이 엇갈

---

12 제216조(영장에 의하지 아니한 강제처분) ① 검사 또는 사법경찰관은 제200조의2·제200조의3·제201조 또는 제212조의 규정에 의하여 피의자를 체포 또는 구속하는 경우에 필요한 때에는 영장없이 다음 처분을 할 수 있다. 〈개정 1995. 12. 29.〉
　1. 타인의 주거나 타인이 간수하는 가옥, 건조물, 항공기, 선차 내에서의 피의자 수사
　2. 체포현장에서의 압수, 수색, 검증
13 제217조(영장에 의하지 아니하는 강제처분) ① 검사 또는 사법경찰관은 제200조의3에 따라 체포된 자가 소유·소지 또는 보관하는 물건에 대하여 긴급히 압수할 필요가 있는 경우에는 체포한 때부터 24시간 이내에 한하여 영장 없이 압수·수색 또는 검증을 할 수 있다.
　② 검사 또는 사법경찰관은 제1항 또는 제216조 제1항 제2호에 따라 압수한 물건을 계속 압수할 필요가 있는 경우에는 지체 없이 압수수색영장을 청구하여야 한다. 이 경우 압수수색영장의 청구는 체포한 때부터 48시간 이내에 하여야 한다.
　③ 검사 또는 사법경찰관은 제2항에 따라 청구한 압수수색영장을 발부받지 못한 때에는 압수한 물건을 즉시 반환

린다. 수사기관에게 지나친 권한을 부여한다는 비판이 있는 반면, 긴급체포의 특성상 예외를 인정할 필요가 있다는 견해도 있다.[14] 어쨌든 현행 형사소송법에서는 긴급체포의 경우 피의자가 다른 장소에서 보관 중인 물건에 대한 압수수색을 허용하고 있음은 분명하다. 팀장은 피의자의 집에 들러, 피의자의 어머니로부터 협조를 받아 피의자가 사용하던 ○○ 브랜드 노트북을 압수해 경찰서로 왔다.

그림 4-2 압수조서

압 수 조 서

에 대한 피의사건에 관하여 20 년 월 일 에서 사법경찰관 은 사법경찰리 을 참여하게 하고, 별지 목록의 물건을 다음과 같이 압수하다.

압 수 경 위

긴급체포 경위

긴급체포 후 압수 경위

참여인	성 명	주민등록번호	주 소	서명 또는 날인

20 . . .

○ ○ 경 찰 서

사법경찰관 ㊞

사법경찰리 ㊞

번호	품 종	수량	피압수자 주거 · 성명				소 유 자 주거 · 성명	경찰 의견	비 고
			1 유류자	2 보관자	3 소지자	4 소유자			

하여야 한다.

14 대법원 2017. 9. 12. 선고 2017도10309 판결[마약류관리에관한법률위반(향정)]. 동 판례에서는 "형사소송법 제217조 제1항은 수사기관이 피의자를 긴급체포한 상황에서 피의자가 체포되었다는 사실이 공범이나 관련자들에게 알려짐으로써 관련자들이 증거를 파괴하거나 은닉하는 것을 방지하고, 범죄사실과 관련된 증거물을 신속히 확보할 수 있도록 하기 위한 것이다. 이 규정에 따른 압수·수색 또는 검증은 체포현장에서의 압수·수색 또는 검증을 규정하고 있는 형사소송법 제216조 제1항 제2호와 달리, 체포현장이 아닌 장소에서도 긴급체포된 자가 소유·소지 또는 보관하는 물건을 대상으로 할 수 있다."고 판시하였다.

5. 압수물 분석(디지털 포렌식)

　C경위는 압수물을 분석하기 시작했다. 우선 피의자가 제출한 스마트폰을 살펴보기 시작했다. 다행히 스마트폰이 잠겨 있지 않아 저장된 사진들에 대한 접근이 가능했다. C경위는 어렵지 않게 피의자가 트위터에 업로드한 바로 그 나체 사진을 찾을 수 있었다. 그 외에도 같은 장소에서 촬영된 사진들이 여러 장 저장되어 있었다. C경위는 추가 범행 여부를 파악하기 위해 저장된 사진들을 죽 살펴보았다. 그러나 추가 혐의점을 찾을 수는 없었다. 마침 피의자가 사용하는 스마트폰이 최신형으로 교체한 지 얼마 되지 않았기 때문이었다. 이에 박 경장은 스마트폰에 대한 조사를 마무리하려고 하다가, 문득 클라우드(cloud) 저장소를 떠올렸다. 최근에는 많은 사람들이 클라우드를 통해 용량이 큰 파일들을 저장하는 경향이 있기 때문이다. 특히 무료로 대용량의 저장소를 제공하는 업체들이 많아 C경위도 클라우드 서비스를 즐겨 사용하고 있었다. 마침 피의자의 핸드폰에는 ○○○클라우드 앱이 설치되어 있었고, C경위는 앱을 작동시켜 저장소에 접근하였다.

　그곳에는 놀랍게도 상당한 분량의 사진이 저장되어 있었다. 피의자가 상습적으로 범행을 해 왔음을 입증하는 자료들이었다. 사진들을 살펴본 결과 피의자는 앞서 확인된 범행장소 외에도 다양한 장소에서 나체 상태로 사진을 찍은 것이 확인되었다. 최고 유치원뿐만 아니라 ○○초등학교로 추정되는 장소의 교실, ○○학원 입구와 강의실, 심지어는 ○○키즈카페 입구 등의 장소에서 촬영된 사진이었다. C경위는 클라우드에 저장된 사진들을 꼼꼼히 살펴보고 장소별로 분류하였다. 최종적으로 7개 장소에서 74장의 사진이 촬영된 것으로 확인되었다. C경위는 사진에서 확인되는 장소를 인터넷 검색을 통해 보다 정확히 조사하여 다음과 같이 목록을 작성하였다.

표 4-1 음란 노출 사진 목록

일시	장소	비고
2018. 5. 14. 20:00경	○○영어학원 입구	10장
2018. 6. 8. 19:00경	○○초등학교 교실	12장
2018. 7. 2. 21:00경	○○수학학원 입구	14장
2018. 7. 18. 19:00경	○○어린이집 입구	7장
2018. 8. 2. 20:00경	○○키즈카페 입구	11장
2018. 8. 4. 19:00경	○○키즈카페 입구	5장
2018. 9. 15. 19:00경	○○유치원 입구	14장

C경위는 이어서 피의자의 주거지에서 긴급 압수한 노트북을 살펴보기로 했다. 피의자의 협조를 받아 노트북을 작동시키고 저장된 사진·동영상 등의 파일을 살펴보았다. 불행인지 다행인지(?) 노트북에서는 별다른 자료가 발견되지 않았다.

6. 피의자 신문

C경위는 정리한 자료를 팀장님께 보고하고, 피의자 신문을 시작하였다. 트위터에서 확보한 자료, 피의자의 스마트폰과 클라우드에 저장된 사진들이 명백한 증거였기 때문에 피의자 신문에 별다른 어려움은 없어 보였다. 피의자도 온순한 성격으로 조사과정 전반에 협조하는 편이었기 때문에 조사는 순조롭게 진행될 것으로 예상되었다. 그래도 피의자 신문 전후로 지켜야 할 절차들이 점차 까다로워지기 때문에 C경위는 긴장하고 피의자 신문을 진행하였다. 다행히 피의자는 모든 범행을 순순히 시인하였고, 이에 조사는 1시간 만에 마무리되었다.

7. 구속영장 청구

이제 남은 것은 구속영장 청구 여부이다. 긴급체포된 피의자에 대해서는 검사는 지체없이 구속영장을 청구하여야 하는데, 아무리 늦어도 48시간 이내에는 이루어져야 한다.[15] 그리고 구속영장 청구를 위해서는 다음과 같은 요건이 충족되어야 한다.

[형사소송법의 구속영장 청구 및 발부 요건]

제201조(구속) ① 피의자가 죄를 범하였다고 의심할 만한 상당한 이유가 있고 제70조 제1항 각 호의 1에 해당하는 사유가 있을 때에는 검사는 관할지방법원판사에게 청구하여 구속영장을 받아 피의자를 구속할 수 있고 사법경찰관은 검사에게 신청하여 검사의 청구로 관할지방법원판사의 구속영장을 받아 피의자를 구속할 수 있다. 다만, 다액 50만원 이하의 벌금, 구류 또는 과료에 해당하는 범죄에 관하여는 피의자가 일정한 주거가 없는 경우에 한한다.

제70조(구속의 사유) ① 법원은 피고인이 죄를 범하였다고 의심할 만한 상당한 이유가 있고 다음 각 호의 1에 해당하는 사유가 있는 경우에는 피고인을 구속할 수 있다.

    1. 피고인이 일정한 주거가 없는 때

    2. 피고인이 증거를 인멸할 염려가 있는 때

    3. 피고인이 도망하거나 도망할 염려가 있는 때

② 법원은 제1항의 구속사유를 심사함에 있어서 범죄의 중대성, 재범의 위험성, 피해자 및 중요 참고인 등에 대한 위해우려 등을 고려하여야 한다.

최근 들어 수사단계에서 불구속 수사원칙이 강조되면서 구속영장 청구는 점차 신중해지고 있다. 아울러 구속영장 청구를 위해서는 상당히 엄격한 요건과 절차들이 충족되어야 하고, 많은 행정력이 소모되는 일이라 신중한 결정이 요구되었다.

C경위는 고민에 빠졌다. 현재 사건의 적체 등을 생각하면 차라리 불구속 수사로 진행하는 게 바람직하지 않을까 하는 고민도 들었다. 그리고 피의자가 과

---

[15] 제200조의4(긴급체포와 영장청구기간) ① 검사 또는 사법경찰관이 제200조의3의 규정에 의하여 피의자를 체포한 경우 피의자를 구속하고자 할 때에는 지체없이 검사는 관할지방법원판사에게 구속영장을 청구하여야 하고, 사법경찰관은 검사에게 신청하여 검사의 청구로 관할지방법원판사에게 구속영장을 청구하여야 한다. 이 경우 구속영장은 피의자를 체포한 때부터 48시간 이내에 청구하여야 하며, 제200조의3 제3항에 따른 긴급체포서를 첨부하여야 한다.

거에 별다른 범죄경력이 없는 점을 고려하면, 불구속 수사도 나쁘지 않은 선택인 것 같았다. 그러나 피의자가 여러 장소에서 나체 사진을 촬영한 것이 확인된 만큼 완전한 초범으로 볼 수는 없었다. 게다가 최근 유사 범행이 발생해서 사회적으로 논란이 된 바가 있었고, 이와 같은 범행에 대한 여성들의 공포가 높은 상황이었기 때문에 쉽사리 결정할 수는 없었다. 그래서 C경위는 팀장과 상의를 해보기로 했다.

"팀장님, 구속영장을 청구할지 고민이네요."
"그래. 나도 고민이네. 이걸 어쩐다."
"지저분한 놈이긴 한데…. 아주 위험한 녀석 같지는 않고…."
"에이 그건 아무도 모르는 거지."
"혹시 영장이 기각되지는 않을까요?"
"음…. 사실 그것도 좀 걱정이긴 해. 안 그래도 옆 팀에서 얼마 전 야심차게 청구한 구속영장이 기각되어서 머쓱했었잖아."
"네. 요즘 들어 법원이 구속영장 심사를 깐깐하게 하는지라…."
"그렇지만 뭐 영장 기각부터 결정하기에는 이른 것 같고, 어떻게 처리하는게 좋을지 한번 진지하게 검토해 보자고. 과장님과도 상의해 보고."
"네 알겠습니다."

한편, C경위는 서장의 최근 지시사항도 고려하지 않을 수 없었다. 최근 사회적으로 성범죄가 이슈가 된 이후, 며칠 전 서장이 참모회의에서 "시민들에게 불안을 주는 성범죄에 대해서는 엄단하라."는 지시를 내린 바 있기 때문이다. 이러한 상황에서 섣불리 불구속 수사로 진행을 하기에는 경찰이라는 조직의 특성상 다소 부담이 있었다. 영장을 청구했다가 부득이하게 기각되는 것도 아니고, 처음부터 불구속 수사로 결정하는 것은 팀장도, 과장도 사실 부담스러운 일이었다. 이 경사는 고민 끝에 팀장과 과장의 승인을 얻어 구속영장을 신청했다. 다행히 구속영장은 발부되었고, 수사는 마무리되었다.

1. 외국소재 기관, 기업 등에 대한 압수수색이 이루어지는 절차와 압수수색 시 유의할 점에 대하여 논의해 보자.

2. 민간에서 운영하는 CCTV를 범죄수사에 활용하는 법적 근거와 유의할 점에 대하여 논의해 보자.

3. 범죄수사 과정에서 사건과 무관한 제3자를 대상으로 이루어지는 압수수색은 피의자에 대한 압수수색과 어떻게 다른지 논의해 보자.

4. 긴급체포 대상자에 대한 압수수색과 관련된 형사소송법 조문을 살펴보고 이에 대해 논의해 보자.

5. 수사기관이 구속영장 청구 시 고려해야 하는 점들에 대해서 살펴보고, 언론에 보도된 사례들을 중심으로 논의해 보자.

길거리
성추행 사건

성범죄 수사과정에서 유의해야 할 점들이 매우 많다. 우선 대부분 성범죄의 피해자가 여성이고, 2차 피해가 발생하기 용이하다. 그리고 다수의 성범죄의 경우 물적 증거를 확보하기가 쉽지 않고, 피해자의 진술에 의존해야 하는 경우가 많다. 마지막으로 성범죄에 대한 기준도 일관되지 않다. 시대에 따라 성적 행위에 대한 인식도 바뀌고, 인식의 변화에 따라 법률적인 평가도 달라진다. 이러한 점들로 인해 성범죄에 대한 수사는 매우 신중하게 이루어질 필요가 있다.

일반적으로 성범죄에서 피해자의 진술은 매우 중요하고, 신뢰할 만한 증거로 평가받는다. 범죄 피해자가 아동 또는 장애인인 경우 진술의 신뢰성에 대한 논의가 활발한 편이지만, 피해자가 일반적인 성인일 경우 신빙성에 의문을 갖는 경우는 오히려 예외적이다. 그러나 성범죄 피해자 진술의 신빙성을 항상 높게 평가하는 것이 바람직한가에 대해서는 논란의 여지가 있다. 이는 자칫 무고한 피해자가 발생하는 것과도 직접적인 관련이 있기 때문이다.

본 사례는 일선 현장에서 쉽게 접할 수 있는 강제추행 사건이다. 피해자는 피해사실을 주장하지만, 피의자는 범행사실을 적극 부인한다. CCTV 등이 확보되었지만, 해당 증거의 객관적 가치를 판단하기는 쉽지 않다. 수사관으로서 수사의 결론을 내리기 가장 어려운 사건의 부류 중 하나이다. 본 사례를 통해 수사관이 접하게 되는 고민을 마주해 보자.

1. 성범죄 수사과정의 특수성에 대해 이해한다.
2. 피의자 신문 절차 및 과정에 대해 이해한다.
3. 과학적 증거의 증거능력, 증명력에 대해 이해한다.
4. 현행범인 체포와 현행범인 인수에 대해 이해한다.

현행범인 인수, 피의자 신문, 과학적 증거

1. 112신고 접수

2019. 3. 15. 22:00경, 서울서대문경찰서 신촌지구대 A경위는 평소와 다름 없이 야간순찰 근무에 임하고 있었다. 관내는 북적북적했다. 학기 초를 맞아 많은 대학생들이 삼삼오오 모임을 하고 있었기 때문이다. A경위는 인파를 바라보며 살짝 긴장된 목소리로 동료 B순경에게 말했다.

"어이. 대학생들 보니까 옛날 생각나지? 아무튼 3월에는 대학생들 신고가 많아. 다들 대학생 돼서 부어라 마셔라들 하고 있으니까 우리가 좀 긴장해야 돼."
"네. 주임님. 술집도 거리도 인산인해라 좀 무섭네요. 학교 다닐 때는 몰랐는데."
"그래도 대학생 같은 B순경과 함께 있으니 왠지 든든하구먼."

A경위는 B순경과 함께 순찰차로 대학가 주변의 유흥가를 몇 바퀴째 돌고 있었다. 다행히 별다른 신고는 없었고, 나름 질서가 잘 유지되고 있는 듯 했다. 바로 그때, 강제추행 사건 112지령이 전파되었다. A경위와 B순경은 심호흡을 하고 현장으로 출동했다.

2. 현행범인 인수

현장에는 남성 3명과 여성 1명이 다른 한 남성을 둘러싸고 있었다. 3명의 남성들이 한 남성에게 욕설을 섞어 가며 꾸짖고 있었고, 여성은 눈시울이 붉어 져서 그 남성을 때리려고 하자 다른 남성들이 말리는 중이었다. A경위와 B순 경은 일단 이 사람들을 분리하고 자초지종을 들어보기로 했다. 흥분한 사람들은 경찰관이 도착해도 과격한 행동을 하는 경우가 종종 있기 때문이다. A경위는 B순경에게 남성 3명과 여성 일행을 분리시켜 놓고, 다른 한 남성을 잘 관리하고 있으라고 지시하였다. 이어서 A경위는 여성의 진술을 들어보기로 했다.

"무슨 일이 있었던 거죠?"

"저 놈이 저쪽에서 제 아래쪽을 만졌어요."

"언제, 어디서 말인가요?"

"한 20분 전이에요. 저쪽으로 걸어서 2~3분 정도 거리에 있는 곳이에요."

"어떻게 했다는 말인가요?"

"저 사람이 반대편에서 걸어오는 중이었는데, 갑자기 손을 뻗어서…."

"여성으로서 말하기 곤란하다는 것 이해해요. 그래도 경찰관이 수사를 위한 것이니까 조금만 더 자세히 말씀해주시겠어요?"

"네. 갑자기 손을 제 아래쪽으로 뻗었어요. 저랑 조금 간격이 있어 별로 신경쓰지 않았는데, 저랑 마주치는 순간에 갑자기 제 쪽으로 몸을 기울이면서 그랬어요."

"그래서요?"

"오른손을 제 사타구니 부분에 갖다 대고 제 아랫부분을 만지더니, 모른 척하고 가 버렸어요."

"저 사람이 의도적으로 본인을 추행한 것이라고 생각하나요?"

"네. 술에 취한 것처럼 행동했지만, 너무나 명확했어요. 몸동작, 손동작 모두요."

"알겠습니다. 처벌을 원하나요?"

"네. 반드시 처벌해 주세요."

피해 여성의 진술과 처벌 의사는 명확했다. A경위는 일단 사건을 정식으로 접수하기로 마음먹었다. 그런데 본 사건은 일반적으로 경찰관이 범죄현장에서 현행범을 체포하는 경우와는 조금 다르다. A경위는 현장에서 직접 피의자를 체포한 것이 아니라, 피해자와 일행들이 피의자를 붙잡고 있는 것을 A경위가 인수했기 때문이다. 이 경우는 현행범인 인수서를 작성해야 한다. 김 경위는

박 순경과 함께 사건 서류를 작성하여 성범죄를 담당하는 경찰서 여성청소년
과에 인계하였다.

그림 5-1 현행범인 인수서

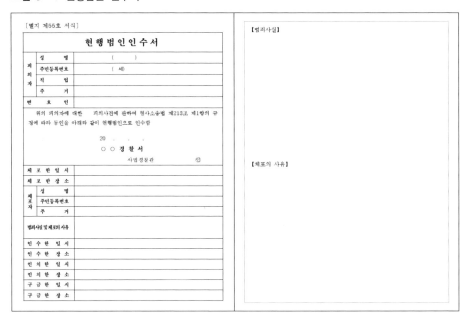

당직 근무 중이던 여성청소년과 C경사가 이 사건을 담당하게 되었다. C경
사는 사건을 인계하는 A경위에게 범행장소 현장 CCTV를 확보해 줄 것을 요청
했다. 대학가 주변의 사람이 붐비는 장소인 만큼 대부분의 장소에 CCTV가 설
치되어 있기 때문이다. 그리고 경찰, 지방자치단체에서 관리하는 CCTV뿐만 아
니라 개인이 방범목적으로 설치한 CCTV들도 많이 있기 때문이다. C경사는 A
경위에게 범행장소 주변을 샅샅이 살펴보며 건물 내외부에 설치되어 있는
CCTV를 살펴봐 줄 것을 단단히 부탁했다.

3. 피해자 진술 청취

이 경사는 사건 서류들을 죽 훑어본 후 먼저 피해자에 대한 조사를 시작했

다. 우선 피해자의 간단한 인적사항을 파악한 후 피해 진술을 듣기 시작했다.

그림 5-2 피해자 진술조서

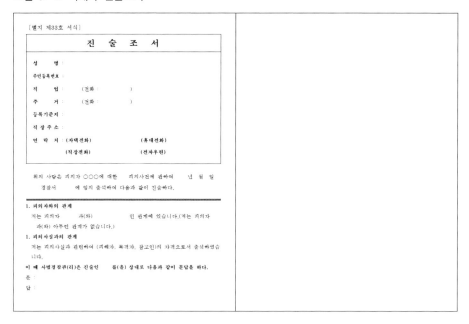

문: 진술인은 무슨 일로 이곳에 오게 되었나요?
답: 성추행을 당해서요.

문: 누가 진술인을 성추행했나요?
답: 지나가는 행인으로 저쪽에 앉아 있는 사람입니다. 누구인지 전혀 모르구요.

문: 피해 일시와 장소는요?
답: 아마 2019. 3. 15. 21:30에서 22:00 사이인 것 같습니다 장소는 신촌 ㅇㅇ
   길 아래에 있는 삼겹살 집 바로 앞에서 발생한 일입니다.

문: 사건이 발생한 장소는 어떻게 가게 되었나요?
답: 오늘 대학 동기들과 모임이 있었습니다. 사건이 발생한 장소 근처에서 모
   임을 마치고 집으로 가는 길이었습니다.

문: 걸어가다가 피해를 당한 것인가요?

답: 네, 맞아요. 제가 당시 마주 오던 모르는 남자가 제 왼쪽 어깨를 가볍게 부딪치더니 순간 오른손으로 제 아래쪽으로 손을 집어넣고 주물럭거렸습니다.

문: 마주오던 남자가 손을 바지 사이로 손을 집어넣어 피해자의 성기 부분을 만졌다는 것인가요?

답: 네, 맞습니다.

문: 진술인은 어떻게 하였나요?

답: 처음에는 순간 당황하여 소리도 못 질렀고요. 나중에야 정신을 차리고 너무 황당하여 제가 뒤돌아보면서 주변 사람들이 다 쳐다볼 수 있을 정도로 큰소리로 "야. 이 나쁜 놈아."라고 했는데 저 사람은 듣는 척도 안하고 가던 길을 가 버렸습니다.

문: 진술인은 당시 피해를 당할 때 기분이 어땠나요?

답: 너무 어이없고 황당하고 순식간에 이런 일을 당해 무서웠습니다. 이런 일들은 인터넷에서나 볼 법한 일이라 발도 안 떨어졌어요.

문: 이후 진술인은 어떻게 하였나요?

답: 소리를 지르고 나서 제 일행인 남자 동기들에게 성추행을 당한 사실을 알리게 되었습니다.

문: 일행분들이 피의자를 붙잡았을 때 피의자는 뭐라고 하던가요?

답: 내가 성추행당한 사실을 애기하며 '네가 이렇게 하고 갔잖아'라고 상황 설명을 하자, 술에 취해 기억이 안 난다고 했으며, '자기가 진짜 그렇게 했냐고 하면서 한 번만 용서해 달라'고 했으며, 제 남자 동기들에게는 계속 '죄송합니다'라고 했어요.

문: 피의자 처벌을 원하시나요?

답: 네, 꼭 처벌해 주세요.

이로써 C경사 피해자에 대한 1차 조사를 마무리하였다. 피해자가 사건 직후여서 감정의 동요가 있었음에도 불구하고, 침착하게 사건발생 내용을 구체적으로 진술해 주어 수월하게 조사를 마칠 수 있었다. 피해자에 대한 조사를 마무리하고 한숨을 돌리고 있을 무렵, 사건을 인계했던 A경위로부터 전화가 왔다. 사건발생 장소 부근에서 성추행으로 의심되는 장면이 촬영된 CCTV를 확보했다는 내용이었다. C경사는 동영상을 확보하여 전달해 줄 것을 요청하였다. 이를 통해 C경사는 관련 영상을 살펴본 후 범죄와 관련이 있는 부분을 캡처하여 사건기록에 첨부하였다.

그림 5-3 CCTV 영상[1]

4. 피의자 신문

C경사는 이어서 바로 피의자에 대한 조사를 시작하기로 했다. 처음에 경찰서에 도착했을 때와 달리 취기도 좀 가신 것 같아 보였기 때문이다. C경사는 여성청소년과 한쪽에서 대기 중이던 피의자를 조사실로 호출했다.

---

[1] 본문의 사진은 성추행 문제로 사회적 논란이 되었던 소위 '곰탕집 사건'에서 CCTV에 촬영된 자료이다. 2019. 12. 12. '곰탕집 성추행' 유죄 확정…대법 "피해자 진술 모순 없다," https://www.nocutnews.co.kr/news/5257739. 본 사건의 사실관계와는 상이하지만, 피의자와 피해자의 접촉 여부가 문제된 사안이라는 점에서 동일하기에 사진자료를 첨부하였음을 밝힌다.

그림 5-4 피의자 신문조서

[별지 제26호 서식]

피 의 자 신 문 조 서

피 의 자 :

위의 사람에 대한 피의사건에 관하여 에서 사법경찰관 은 사법경찰리 ○○ ○○○을 참여하게 하고, 아래와 같이 피의자임에 틀림없음을 확인하다.

문 : **피의자의 성명, 주민등록번호, 직업, 주거, 등록기준지 등을 말하십시오.**

답 : **성명은 ( )**

주민등록번호는

직업은

주거는

등록기준지는

직장주소는

연락처는 자택전화 휴대전화

직장전화 전자우편(e-mail)

입니다.

사법경찰관은 피의사건의 요지를 설명하고 사법경찰관의 신문에 대하여 형사소송법 제244조의3의 규정에 의하여 진술을 거부할 수 있는 권리 및 변호인의 참여 등 조력을 받을 권리가 있음을 피의자에게 알려주고 이를 행사할 것인지 그 의사를 확인하다.

진술거부권 및 변호인 조력권 고지 등 확인

1. 귀하는 일체의 진술을 하지 아니하거나 개개의 질문에 대하여 진술을 하지 아니할 수 있습니다.
1. 귀하가 진술을 하지 아니하더라도 불이익을 받지 아니합니다.
1. 귀하가 진술을 거부할 권리를 포기하고 행한 진술은 법정에서 유죄의 증거로 사용될 수 있습니다.
1. 귀하가 신문을 받을 때에는 변호인을 참여하게 하는 등 변호인의 조력을 받을 수 있습니다.

문 : 피의자는 위와 같은 권리들이 있음을 고지받았는가요

답 :

문 : 피의자는 진술거부권을 행사할 것인가요

답 :

문 : 피의자는 변호인의 조력을 받을 권리를 행사할 것인가요

답 :

이에 사법경찰관은 피의사실에 관하여 다음과 같이 피의자를 신문하다.

문: 피의자는 2019. 3. 15. 21:30경 서울 서대문구 ○○ 앞을 지나쳤나요?
답: 네.

문: 당시 어떠한 일이 있었는지 기억나는가요?
답: 뭔가 오해가 있는 듯한데, 저는 실수는 안했습니다.

문: 당시 술은 얼마나 마신 상태였나요?
답: 좀 빨리, 많이 마셨습니다. 소주로 2병 가까이 마신 것 같습니다.

문: 피의자의 평소 주량은 얼마인가요?
답: 사실 술을 마시기 시작한 지 얼마 되지 않아 모릅니다.

문: 피의자는 소위 필름이 끊긴 적이 있었나요?
답: 아직까지는 없었습니다.

문: 2015. 3. 15. 21:30경 방금 조사받은 여성과 부딪친 적이 있나요?

답: 술자리를 마치고, 어떤 대로 같은 곳을 걷고 있었는데, 마주 오던 여자 분과 제 오른쪽 어깨 부분이 좀 세게 부딪쳤습니다. 부딪친 이후에 제가 바로 여자 분에게 "죄송합니다."라고 말을 하고 지나갔습니다.

문: 그 후에는 어떻게 되었나요?

답: 걸어가고 있는데 갑자기 뒤에서 그 여성분이 소리를 질렀고, 주변에 있던 남성들이 저에게 다가왔습니다.

문: 남자들이 어떻게 했나요?

답: 남자들이 저를 이동하지 못하도록 에워싸고 경찰에 신고를 한 것 같습니다.

문: 피의자 본인의 진술에 따르면 성추행 사실이 기억나지 않는데, 순순히 남성들의 요구에 응해 가만히 있었나요?

답: 무섭기도 하고, 제가 오해를 받는 것 같아서 일단 죄송하다고 했습니다.

문: 피의자가 잘못한 부분이 있어서 순순히 있었던 것은 아닌가요?

답: 그건 아닙니다. 남자 일행들이 "너 이 새끼 지금 무슨 짓을 했냐."는 식으로 따졌는데, "저는 죄송하지만, 저는 그런 행동을 하지 않았습니다."라고 몇 번을 얘기했습니다.

문: 여성의 아래 부위를 향해서 손을 뻗은 사실이 전혀 없나요?

답: 의도적으로 그 방향으로 뻗은 적은 없습니다.

문: 그렇다면, 실수로 뻗은 적은 있나요?

답: 그건 잘 기억나지 않습니다.

문: 피의자는 당시 상황을 정확히 기억하고 있음에도, 추행이 아니라고 주장하기 위해서 일부러 진술을 왜곡하고 있는 것 아닌가요?

답: 그런 것은 결코 아닙니다.

(이때 C경사는 기록에 편철된 범행 당시 CCTV 영상을 피의자에게 보여 주었다.)

문: 당시 길을 지나간 사람이 피의자가 맞나요?
답: 맞습니다.

문: 영상을 보면, 마주오던 여성의 일행들과 서로 엇갈려 지나치다가 여성의 옆에 이르자 순간적으로 여성 쪽으로 걸음을 반걸음 정도 옮기고, 주머니에 넣었던 오른손을 여성의 음부 방향으로 갖다 대는 장면이 보이는데 피의자가 여성을 추행한 것이 아닌가요?
답: 고의로 그런 것은 아닌 것 같습니다. 술에 취해 비틀거리는 정도로 보입니다. 그리고 여성분과의 접촉도 분명하지 않은 것 같습니다.

문: 피의자는 손을 의도적으로 피해자에게 뻗어 추행한 것임에도, 계속 거짓말을 하고 있는 것 아닌가요?
답: 저는 추행한 기억이 전혀 없습니다.

문: 피의자는 계속 추행하지 않았다는 입장인가요?
답: 실수로 손이 닿았을 수는 있는데, 의도적으로 추행한 것은 아닙니다.

문: 피의자는 지금이라도 피해자에게 '추행한 점'에 대해서 사과하고, 합의할 생각이 있나요?
답: 제가 살짝 부딪친 것은 맞는 것 같지만, 그 점에 대해서는 이미 사과를 했고, 피해자의 주장처럼 제가 그녀를 추행한 것이 아니기 때문에 추행한 점에 대해서 사과를 하거나 합의를 볼 생각은 없습니다.

이로써 1차 조사는 완료되었다. C경사는 피해자와 일행들을 먼저 귀가시키고, 사건서류와 증거자료들을 정리하였다. 피의자에 대해서는 범죄혐의가 중하지 않고, 증거자료가 대부분 확보되어 불구속 수사를 진행할 예정이었다. 서류 정리를 마치고 피의자를 석방해야겠다고 생각하던 차에 피의자가 C경사에게 다가왔다.

"형사님 잠깐 드릴 말씀이…."
"아. 네. 무슨 일이죠?"
"이제 저는 어떻게 되는 거죠?"
"조금 기다려 보세요. 서류 정리되면 곧 석방해 드릴게요."
"네. 근데 저 처벌되는 건가요?"
"아직 잘 모르겠어요. 좀 더 확인해 봐야 할 것 같아요."
"근데 저 정말 아무 짓도 안 했어요."
"아. 근데 피해자도 있고 목격자도 있고…."
"그 사람들이 뭔가 단단히 오해를 한 것 같아요. 저는 술에 취해서 잠시 비틀하다가 부딪친 것뿐인데…."
"네 좀 더 조사해 볼게요."
"형사님도 저 안 믿으시죠?"
"그런 건 아니에요. 다만 피해자가 저렇게 일관되게 진술을 하니까 일단은 수사를 개시한 거고, CCTV도 좀 더 자세히 살펴봐야죠. 필요하면 국과수에 감정을 좀 요청해 봐야 할 것 같고요."

"휴…." 피의자는 땅이 꺼지도록 한숨을 몰아쉬었다.
"일단 오늘은 귀가하세요. 시간이 늦었어요."
"형사님. 돌아가는 상황 보니까 가만히 있다가 영락없이 처벌받을 것 같은데…."
"이제 수사 시작한 단계고, 아직 기소도 안 되었잖아요. 기소 후에도 재판 과정이 있는 거고. 좀 기다려 보세요."
"뉴스에서 봤어요. 기소되면 우리나라 유죄율이 99%라고. 기소되면 사실상 유죄인 거 아닌가요?"

"꼭 그렇지만도 않아요. 요즘은 무죄도 많아지고 있어요."

"그래 봤자 97,8%겠죠. 저도 가만히 있으면 안 되겠네요. 뭔가 대비를 좀 해야겠어요."

"아. 그 부분은 학생이 필요하다고 하시면 얼마든지 하셔도 되요. 저도 억울한 사람이 처벌되는 것은 원하지 않아요. 본인이 옳다고 생각하는 바대로, 오해가 있다면 풀고, 아무튼 노력을 해보세요."

"네 알겠습니다. 감사합니다."

피의자는 무거운 발걸음을 옮기며 경찰서를 빠져나갔다. C경사는 고민에 빠졌다. 피해자의 피해진술도 명확하고, 피의자의 부인진술도 분명했기 때문이다. 그리고 CCTV 영상만으로는 성추행이 발생한 것인지 육안으로 식별하기 분명히 어려운 상황이었다.

5. 법과학 감정

그로부터 2주일 후 당직 날, 강제추행 사건 피의자가 예고도 없이 사무실로 찾아왔다. 사무실에 들어서자마자 "형사님! 잘 계셨어요!" 하면서 다음과 같은 서류를 건넸다.

2019 − 12
FORENSIC VIDEO EXPERT CORPORATION

FORENSIC VIDEO ANALYSIS REPORT

○○광역시 ○○구 ○○번지
Tel.02.123.4567/videoanalysis@gmail.com

1. 사건표시

　가. 감정번호: 2019_12 (FVAD)

　나. 감정의뢰인: ○○○

2. 감정경위

　위 감정물은 감정 의뢰인 ○○○에 의해 의뢰받은 감정물로서, 영상의 화질개선 및 계측을 통한 인물들 간의 행동패턴 분석에 대한 감정임.

3. 감정내용

　가. 감정물: 파일명 – 강제추행 20190315.AVI

　나. 감정일시: 2019. 3. 18. ~ 2019. 3. 25.(일반)

　다. 감정사항: [감정물]영상 속 인물들의 화질개선 및 행동분석을 통한 사건의 진위 여부 분석

　라. 감정방법: 감정물에 대한 육안적 관찰시험, 국제법영상분석 소프트웨어를 통한 영상 화질개선, 윤곽선 검출시험을 통한 피사체들 간의 행동패턴 분석

4. 감정결과

　분석결과, 남자와 여자 사이에 빈 공간이 있는 것으로 확인되었음. 남자와 여자의 위치상 남자의 좌측 팔이 여자의 음부에 닿기 위해서는 화면상 빈 공간에 팔의 형체가 일부라도 기록되어 있어야 하는 것이 정상적이나, 팔의 형체로 볼 만한 특이 패턴이 검출되지 않았음.

　다만 기존 프레임에 존재하지 않는 사선 형태의 피사체가 식별되었음. 이를 보다 면밀히 분석하기 위해 남자의 위치와 여자의 위치에서 남자의 좌측 팔이 여자의 음부에 닿을 수 있는지를 분석하였음.

　결과적으로 앞선 분석을 통해 남자의 좌측 팔이 여자의 음부에 닿을 수 없는 것으로 분석되었으며, 남성이 손가락을 모두 편 상태에서의 손가락 끝 지점이 닿을 만한 거리로 분석되었음. 다만 이 모든 분석은 남자의 팔이 최대한 펴졌을 때를 가정하고 있기 때문에 일부라도 굽혀져 있다면 음부에 닿지 않을 가능성이 매우 높다고 판단됨.

과학적이고 명확한 근거만을 바탕으로 본 감정을 진행하였음.

2019년 3월 25일

FORENSIC VIDEO EXPERT CORPORATION

대표: ○○○

피의자는 활짝 웃으며 담당 형사에게 말했다.

"형사님, 제가 뭐라고 했어요. 분명히 그런 적 없다고 했었잖아요."

"이게 뭐죠?"

담당형사는 서류를 살펴보며 말했다.

"네. 제가 영상분석 연구소에 분석을 요청했었거든요. 엄청 유명한 회사더라고요. 유명한 사건들도 많이 한 곳이래요."

"그래서 뭘 요청한 건데요?"

"네. 영상을 보고 제가 진짜 성추행을 한 건지 확인 좀 해달라고요."

"그래요? 그래서 결과가 뭐래요?"

"네. 여기 감정서 마지막 보세요. 닿지 않았대요."

담당 형사는 비로소 서류를 상세히 살펴보기 시작했다. 피의자가 제출한 서류는 한 민간기관에서 해당 영상을 분석한 자료였다. 형사는 과거 다른 사건에서도 유사한 서류를 제출받은 적이 있어, 낯설지는 않았다. 피의자 말대로 분석결과에는 피의자에게 유리한 내용이 적혀 있었다. 감정서의 문언대로 "음부에 닿지 않을 가능성이 매우 높다고 판단"된다면 강제추행 혐의가 적용되지 않을 수 있기 때문이었다.

이런 상황에서 선택의 여지가 없었다. 담당 형사는 보다 신뢰할 만한 증거를 확보하는 것이 중요했다. 국립과학수사연구원에 감정을 의뢰했고, 며칠 후 감정서가 도착했다. C경사는 긴장되는 마음으로 문서를 클릭하였다. 그런데 감정서에는 '영상이 흐릿하여 판독 불능'이라는 결과가 담겨 있었다.

담당 형사는 더욱 고민에 빠졌다. 지금까지 확보한 여러 증거들 상호 간에 대립되는 내용이 담겨져 있었기 때문이다. 피해자는 분명하고 단호하게 추행당한 사실을 주장했다. 범죄현장부터 경찰서까지 일관되고 명확한 진술이기에 신뢰할 여지가 높았다. 그에 반해 피의자의 변소와 피의자가 제출한 민간기관의 감정서는 추행이 일어난 사실을 반박하는 증거였다. 국립과학수사연구원의 감정결과가 어느 한쪽의 손을 들어주면 좋았겠지만, 감정 불능으로 결과가 나온 상황이었다. 어느 증거에 비중을 두어 추가수사를 진행해야 하는지 고민스런 상황이었다.

1. 현행범인을 체포하는 경우와 현행범인을 인수하는 경우의 차이에 대하여 논의해 보자.

2. 성범죄 피해자를 대상으로 진술을 청취하는 경우에 유의해야 할 점들에 대하여 논의해 보자.

3. 이 사례에서의 피의자 신문 내용의 적절성에 대하여 논의해 보자.

4. 이 사례에서 제출된 민간기관 감정서의 증거능력, 증명력에 대하여 논의해 보자.

5. 이 사례에서 수사관은 어떻게 수사를 마무리해야 할지 논의해 보자.

GHB
밀반입 통제배달 사건

••• 도입

마약범죄는 일반적인 강력범죄와 달리 고유한 수사방식과 기법을 활용해야 한다. 마약밀수범을 적발하기 위해 통제배달 수사를 해야 하며, 마약투약 혐의를 증명하기 위해 현장에서 간이시약기를 활용하여 소변검사를 해야 하는 경우도 많다. 마약수사 과정에서 이루어지는 고유한 수사방식을 수사절차에 따라 학습해 보자.

••• 학습목표

1. 마약 밀수입자를 검거하기 위한 통제배달 수사기법과 절차를 이해하고 활용할 수 있다.
2. 마약 투약혐의를 확인하기 위해 소변 간이시약기를 사용할 수 있다.

사례연구

마약 밀반입, 통제배달

1. 주요 쟁점

1) 마약류 밀반입이 의심되는 용의자를 검거하기 위해 통제배달을 하였는데, 마약류 수취자가 자신 이름으로 되어 있지만 실제 자기가 시킨 물건이 아니라고 부인한다면?

2) 수사기관이 압수수색영장만을 발부받은 상태에서 강제채뇨를 위해서 대인적 강제처분에 해당하는 병원까지의 인치가 가능할까? 이를 위해서 별도의 체포영장을 받아야 하는 것은 아닌가?

2. 사건 개요

미국 LA 지역에서 특송화물을 이용하여 한국으로 마약을 발송하다 적발된 관련자 정보를 인천세관에서 관리하고 있던 중, 기존 우범화물과 송하인, 수취인 주소가 동일한 화물이 수입 신고되어 정밀검색한 결과 플라스틱 RE−NU 렌즈세척제 용기에 담긴 GHB 355㎖를 발견하였다.

※ GHB(Gamma Hydroxy Butyrate acid): 백색분말이나 약간 짠맛이 나는 투명한 액체 형태로 보통 소다수 등 음료에 타서 마시는데, 음료에 몇 방울을 타서 마시면 10~15분 내에 효과가 나타나 기분이 좋아지고 취한 듯하면서 몸이 처지는 느낌이 3~4시간 동안 지속되는 「마약류 관리에 관한 법률」제2조 제3호 라목에 해당하는 향정신성의약품으로, 단순 음료가 아닌 알코올에 타서 마시면 효과가 급속히 나타나 의식을 잃고 이후 발생한 일을 기억하지 못함. 타인에게 몰래 복용케 해 성범죄에 악용되어 케타민 등과 함께 대표적인 데이트강간약물로 통하며 약물의 특성상 24시간 내에 인체를 빠져나가기 때문에 사후 추적이 어려움.

표 6-1 주요 마약류의 분류 및 개관

				자연상태	알칼로이드	半합성
마약류 [제2조 제1호]	마약 [제2조 제2호]	천연 마약	아편계	양귀비[가목], 아편[나목]	모르핀, 코데인, 테바인 등	헤로인, 옥시코돈 등 [라목]
			코카계	코카 잎[다목]	코카인	
		합성 마약 [마목]	페치딘계	페치딘, 펜타닐, 디펜녹실레이트 등		
			메사돈계	메사돈, 디피파논, 아세틸메사돌 등		
			기타	모르피난, 아노부텐, 벤조모르핀 등		
	향정신성의약품 [제2조 제3호]	환각제[가목]		LSD, JWH−018 등		
		각성제[나목]		메스암페타민, MDMA, 케타민 등		
		엑제제	진정수면제 [다목]	바르비튜레이트 등		
			신경안정제 [라목]	디아제팜, 프로포폴, 졸피뎀, GHB 등		
	대마 [제2조 제4호]	마리화나, 해시시 등				

3. 마약의 종류

1) 양귀비

- 온대 및 아열대 기후에서 자라는 양귀비속 1년생 식물
- 기원전 300년 경부터 지중해 연안지역에서 재배되기 시작
- 오늘날에는 미얀마, 라오스, 태국의 접경지역인 소위 황금의 삼각지대
  와 아프카니스탄, 파키스탄, 이란의 접경지역인 황금의 초생달지역에
  서 대량 재배되는 등 거의 전 세계에서 재배
- 법적으로 재배를 금지하고 있는 식물은 파파베르 솜니페룸 L종과, 세
  티게름 D·C종

그림 6-1 양귀비

Papaver somniferum L종

Papaver setigerum D·C종

2) 아편

- 성장하는 설익은 앵속(양귀비)의 열매(미숙과실)에 상처를 내어 여기서 흘
  러내리는 우윳빛 추출액을 60℃ 이하에서 건조시킨 암갈색 덩어리
- 남용이 계속되면 얼굴이 창백해지고, 매우 신경질적으로 변하며 식욕
  과 성욕이 상실되고 메스꺼움, 구토, 변비, 홍조, 동공축소, 호흡장애
  등의 부작용 유발
- 약효가 사라진 후 72시간이 가장 고통을 느끼는 시간대

그림 6-2 양귀비에서 추출한 아편

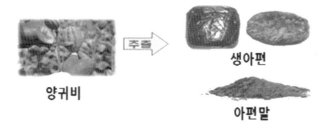

3) 모르핀

- 양질의 아편은 9~14%의 모르핀 무수물을 함유하는데 1805년 독일의 약제사 F. W. A. 제르튀르너가 아편에서 추출하는데 성공
- 모르핀이란 명칭은 그리스·로마 신화에 나오는 꿈의 여신인 모르페우스 (Morpheus)의 이름을 딴 것임
- 색깔은 백색에서 황갈색 또는 갈색, 커피색에 이르기까지 다양하고, 침상 또는 결정성 분말이며 광선을 받으면 황색으로 변하기 때문에 밀폐용기에 보존하고 냄새는 없으나 맛은 씀
- 주로 의료용으로 사용하나 계속 사용 시 구토, 발한, 발열, 설사 등과 함께 정신적·신체적 의존성을 쉽게 유발하여 사용 중단 시 심한 금단 증상
- 말기 암 환자와 같은 가망없고 심각한 고통을 수반하는 환자에게만 사용하는 것이 원칙
- 모르핀 투약 시 행복, 도취감, 신체상실, 동공축소, 눈물, 콧물, 식욕감퇴, 졸림, 체중감소의 증상이 나타남
- 중독자는 눈물, 콧물을 흘리고 졸린 듯 멍청해 보이며 몸이 야위고 팔에 주사 자국이 많아 긴 팔 옷을 착용하는 경우가 많음

그림 6-3 모르핀의 다양한 모습

4) 메트암페타민(Methamphetamine)

- 1888년 일본 도쿄대학 의학부 나가이 나가요시 교수 개발
- 마황(麻黃)으로부터 에페드린 추출과정에서 발견
- 필로폰: 노동을 사랑한다는 뜻의 Piloponus(그리스어)에서 유래
- 히로뽕: 필로폰의 일본 발음으로 피로를 '뽕' 하고 날려 준다는 뜻

그림 6-4 마황과 나가요시 교수

- 중추신경을 자극하는 각성제로 냄새가 없는 무색 결정 또는 백색 결정성 분말
- 주로 정맥이나 피하주사로 투여되지만 간혹 경구, 흡연으로 사용
- 남용자들은 약물의 염산염 형태를 10~30mg 정도를 물에 용해시켜 정맥주사함.

- 일반적으로 투여 후 약 20분 후부터 소변으로 배설되기 시작
- 24시간 이내에 복용량의 37%, 3~4일 만에 약 70~90%가 배설
- 동공확대, 식용상실, 흥분, 다변, 호흡곤란, 불면증, 편집증, 환각 등의 증상
- 중독자의 경우 말을 더듬고 신경질적이며, 입술이 마르고 심한 냄새가 나며 안색이 창백하고 팔에 주사 자국이 있는 경우가 많음.

그림 6-5 메트암페타민

5) MDMA(엑스터시)

- 1914년 독일에서 식욕감퇴제(다이어트 약물)로 최초 개발
- 우리나라에서는 1997년 발생한 외환위기 이후 이 약물을 사용하던 해외 유학생들이 대거 귀국하면서 1999년도에 처음 발견되었고, 2000년대 이태원 및 홍대 클럽을 중심으로 급속히 퍼져 나감.
- 메스암페타민과 대마가 주로 문제였던 우리나라에서는 이러한 현상이 한창일 무렵 MDMA가 신종마약의 대명사처럼 쓰이기도 하였음.
- 아담, 이브, 캔디, 도리도리 등 다양한 별칭이 있으며, 복용을 하면 신체접촉 욕구가 강하게 일어 기분이 좋아지는 약(feel good drug), 포옹마약(hug drug)으로도 불리고 있음.
- 복용 후 20~60분 정도가 경과하면 입이 마르고 동공이 확대되는 등 극적 흥분감을 경험하며, 약효는 3~4시간 정도 지속됨.
- 과다복용하면 불안, 초조, 환각, 환청, 구토, 혈압상승 등 부작용을 초

래하고 심할 경우에는 심장마비로 인해 사망에 이르기도 함.

- 최근 연구결과에 의하면 MDMA를 장기 사용하게 되면 뇌의 생각하고 기억하는 부분이 손상된다고 함.

그림 6-6 다양한 형태의 MDMA(엑스터시)

6) 합성대마

- John W. Huffman에 의해 최초 합성된 약품
- 국내에서는 2009. 7. 1.에 향정신성의약품으로 지정
- 2000년대부터 유럽 등지에서 허브 등에 섞어서 '합성대마'로 판매되면서 남용
- 대마와 유사한 환각작용이 나타나나 효과는 더 높고, 약 6시간 정도 효과 지속
- 집중력·기계조작 능력 저하 유발

그림 6-7 다양한 형태로 제조되어 유통되는 합성대마

SPICE, K2   국내에서 압수한 스컹크   JWH-018

7) 프로포폴

• 중환자의 진정과 수면내시경, 성형수술 시 마취제로 사용되는 약품

• 2011. 2. 11. 세계 최초로 향정신성의약품으로 지정

• 미국에서는 '기억상실 우유(milk of amnesia)'라는 별칭이 붙었으며, 우리나라에서도 '우유주사'라고 불리고 있음.

• 프로포폴은 일부 사용자들에게 도취감(euphoria)을 준다고 알려져 있는데, 80명을 대상으로 한 실험에서 약 1.25%가 도취감을 느꼈다고 보고됨.

• 도취감 정도까지는 아니더라도 542명을 대상으로 한 실험에서 약 40%가 깨어날 때 즐거운 느낌(pleasure)을 가졌다고 보고됨.

그림 6-8 '기억상실 우유'로 불리는 프로포폴

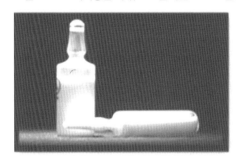 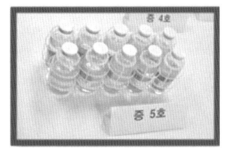

• 프로포폴이 사용된 짧은 시술에서 깨어날 때 성적인 억제력의 상실, 긴장이완을 느낀 후 나타나는 강한 진정작용과 의식소실, 5~10분 정도 지속되는 역생성 건망증 등도 보고되고 있음.

• 프로포폴은 마취효과를 볼 수 있는 사용량과 치사량 사이 폭이 아주 좁아 자칫 잘못 사용하면 호흡기계 이상으로 인한 일시적인 무호흡이나 심혈관계 이상으로 인한 저혈압 같은 치명적인 이상반응이 나타날 수 있음.

• 프로포폴이 향정신성의약품으로 지정된 이후 그 남용에 대한 단속에 나서자 수많은 의료인들이 프로포폴을 무분별하게 처방하고 스스로

중독됨.

- 연예인들 사이 입소문을 타고 일부 개인병원에서 영업전략상 적당한 구실로 처방을 하는 소위 '연예인 특혜'를 주면서 유흥업소 종사자 등뿐만 아니라 상당수 연예인들이 프로포폴에 중독됐던 것으로 드러나 사회적 충격을 주었음.

8) GHB

- GHB(Gamma HydroxyButyrate acid)는 기본적으로 GABAB와 GHB 특정 수용체에 결합해 시냅스로 도파민이 분비되는 것을 억제하지만 신정작용뿐 아니라 흥분작용도 있는 양면성을 띠는 물질임.
- 자연적으로는 중추신경계, 포도주, 감귤류, 쇠고기 등에 극미량 존재하는 뷰틸산계 유기화합물인 GHB(Gamma HydroxyButyrate acid)를 처음으로 인공합성한 것은 1874년 러시아 화학자 자이체프(Alexander Mikhaylovich Zaytsev)였으나, 1960년대 초에 프랑스 라보리(Henry Laborit) 박사가 신경전달물질인 GABA연구에 이용하면서 인체사용을 위한 연구가 시작
- 美 식품의약품국(FDA)이 부작용을 인정해 시판을 금지하기 전까지는 건강식품 취급소에서 흔히 볼 수 있던 제품으로 마취제, 수면장애 치료제, 알코올 및 마약 금단증상 치료제로 보디빌더들에게는 근육강화제로 쓰이기도 함.
- 백색분말이나 약간 짠맛이 나는 투명한 액체 형태로 보통 소다수 등 음료에 타서 마시는데, 음료에 몇 방울을 타서 마시면 10~15분 내 효과가 나타나 기분이 좋아지고 취한 듯하면서 몸이 처지는 느낌이 3~4시간 동안 지속
- 그러나 단순 음료가 아닌 알코올에 타서 마시면 효과가 급속히 나타나 의식을 잃고 이후 발생한 일을 기억하지 못함.
- 5g 이상 복용하면 호흡억제, 혼수, 방향감각상실, 구토, 경련 및 사망 등도 유발될 수 있는데 액체에 혼합하면 농도를 인지하기 어렵기 때문에 과량복용할 수 있어 위험함.

- 1990년대부터 미국 등지에서 엑스터시 같은 클럽약물(club drug)로 사용되었는데, liquid ecstasy, liquid X, George home boy, ever clear, salty water 등으로 불리고, 또한 타인에게 몰래 복용케 해 성범죄에 악용되어 케타민 등과 함께 대표적인 데이트강간약물(date rape drug)로도 통함.
- 우리나라에서는 액체로 된 히로뽕 같다고 해서 '물뽕'으로 불리는데, 해외에서 귀국한 일부 유학생들이 여성을 성폭행하기 위해 GHB를 반입해 사용하면서 국내에 유통되기 시작함.
- 일반인들에게는 마약류로 식별되기 어려울 뿐만 아니라 약물의 특성상 24시간 내에 인체를 빠져나가기 때문에 사후 추적도 어려움.
- 최근 인터넷망과 택배망의 발전에 편승하여 국제 마약조직들이 합법적인 상품으로 위장하여 초국가적으로 밀거래하고 있으며, 일부 네티즌은 인터넷으로 제조공법까지 익히고 있는 실정으로 미국은 GHB를 가장 엄격한 연방통제를 받는 약물의 범주에 포함시켜 GHB 소지를 중범죄로 취급하고 있음.

그림 6-9 '물뽕'으로 불리는 GHB

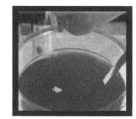

9) 대마초

- 마리화나라고 불림
- 대마의 잎과 꽃대 윗부분을 건조한 담배형태로 대마초의 성분 중 주로 도취, 환각작용을 나타내는 유효성분은 THC로 불리는 테트라하이드로칸나비롤

- 대마엽 중 THC의 함량은 5%까지도 이르나 보통은 2~3% 범위
- 남용하면 공중에 뜨는 느낌과 빠른 감정의 변화 및 집중력 상실, 자아 상실, 환각, 환청 등을 나타냄.

그림 6-10 흔히 마리화나로 알려진 대마초

| 대마잎 | 대마초화부 | 대마초 | 대마종자 |

4. 통제배달 수사과정

- 인천세관 마약조사과 윤○○ 조사관은 과거 마약류 밀수입 사건에서의 화물송하인 정보(DAVID KANG, 350 S BERENDO STREET LOSANGELES CA 90008)를 관리하던 중 송하인의 동일한 화물을 발견하고 확인결과 GHB 적발
- 인천세관의 연락을 받은 서울경찰서 김 형사는 바로 관련 내용으로 '내사착수보고서'를 작성하고 내사에 착수
- 수취정보를 확인한 결과 서울 강남구 청담동 소재 G스크린골프 양지윤(이하 가명임, 1994년생, 여, 010-1111-2222)으로 확인
- 김 형사는 7. 14. 11:00경 인천세관 마약조사과 사무실에서 향정신성의약품 GHB가 포함된 택배물품을 서울동부지검 검사 이○○ 구두지휘에 따라 반출한 이후, 2019. 7. 15. 인천세관 마약조사과 윤○○ 외 2명과 함께 통제배달 시도

  ※ 통제배달[1]이란 마약류 같은 금제품을 탐지하더라도 이를 즉시 압수하지 않

---

1 「마약류 불법거래 방지에 관한 특례법」 제3조(입국 절차 및 상륙 절차의 특례), 제4조(세관 절차의 특례)에 근거를 두고 있음.

고 밀수출입업자 · 유통업자(smuggler)에게 유출되지 못하도록 충분한 감시 (enough surveillance) 체제를 가동하면서 물건이 밀수출입업자나 그 공범에게 배송되도록 추적하다가 관련자가 확실히 드러나면 일망타진하는 수사기법으로 사법경찰관이 검사에게 신청하고 검사가 세관장에게 요청하여 조치를 하도록 규정되어 있음.

통제배달 과정

- 배송지 관할 우체국인 강남우체국 우편물류과 팀장의 도움을 받아 우편물에 대한 전산처리(SMS 전송 등)
- 배송지 담당 집배원이 수하인 양지윤(이하 가명임)에게 전화하여 본인 수취가능 여부를 묻자 자신이 배송지에 현재 근무하고 있지 않다며 대리수령 요구, 계속하여 양지윤 본인 수취를 유도하였으나 불가하다고 하여 강남우체국에 택배물건을 가져다 놓을 테니 본인이 직접 찾아가라고 고지 후 강남우체국으로 택배물건을 찾으러 올 수 있도록 조치
- 그런데 양지윤은 결국 택배를 찾으러 오지 않았고, 010 - 2222 - 3333 번호를 사용하는 불상의 남성이 집배에게 전화하여 양지윤의 물건을 대신 수령하고 싶다며 서울 강남구 청담동 소재 G스크린골프로 배송이 가능한지 물어옴.
- 010 - 2222 - 3333 사용자의 카카오톡 프로필 확인 결과 최민수(이하 가명임)라는 남성으로 확인되었고, 프로필 사진 여러 장을 보니 양지윤과 다정히 찍은 사진이 다수 확인되어 양지윤과 연인 사이로 추정
- 아울러 택배 수령지인 강남구 청담동 소재 G스크린골프로 배송된 국제특송화물 내역을 확인한 결과 수취인이 최민수로 온 내역이 2건 확인되었고, 이 중 한건은 본 사건 화물에 GHB를 은닉하는 데 사용한 렌즈세척액(RE - NU)을 배송받은 내역이 확인되며, 그 외에 이두식(이하 가명임)이라는 이름으로 온 과거 배송내역 2건이 추가로 확인됨.
- 최민수가 자신의 여자친구 이름으로 GHB를 배송받은 것으로 의심되는 상황으로 최민수를 혐의자로 범죄 인지하고 통제배달을 실시
- 그런데 배송지에서 만난 최민수는 정작 자신이 시킨 물건이 아니라고 주장

5. 초동수사 수사단계에 따른 질문 던지기와 수사사항 토론

현재까지 주어진 범죄혐의점을 토대로 피의자 최민수를 긴급체포할 수 있을까?

[최민수 조사내용]
문: 피의자는 해외에서 마약류를 배송시킨 사실이 있는가요?
답: 몰랐습니다. 경찰관들이 와서야 알게 되었습니다.

문: 무엇이 들어 있던가요?
답: 과자 종류와 점안액 한 통이 들어 있었습니다.

문: 피의자가 시킨 물건이 맞는가요?
답: 아니요, 저의 친형이 시킨 것입니다.

문: 피의자는 해외에서 마약류를 배송하게 한 사실이 있는가요?
답: 없습니다.

문: 피의자는 해외에서 물품을 배송시킨 적은 있는가요?
답: 없습니다.

문: 피의자는 양지윤을 아는가요?
답: 네, 애인 사이입니다.

문: 언제 어떻게 만난 사이인가요?
답: 2018. 2월에 제가 근무하는 G스크린골프에서 만나 사귀고 있는 사이입니다.

문: 피의자는 DAVID KANG을 아는가요?
답: 모릅니다.

문: 마약류가 들어 있던 배송물품을 보면 2019. 7. 9. 미국에서 DAVID KANG
이 피의자의 애인인 양지윤에게 피의자 직장인 G스크린골프로 물건 배송
을 한 것으로 확인되는데 어떻게 생각하는가요?

답: 저는 이것에 대해서 정말 아무것도 아는 게 없습니다.

문: 양지윤의 전화번호는요?

답: 010 – 1111 – 2222입니다.

문: 운송장에 피의자 애인인 양지윤의 이름과 양지윤의 전화번호가 적혀 있는
데도 피의자는 이 배송물품을 전혀 모른다는 것인가요?

답: 네, 모릅니다.

문: 그럼 이 물품은 양지윤이 시킨 것인가요?

답: 아닙니다.

문: 왜 양지윤이 시킨 것이 아니라는 거죠?

답: 제 애인인 지윤이도 전혀 모르는 택배였습니다.

문: 이 택배에 대해서 양지윤과 이야기한 적이 있는가요?

답: 2019. 7. 15. 지윤이로부터 택배 배송 문자가 왔다면서 저에게 물건 시킨
게 있냐고 물어봤습니다. 그래서 제가 없다고 하니깐 지윤이도 자기한테
올 물건이 없는데 자꾸 우체국에서 연락이 온다면서 이상해 했습니다.

문: 그래서 피의자는 어떻게 했는가요?

답: 그래서 제가 저의 친형(최민혁, 이하 가명임)에게 혹시 지윤이 이름으로 택배를
보낸 적이 있냐고 물어보았습니다.

문: 형이 뭐라고 하던가요?

답: 형이 자기 택배라고 하면서 받아 놓으라고 했습니다.

문: 왜 형에게 물어보았는가요?

답: 저희 골프연습장으로 오는 택배는 형 것이 많이 있어서 물어보게 된 것입니다. 받는 주소지가 저희 회사 주소지였습니다.

문: 형이 골프연습장 사장인가요?

답: 네, 형이 G스크린골프 대표입니다.

문: 형이 뭐라고 하면서 매장에 택배를 보관하라고 하던가요?

답: 받아만 놓으라고 얘기 했습니다.

문: 형은 왜 피의자 애인의 이름과 전화번호로 해외에서 물품을 배송시킨 것인가요?

답: 그 이유는 모르겠습니다.

문: 형이 피의자의 애인인 양지윤의 인적사항까지도 알고 있는가요?

답: 네, 예전에 형이 돈 문제로 지윤이 통장에 돈을 넣어 준다고 하면서 신분증을 확인했던 적이 있습니다. 그래서 인적사항을 알고 있을 겁니다.

문: 형이 물품을 보관하라고 한 날짜가 언제인가요?

답: 2019. 7. 15.입니다.

문: 형이 물품을 보관시키면서 특별히 지시한 사항이 있는가요?

답: 배송물품 안에 들어있는 과자는 지윤이와 함께 먹고, 점안액이 1병 있는데 그건 따로 빼서 냉장고에 넣어 놓으라고 했습니다.

문: 피의자의 형은 피의자 포함해서 타인의 명의를 수하인으로 해서 물품을 많이 배달시켰는가요?

답: 네, 이번 것까지 포함해서 총 3번 정도 되는 것 같습니다.

문: 형은 현재 어디에 있는가요?

답: 지금 태국에 있습니다. 일주일 전에 직장에서 형이 저에게 직접 7. 16. 태국에 갔다가 7. 19. 새벽에 한국에 온다고 했었습니다.

문: 태국은 왜 간 것인가요?

답: 모르겠습니다.

- 최민수의 진술내용에 따르면 위 GHB가 들어 있는 택배는 자신의 형인 최민혁(이하 가명임)이 시킨 것이라고 하는데 문제는 최민혁이 현재 태국에 있는 상태로 직접 확인할 방법이 없는 상황임.
- 마약밀수 혐의를 부인하고 있는 최민수를 이 정도 혐의로 긴급체포할 수 있겠는가? 아래 체포·구속을 위한 범죄혐의 요건을 참고하여 토론해 보자.

체포·구속 조건으로서의 범죄혐의[2]

- 형사소송법 규정은 피의자의 체포·구속에 대하여 '**죄를 범하였다고 의심할 만한 상당한 이유**'를 조건으로 규정하고 있음(형사소송법 제200조의2, 제200조의3 및 제201조).
- 수사기관의 주관적 혐의로는 족하지 않고 **객관적 혐의**가 있어야 함.
- 따라서 이때 범죄혐의는 피의자의 신체의 자유를 침해한다는 점에서 '**충분한 혐의**'보다 더 높은 정도를 의미하는 '**상당한 혐의**'를 요구하고 있으며, **유죄판결에 이를 수 있는 고도의 개연성**이 있어야 한다고 해석해야 함.
- 범죄혐의 조건의 차이
  - 불심검문: **어떠한 죄**를 범하였거나 범하려 하고 있다고 의심할 만한 상당한 이유
  - 수사의 개시: **범죄**의 혐의가 있다고 **인식**
  - 압수수색: **죄**를 범하였다고 의심할 만한 **정황**
  - 체포: **죄**를 범하였다고 의심할 만한 **상당한 이유**
  - 통신제한 조치: **범죄**를 계획 또는 실행하고 있거나 의심할 만한 **충분한 이유**

---

2 박노섭·이동희·이윤·장윤식 공저, 범죄수사학, 경찰대학 출판부, 2013, 148면.

6. 강제채뇨를 위한 강제처분

1) 소변 압수를 위한 수사사항

- 김 형사는 최민수의 진술이 신빙성이 있다고 판단하고 최민혁 귀국 시마약 밀수 및 투약 혐의를 확인하기 위해 아래와 같이 압수수색검증영장을 신청함.

그림 6-10 압수수색검증영장

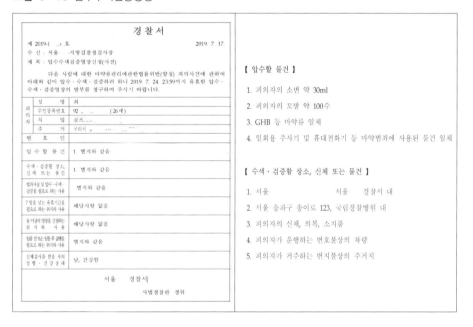

- 인천세관 마약조사과와 공조하여 수사관 권○○ 외 1명과 함께 인천국제공항 제2여객터미널 B입국장 세관 검색대 앞에서 대기하던 중 위세관 절차를 마치고 들어오는 피의자를 상대로 압수수색검증영장을제시하고 영장을 집행하였다.
- 그런데 피의자 최민혁은 자신의 혐의를 부인하며 소변채취를 완강히거부하였다. 소변의 경우 피의자가 자진하여 협조해 주지 않으면 병원으로 데려가 강제채뇨를 하는 수밖에 없는데 이때 김 형사는 다음과

같은 고민에 빠지게 된다.

- 압수수색검증영장을 집행하면서 피의자에게 수갑이나 포승줄을 채우고 병원까지 강제로 인치할 수 있을까?
- 일반적으로 대물적 강제처분을 위해 압수영장을 발부받게 되는데 압수영장만을 가지고 사실상 체포에 가까운 대인적 강제처분을 할 수 있는 것일까?
- 압수수색영장을 집행하지 못하고 돌아가 피의자에 대한 체포영장을 받아와야 하는 것이 아닌가?

- 고민에 빠져 있던 김 형사에게 팀장이 아래 판결을 얘기해 주며 피의자가 끝까지 거부한다면 수갑과 포승줄을 사용하여 병원까지 인치한 후 강제채뇨를 하는 것은 '압수수색영장의 집행에 필요한 처분'에 해당하여 가능하다는 솔루션을 제시해 준다.

[대법원 2018. 7. 12. 선고 2018도6219 판결]
- 이렇게 동의 없이 소변을 채취하는 것을 법원으로부터 감정허가장을 받아 '감정에 필요한 처분'으로 할 수도 있지만 압수수색의 방법으로도 할 수 있고,
- 압수수색의 방법으로 소변을 채취하는 경우 "소변을 확보하기 위한 수사기관의 노력에도 불구하고, 피의자가 인근병원 응급실 등 소변채취에 적합한 장소로 이동하는 것에 동의하지 않거나 저항하는 등 임의동행을 기대할 수 없는 사정이 있는 때에는 수사기관으로서는 소변채취에 적합한 장소로 피의자를 데려가기 위해서 필요최소한의 유형력을 행사하는 것이 허용"되며,
- 이는 형사소송법 제219조, 제120조 제1항에서 정한 '압수·수색영장의 집행에 필요한 처분'에 해당한다.
- 아울러 압수영장을 집행하기 위하여 피고인을 병원 응급실로 데리고 가는 과정에서 공무집행에 항거하는 피고인을 제지하고 자해 위험을 방지하기 위해 수갑과 포승을 사용할 수 있는데,
- 이는 경찰관 직무집행법 제10조 제1항, 제10조의2 제1항 제2호, 제3호, 제2항 등에 '경찰관은 직무수행 중 자신이나 다른 사람의 생명·신체의 방어와 보호, 공무집행에 대한 항거 제지를 위하여 필요하다고 인정되는 상당한 이유가 있을 때에는 그 사태를 합리적으로 판단하여 필요한 한도에서 수갑, 포승, 경찰봉, 방패 등 경찰장구를 사용할 수 있다.'고 규정되어 있기 때문이다.

• 김형사가 위 사항을 최민혁에게 얘기하자, 최민혁은 순순히 포기하고 자신이 스스로 소변을 소변채취 용기에 담아 주겠다고 협조하여 소변을 채취한 후 마약류 투약혐의를 확인하고자 간이시약 검사를 실시하였다.

2) 간이시약검사

• 현재 경찰청 지급 소변검사용 간이시약(Accusign)에는 메트암페타민, 대마, 아편, 코카인, MDMA, 케타민에 대한 6종이 있다. 2015년부터 메스암페타민과 대마 2종을 한 번에 검사하는 벌티시약과 위 6종을 모두 한 번에 검사하는 멀티시약도 지급하고 있다.

표 6-2 소변검사용 간이시약

MET	THC	OPI	COC	ET(MDMA)	KET
메트암페타민	대마	모르핀(아편류)	고가인	엑스터시	케타민

• 간이시약은 주로 소변검사용으로 사용되지만, 약물 자체에 대한 간이시약(NIK 시약)도 일부 지급하고 있고 위장거래된 물품 확인, 마약류 의심 물건 확인 등 용도로 사용된다.

표 6-3 약물 자체에 대한 간이시약

test U	test E	test O	test T	test G	test I	test M
메트암페타민	대마	GHB	케타민	코카인	MDMA	메타콸론

• 간이시약검사 전 대상자에게 포장지에 기재된 유효기관과 밀봉상태를 확인시켜 준 후에 개봉한다.
• 간이시약검사는 가장 먼저 채취한 소변으로 하는 것이 좋으며, 채취된 소변을 대상자 앞에 놓고 대상자가 보는 앞에서 실시한다.
• 소변 간이시약검사는 채취된 소변을 샘플창[S(sample well)]에 플라스

틱 피펫으로 2~3방울 정도 넣고 약 5분 후에 양성 여부를 판단한다. 소변투여 후 10분을 넘겨 버리면 부정확하고 결과가 달라질 수 있으므로 판독하지 않는다.

- 비교띠[C(control line)]는 반드시 줄이 생겨야 하는 것으로서 비교띠에 줄이 생기지 않으면 간이시약기가 불량이므로 다른 시약기로 검사한다.
- 반응띠[T(test line)]는 줄이 생기면 음성(희미하게라도 나타나면 음성으로 판정), 줄이 생기지 않으면 양성으로 임신테스트기와 반대이다.
- 간이시약은 유사구조 약물로 위양성(false positive)이 나올 수 있어 위양성결과에 법정에서 증거능력은 없다.

그림 6-11 소변 간이시약(MET)검사 판독 예시

양성	음성		재시험	
AccuSi MET — C ... T ◎ S	AccuSi MET — C — T ◎ S	AccuSi MET — C ~ T ◎ S	AccuSi MET ... C — T ◎ S	AccuS MET ... C ... T ◎ S

- GHB 투약 여부를 검사할 수 있는 간이시약기가 없어서 가능한 6종 마약류에 대한 소변검사를 실시한 결과 모두 음성으로 확인되었다.
- 그러나 동생 최민수의 진술내용을 바탕으로 최민혁을 추궁한 결과 GHB 밀수 혐의를 아래와 같이 시인하여 최민수를 긴급체포하였다.

　"제가 작년에 미국에 가서 클럽에서 놀다가, 그곳에 있는 사람들한테 물뽕에 관한 이야기를 듣게 되었습니다. 그래서 그 친구들이 저에게 물뽕이 사고 싶냐고 해서 저는 괜찮다고 했습니다. 그런데 그 사람들이 저에게 혹시 물뽕을 살 거면 연락하라고 하면서 텔레그램 아이디 'catal123'을 알려줬습니다. 그래서 제가 알고 있다가 2019. 5월 중순경 스마트폰 어플 '텔레그램'을 통해서 'catal123'에게 물뽕을 주문하게 된 것입니다."

3) 범죄사실의 재구성

(1) 향정신성의약품 GHB 밀수입

가. 피의자 최민혁은 불상 일시경 불상의 상선(텔레그램 아이디 catal123)에게 서울 강남구 역삼동 불상의 빌라 우편함에 넣어 두는 방법으로 현금 15만원을 건네준 후 2019. 6. 7.경 서울 강남구 소재 G스크린골프연습장에서 이전 직장동료인 이○○ 명의로 배송시킨 향정신성의약품 GHB 약 10㎖가 들어 있는 국제특송화물을 배송받아 밀수입하였다.

나. 피의자 최민혁은 불상 일시경 위 가.항과 같은 상선에게 같은 방법(일명 던지기)으로 현금 30만원을 건네준 후 2019. 7. 3.경 G스크린골프연습장에서 자신의 동생인 최민수 명의로 배송시킨 향정신성의약품 GHB 약 20㎖가 들어 있는 국제특송화물을 배송받아 밀수입하였다.

다. 피의자 최민혁은 불상 일시경 위 가.항, 나.항과 같은 빙법으로 현금 180만원을 건네준 후 2019. 7. 17. 10:40경 G스크린골프연습장에서 자신의 동생 여자 친구인 양지윤 명의로 배송시킨 향정신성의약품 GHB 약 355㎖가 들어 있는 국제특송화물을 피의자 최민수를 통해 배송받는 방법으로 밀수입하였다.

(2) 향정신성의약품 GHB 투약

가. 피의자 최민혁은 2019. 7월 초순 06:00경 서울 강남구 청담동 소재 '양양' 클럽 앞 노상 번호 불상의 차량 내에서 위 나.항과 같이 밀수입한 향정신성의약품 GHB 중 약 10㎖를 음료수(레드불)에 타서 마시는 방법으로 투약하였다.

나. 피의자 최민혁은 위와 같이 투약한 날 22:00경 서울 강남구 소재 엔디오빌 500호 내에서 위 나.항과 같이 밀수입한 향정신성의약품 GHB 중 약 5㎖를 음료수(박카스)에 타서 마시는 방법으로 투약하였다.

4) 사안 해설

[최민수 긴급체포]

- 2019. 7. 17. 10:40경 미국에 거주하는 불상의 상선인 'DAVID KANG'이 향정신성의약품 GHB가 포함된 국제특송화물을 피의자 최민수에게 배송하자 최민수는 택배를 건네받은 후 수령인란에 서명하였고, 택배 수하인명 양지윤과의 관계를 묻자 연인 사이라고 진술하였다.

- 그리하여 경찰관임을 밝히고 택배 물건을 피의자 참여하에 개봉하여 렌즈 세척액으로 위장된 향정신성의약품 GHB를 확인시켜 준 후 피의자가 배송 요청한 물건이 맞느냐고 묻자 자신은 배송물품에 대해 전혀 모르고 형 최민혁이 배송을 시킨 것이라고 변명하였다.

- 그러나 형 최민혁은 현재 국외로 출국한 상태로 확인되어 사실 여부 확인이 불가능하고, 피의자 최민수가 GHB가 담겨 있는 택배를 스스로 배송받은 사실만으로도 일단 마약류 관리에 관한 법률 위반 범죄혐의는 상당하다고 보여지며, 만약 최민수를 체포하지 않는다면 형 최민혁에게 연락하여 도피하게 하거나 다른 증거들을 인멸할 가능성이 높으므로 권리고지 후 긴급체포하고 GHB 약 355㎖를 압수하였다.

[최민수 석방]

- 긴급체포 후 경찰서로 최민수의 신병을 인치한 후 조사한 결과, 자신은 마약류를 구입하거나 배송시킨 사실이 전혀 없고, 여자친구 양지윤으로부터 국제택배가 왔다는 말을 전해 듣고 평소 국제택배를 종종 시키는 형이 시켰을 수도 있을 것 같아 형에게 연락해 보니 형이 시켰다며 대신 받아 놓으라고 했다고 진술

- 최민수가 그의 형 최민혁과 나눈 카카오톡 대화를 보여 주어 확인결과 최민수의 진술이 사실인 것으로 판단되어 실제 향정신성의약품 GHB 약 355㎖를 배송시킨 피의자는 최민수의 형인 최민혁으로 특정하고, 피의자 최민수는 석방

[최민혁의 자백]

- 그는 작년 미국 여행 중 클럽에서 알게 된 불상 여성으로부터 GHB 판매

자의 텔레그램 아이디(catal123)를 알게 되었고, 호기심이 생겨 판매자에게 연락하자 판매자는 강남구 소재 불상의 빌라 우편함에 마약 구매대금을 넣어 두면 GHB를 배송해 주겠다고 하여 그러한 방법으로 3회에 걸쳐 15만원, 30만원, 180만원의 마약구매 대금을 전달하고, 자신의 직장 동료인 이만희(이하 가명임), 동생인 최민수, 최민수의 여자 친구 양지윤의 개인정보를 이용하여 적발을 피해 자신의 직장 주소지로 향정신성의약품 GHB 약 10㎖, 20㎖, 355㎖가 포함된 국제특송화물을 3차례에 걸쳐 배송받아 구입하였다고 시인하였다.

- 또한 직장동료 이만희의 명의를 이용하여 구입한 GHB 약 10㎖는 신원이 확인되지 않는 태국 친구들에게 나누어 주었고, 동생인 피의자 최민수의 명의를 이용해 2번째로 구입한 GHB 약 20㎖는 유혹을 이기지 못하고 10㎖, 5㎖씩 각각 음료에 타서 2회에 걸쳐 투약하였다고 진술하였다.

- 그러나 그 외의 피의자 최민혁과 관련된 국제택배내역에 대하여는 지인들이 보내 준 일반적인 물품들로, 진술한 사실 외에 GHB 등의 마약류를 밀수입한 사실이 없고, 밀수입한 GHB에 대해서도 타인들과 함께 투약하거나 유통한 사실은 없다고 진술하였다.

[최종 의견]

- 최민수는 혐의 없어 불기소(혐의 없음), 최민혁만 기소의견으로 검찰에 송치함으로써 사안을 종결함.

#토론거리

1. 통제배달을 하더라도 실제 수취자가 단속을 피하기 위해 물건을 제3의 장소에 맡기라고 한다든지, 선의의 제3자에게 배송시킨 후 수사기관의 추적이 있는지 여부를 확인할 수 있는데 이럴 때는 어떤 방식으로 추적수사를 진행할 것인가?

2. 수사기관이 압수수색영장 집행을 위해 필요한 처분으로 사실상 체포와 인치를 하는 것은 법적으로 어떤 문제를 야기할 수 있는가?

제7장

불법스포츠토토 사이트 추적과
국제공조수사

1. 범죄사실

2. 수사과정

3. 형사법제

4. 네트워크 추적과 국제공조수사

••• 도입

1. 온라인도박과 불법스포츠토토의 개념

온라인도박은 (불법)인터넷도박, (불법)사이버도박 등 다양한 용어가 사용되는 불법행위로 "현실공간 혹은 오프라인에서 도박으로 간주되는 행위가 온라인이라는 가상공간에서 전자화폐나 전자금융거래 형태로 이루어지는 것"을 의미한다.[1] 온라인도박은 그 자체가 불법이기 때문에 별도로 불법이라는 용어를 표기할 필요가 없다. 온라인도박에 이어 등장한 것은 스포츠토토 서비스이다. 스포츠토토는 축구, 야구, 농구, 배구 등 스포츠경기의 승패에 일정한 금전을 베팅하는 서비스로 우리나라를 비롯하여 다수의 나라에서 서비스를 제공하고 있다. 하지만 이러한 베팅 서비스가 자칫 도박으로 연결될 수 있어 「국민체육진흥법」에서 서울올림픽기념국민체육진흥공단의 수탁사업자가 아닌 자가 체육진흥투표권 등을 발행하여 결과를 적중시킨 자에게 재물이나 재산상의 이익을 제공하는 행위를 엄격하게 규제하고 있다(제26조 제1항). 현재 서울올림픽기념국민체육진흥공단에서 허가한 사이트는 베트맨(www.betman.co.kr)이 유일하고, 그 외의 모든 스포츠토토 사이트는 불법이다. 따라서 스포츠토토는 합법적인 서비스가 있기 때문에 불법을 표현할 때에는 불법이라는 용어를 사용하는 것이 타당하다.

2. 온라인도박과 불법스포츠토토의 등장과 심각성

온라인도박은 1995년 Gaming Club 등 몇몇 사이트에서 실제 돈은 걸지 않은 상태에서 온라인 카지노 서비스를 제공하면서 시작되었다.[2] 1996년 인터카지노(InterCasino)라는 회사가 카리브해의 작은 섬 국가인 안티구아(Antigua)에 실제 돈을 베팅하는 온라인 카지노 게임을 제공하면서 본격적으로 서비스하기 시작하였다.[3] 우리나라는 2000년에 미국의 카지노업체(casinotreasure.com)와

---

1 김교헌·권선중·김세진, 인터넷 도박의 과제와 쟁점, 한국건강심리학회, 한국심리학회지: 건강 15(2), 2010, 189면.
2 앞의 책, 2010, 188면.
3 Wood, R. T., & Williams, R. J. (2007). *Internet gambling: Past, present, and future.* In G. Smith, D. Hodgins, and R. J. Williams (Eds.), *Research and measurement issues in gambling studies*(pp. 491 – 515). San Diego, California: Elsever Publishing.

파트너십 계약을 맺고 이를 중개하는 도박사이트 14개를 운영한 조직이 검거되면서 알려지기 시작하였다.[4] 2001년에는 국내 스포츠 발전과 한·일 월드컵의 성공적인 개최를 위한 기금 조성 및 재원 마련을 위해 스포츠토토 발매를 시작했다.[5] 2006년에는 온라인도박과는 다소 상이한 사행게임인 '바다이야기'가 전국을 휩쓸어 사회문제를 낳았고, 2010년에 남아프리카공화국 월드컵과 관련된 스포츠토토 서비스가 순식간에 매진되면서 불법스포츠토토가 우후죽순으로 등장하였다. 그러다가 2011년에 전라북도 김제의 마늘밭에서 도박사이트 운영으로 인한 범죄수익금 110억원이 발견되면서 사회적으로 커다란 충격을 주었다.[6] 2010년대 중반부터는 신용카드나, 무통장입금 방식에 이어 암호화폐를 사용하기 시작하였고, 서버를 동남아시아에서 미국의 클라우드로 옮겨 안정적이고 빠른 서비스를 제공하였다. 최근에는 5분마다 짝·홀수를 맞추는 파워볼 도박이 급증하고, 다크웹에서도 온라인도박이 서비스되는 등 계속 진화하고 있다. 경찰청에서 2019년 상반기 동안 사이버도박 특별단속을 실시하여 총 4,876명을 검거하였는데, 불법스포츠토토가 2,803명(57.5%), 불법경마·경륜·경정이 375명(7.7%), 온라인카지노 166명(3%), 기타 1,532명(31.4%)으로 불법스포츠토토가 가장 심각한 것으로 나타났다.[7] 여기에서 기타는 사다리타기, 달팽이경주, 소셜그래프 게임 등 간단한 미니게임을 이용한 도박이나, 파워볼 등 유사 로또게임, 그리고 카드를 이용한 웹보드 게임을 말한다.[8] 도박행위자들은 고스톱, 포커처럼 장시간 고민해야 하는 게임보다는 단순히 스포츠게임의 승패를 맞추거나 더 나아가 짝·홀수만 맞추면 되는 불법게임을 선호하는 것으로 보인다.

이처럼 우리나라에서 온라인도박과 불법스포츠토토의 피해는 점점 커지고, 도박자금을 확보하거나 채무변제를 위해 제2의 범행을 하거나 자살을 시도

---

4 조병인, 사이버경찰에 관한 연구-사이버범죄의 규제를 중심으로, 한국형사정책연구원, 2000, 90-92면.

5 중앙일보(2011. 11. 28.), "[뉴스 클립] Special Knowledge 〈385〉 스포츠토토의 모든 것," https://news.joins.com/article/6764149 (2020. 8. 10. 최종확인).

6 연합뉴스(2011. 8. 10.), "〈뉴스 그후〉 유죄로 끝난 김제 마늘밭 뭉칫돈 사건," https://www.yna.co.kr/view/AKR20110810149900055 (2020. 8. 10. 최종확인).

7 노성훈·정대용 등, 폴리스트렌드 2020, 박영사, 2020, 73-92면.

8 앞의 책, 박영사, 2020, 73-92면.

하는 경우까지 발생하고 있다. 나아가 우리나라(사행산업통합감독위원회, 2018)는 도박중독 자가진단표(Canadian Problem Gambling Index, CPGI)[9]를 이용하여 도박중독 유병률을 측정한 결과 5.3%로 호주(Justice Liquor & Gambling NSW, 2017) 3.5%, 영국(The Gambling Commission, 2017) 2.5%에 비하여 높게 나타나고 있어 심각성을 더하고 있다.[10]

이하에서는 불법스포츠토토에 대한 수사방법과 절차를 살펴보고 국제공조수사가 어떻게 진행되는지 학습하고자 한다.

●●● 학습목표

1. 온라인도박과 불법스포츠토토의 개념을 이해하고, 구성요건을 설명할 수 있다.
2. 불법스포츠토토를 홍보하는 이메일 헤더를 분석하여 발신자 IP주소를 특정할 수 있다.
3. 용의자가 사용한 해외 IP주소의 명의자를 추적할 수 있다.
4. 구글에 대한 압수수색영장을 발부받아 가입자 정보와 가입 당시 IP주소를 제공받는 절차를 설명할 수 있다.

사례연구

1. 범죄사실

1) 피고인은 2018년 1월부터 2020년 12월까지 총 3년간 필리핀 마닐라에 소재한 첨단빌딩 21층에 불법스포츠토토 운영을 위한 서버를 구축하고, AA.com 등 200개의 도메인을 활용하여 야구, 축구, 농구 등 국내·외 각종 스포츠 경기의 승부에 베팅을 하게 하여 적중할 경우 미리 정해진 비율에 따라 환전을

---

9 도박중독 자가진단표 세부내용은 한국도박문제관리센터 홈페이지 참조, https://www.kcgp.or.kr/pp/gambleIntrcn/2/selfDgnss.do (2019. 12. 28. 최종확인).
10 사행산업통합감독위원회, 2018년 사행산업 관련통계, 2019. 6, 23-24면.

해주고, 적중하지 못할 경우 베팅금을 자신들이 취득하는 방법으로 영리를 목적으로 도박하는 공간을 개설하였다.

2) 피고인은 사이트 운영의 총책으로 회원과 대포통장을 모집하는 공소외 1, 프로그램 개발 및 서버 관리를 담당하는 공소외 2, 사이버머니 충전과 환전을 담당하는 공소외 3, 수익금 인출과 환치기 업자에게 자금세탁을 담당하는 공소외 4, 수익금으로 부동산을 구입하는 공소외 5와 함께 기능을 분담하여 순차적으로 공모하였다.

3) 이러한 방법으로 피고인은 1만 명의 유료회원을 모집하였고, 100개의 대포통장을 이용하여 총 30만 회에 걸쳐 100억원 상당의 도금을 입금받아 부당한 이익을 취한 것이다.

2. 수사과정

1) 수사관은 자신의 네이버 이메일 계정으로 불법스포츠토토 사이트(AA.com)에 가입할 것을 홍보하는 이메일을 받았다. 구글과 네이버에 AA.com 사이트를 검색해 보니 최소한 2018년 1월 이후부터 운영하였다는 사실을 확인하고 조직의 규모가 비교적 크고, 범죄수익이 상당할 것으로 보고 수사에 착수하였다.

2) 사이트의 동작 여부를 확인하기 위해 자신의 개인정보를 이용하여 계정을 만들고, 비밀번호, 환전 비밀번호, 휴대폰 번호, 도박자금 출금 은행계좌 등을 입력하였다. 사이트는 회원제로 운영되기 때문에 회원가입을 하지 않으면 증거를 확보하기 어려웠다. 수사관들은 자신의 이름, 휴대폰 번호, 은행계좌를 입력하는 것을 꺼려하지만 법률에서 잠입수사(undercover operation investigation)를 허용하지 않고, 다른 사람의 정보를 활용할 경우 「주민등록법」 등의 법률을 위반할 소지가 있어 어쩔 수 없이 자신의 정보를 이용할 수밖에 없다. 10분이 경과하자 운영자가 전화로 가입경로, 좋아하는 도박의 종류 등을 질문하여 진정한 회원인지를 확인하고 수익의 극대화를 위해 게임을 즐기는 성향을 확인한

후에 가입을 승인해 주었다.[11]

3) 도금으로 사용할 수 있는 사이버머니를 충전하기 위해 자신의 계좌에서 30만원을 도박계좌 111111 − 222222(○○은행)[12 · 13]로 송금하여 충전하였다. 이 때 수사관은 사이트 작동원리를 채증하기 위하여 자신의 컴퓨터에 화면 전체를 동영상으로 녹화할 수 있는 프로그램을 설치하여 웹사이트 전체 화면을 확보하였다.

4) 수사관은 이틀 동안 불법스포츠토토에 베팅을 하여 10만원의 수익을 거둔 다음 도금으로 입금한 30만원을 포함하여 40만원을 자신의 계좌로 출금하여 환전이 이루어지는 사실을 확인하였다.

그림 7 − 1 불법스포츠토토 회원가입 및 베팅 과정

#1 도박사이트 확인   #2 회원가입   #3 가입완료

#4 입금계좌 확인   #5 도금입금   #6 베팅

출처: 충북경찰청 사이버수사대

---

11 운영자들이 가입승인을 할 때 추천인을 확인하거나 운영자들 간에 공유된 블랙리스트를 활용하여 수사기관의 연락처, IP, 수사관의 이름 등을 체크하는 절차를 두기도 한다.

12 불법스포츠토토에서 도금을 받기 위해서는 대포통장을 사용한다. 운영자가 회원들에게 입금계좌를 알려 주고 회원들이 입금하면 해외에 있는 사무실에서 입금을 확인한 후에 사이버머니나 포인트를 적립해 준다. 운영자는 도금이 입금되는 순간 순차적으로 다른 계좌로 이체하여 자금세탁을 하고, 수사기관의 지급정지를 따돌린다. 수사기관은 해당 계좌에서 직후 계좌에 대한 명의자와 거래내용을 알기 위해서는 추가적인 압수수색영장을 발부받아야 하기 때문에 며칠이 소요되어 실시간으로 지급정지하기 어려운 측면이 있다.

13 최근에 금융기관에서 개인에 대한 통장을 엄격한 기준에 따라 개설하고 있어, 운영자들은 법인 명의의 대포통장을 구매하여 범죄에 활용하고 있다.

5) 수사관은 운영자가 kgb**@naver.com를 이용하여 발송한 불법스포츠토토 홍보 메일의 헤더를 분석하여 103.6.*.*에서 발송한 것을 확인하였다. 법원으로부터 「통신비밀보호법」에 근거하여 이메일에 대한 통신사실확인자료제공요청허가서를 발부받아 가입자 인적사항과 최근 접속한 IP기록을 확보하였다. 일부 IP가 홍보 메일의 헤더에서 나온 IP와 동일하다는 사실을 확인하였다.

그림 7-2 용의자가 발송한 불법스포츠토토 내용(예시)

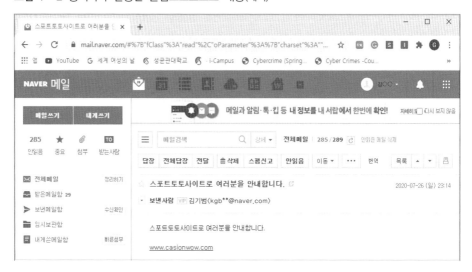

표 7-1 용의자가 발송한 불법스포츠토토 메일 헤더 분석결과(예시)

DKIM-Signature: v=1; a=rsa-sha256; c=relaxed/simple; d=naver.com; s=s20171208;
　　　t=1595772885; bh=IY+vL9SrH3+GTxvk5lcJnros8eV8EWg4KyQ+thpP4tc=;
　　　h=Message-ID:Date:From:To:Subject;
　　　b=RAI44G5qxY8i+/EPltaT6iDuIe0N4oVEI50zLNXzn/rIMe8i9H0ePoqfDCoWJVVyt
　　　VbOkcM2/mTz6h3Su2jfYql+X8rQ50gHbIu4I1VcjXQhOOYIz3fBMboWOI3o7I6Gy0m
　　　7BpgM0dozmK13kR1QD2ZKYRhHihDaQ19cE/A4cngT+4WvVHgpliCnyoTTecgmpuEwm
　　　/m1f9CujYdq2uXpR1Opa95oDAR47pR6rOt7LiKhnmnpaFSYVWPMzDv9QpKxUXXoA7h
　　　T8JAOpPN8ZJYCvoy0H2Itr55kxThB2tmUWNS1YwlYhTBI+EfdrqtpSMmCQ9qv07Mr6
　　　L79UjL+mfpYzg==
X-Session-ID: OsKXKAgZKAUmKqbwBqMZ7rRNMogZ7qE-KqbXKo2qaxKZat
MIME-Version: 1.0
Message-ID: <d28362c1505426dd27ff142647ff5f19@cweb015.nm.nfra.io>
Date: Sun, 26 Jul 2020 23:14:45 +0900

From: =?utf-8?B?6rmA6riw67KU?=〈kgb**@naver.com〉

Importance: normal

To: 〈kgb**@naver.com〉

Subject: =?utf-8?B?7Iqk7Y+s7Yq47Yag7Yag7IKs7J207Yq466GcIOyXrOufrOu2hOydhCDslYjrgrTtlanri4g=?=
    =?utf-8?B?64ukLg==?=

X-Originating-IP: 103.6.*.* ← 발송자 IP주소

Content-Type: multipart/alternative; boundary="-----Boundary-WM=_7fca967ff700.1595772885605"

6) 운영자가 사용하는 IP 103.6.*.*의 등록자를 특정하기 위하여 한국인터넷진흥원의 후이즈 서비스(www.krnic.or.kr)에 접속하여 필리핀의 통신회사에 할당된 사실을 확인하였다. 보다 정확히 확인하기 위해 아시아·태평양 인터넷주소자원 관리기구(APNIC)의 후이즈 서비스(http://wq.apnic.net/static/search. html)에 재차 조회하여 동일한 회사에 할당된 사실을 확인하였다. 수사관은 경찰청을 통해 필리핀 경찰청에 인터폴 전문을 발송하여 운영자에 대한 정보제공을 요청하였다.

그림 7-3 한국인터넷진흥원 후이즈 서비스 조회결과(예시)

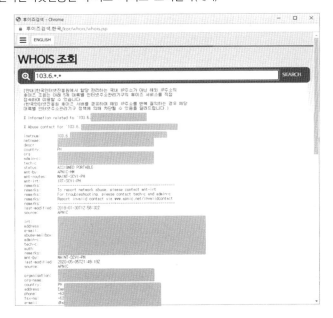

7) 네이버로부터 운영자의 이메일 주소인 kgb**@naver.com에 대한 가입자정보를 제공받은 결과 최초 회원가입할 때 이메일을 ×××××@gmail.com으로 기재한 사실을 확인하였다. 구글 본사에 해당 이메일에 대한 가입자정보와 가입 당시와 최근 접속한 IP주소를 확인하기 위해 법원에 압수·수색영장을 신청하였다. 압수할 장소에 "Google Inc. 1600 Amphitheatre Parkway Mountain View, CA 94043, USA"를 기재하였고, 압수물건에는 가입자 정보 일체, 가입 당시의 접속 IP주소, 최근 3개월에 해당하는 기간과 그때 접속한 IP주소를 기재하였다. 법원으로부터 압수·수색영장을 발부받아 스캔한 다음 구글 법집행기관 전용 이메일로 자료요청을 하고, 2주일 후에 가입 당시의 IP주소가 210.*.*.*이라는 결과를 회신받았다. 해당 IP주소를 한국인터넷진흥원의 후이즈 서비스에 조회한 결과 서울 종로구 명륜동 소재 와따빌라로 확인되었다.

8) 운영자가 도금을 받기 위해 사용한 도박계좌 111111 – 2222222 (○○은행)에 대하여 압수·수색영장을 신청하였다. 영장을 발부받아 스캔한 후에 이메일로 ○○은행에 송부하여 가입자 정보와 거래내용을 확인하였다. 이때 가입자는 자신이 대출을 받기 위해 사채업자에게 계좌정보를 제공하였는데 그 정보가 어떻게 그들에게 넘어갔는지 모르겠다고 답변하였다. 하지만 수사관이 계속 추궁하자 50만원을 받고 불상자에게 계좌를 개설하여 통장과 비밀번호 그리고 보안카드를 넘겨주었다고 진술하여 「전자금융거래법」 위반으로 입건하였다.

9) 도박계좌를 분석한 결과 2018. 1. 1.부터 2018. 3. 30.까지 약 3개월 사용되었고, 총 100명으로부터 10억원이 입금된 사실을 확인하였다. 이어 해당 계좌에서 자금세탁을 위해서 송금한 또 다른 계좌를 확보하기 위해 직후 계좌에 대한 압수수색영장을 신청하여 범죄수익의 흐름을 계속 추적하였다. 이어 금융계좌 개설지점에 공문을 발송하여 부정계좌등록을 요청하여 더 이상 사용할 수 없도록 조치하였다.

10) 수사관은 서울 종로구 명륜동 소재 와따빌라를 대상으로 법원으로부터 주거지에 대한 압수수색영장을 발부받아 집행하였다. 당시 운영자는 필리핀에 있는 서버에 접속하고 있었다. 수사관은 관리자 권한으로 데이터베이스에 접속

하여 유료회원이 1만 명에 이르고, 대포통장을 100개 사용한 것을 확인하였다. 운영자는 대포통장을 이용하여 총 30만 회에 걸쳐 100억원 상당의 도금을 입금받았다. 사이트 관리에 사용한 노트북 1대와 운영자의 스마트폰 1대를 현장에서 압수하여 봉인하였고, 주거지에서 현금 10억원과 빌라 주차장에 세워둔 람보르기니 차량 2대를 압수하였다. 현장에서 운영자는 체포영장에 근거하여 미란다 원칙을 고지하여 체포하였다.

11) 경찰서에서 노트북에 저장된 엑셀파일을 분석하여 운영자가 만들어 놓은 사이트의 운영방침, 공범자들의 역할과 수익배분표를 확보하였다. 운영조직은 회원 모집, 대포통장 모집, 프로그램 개발 및 시스템 관리, 사이버머니 충전과 환전, 도금 인출과 환치기 등으로 구분되어 있었고, 수익금은 총책인 운영자가 50%를, 나머지 공범자 5명이 각 10%씩 갖는 것으로 확인되었다.

12) 수사관은 운영자를 집중적으로 신문하여 공범 5명의 인적사항을 확인하여 체포영장을 발부받았으나 운영자에 대한 구속 만기일(수사기관에서 10일)이 도래하여 먼저 검찰에 송치하였다. 이후 계속하여 공범자 5명을 순차석으로 검거하였다.

3. 형사법제

1) 온라인도박

형법은 도박을 한 사람에 대해서 1천만원 이하의 벌금에 처하고 일시 오락의 경우에는 처벌하지 않는다(제246조 제1항). 도박은 "참여한 당사자가 재물을 걸고 우연한 승부에 의하여 재물의 득실을 다투는 것"을 말하고,[14] 일시오락은 위법성 조각사유로 시간장소, 사회적 지위 및 재산 정도, 재물의 근소성, 도박 경위 등을 종합적·구체적으로 판단해야 한다.[15] 상습적으로 도박한 경우에는 3년 이하의 징역 또는 2천만원 이하의 벌금에 처한다(제246조 제2항). 영리 목적으로 도박

---

[14] 대법원 2002. 4. 12. 선고 2001도5802 판결.
[15] 대법원 1985. 11. 12. 선고 85도2096 판결.

을 하는 장소나 공간을 개설하는 경우에는 도박개장으로 5년 이하 징역 또는 3천만원 이하 벌금에 처한다(제247조).

　도박은 대가성과 우연성이 있어야 하고 여기에 보상(환급)이 따라야 한다. 대가성에는 이용료, 판돈, 입장료 등 재물 또는 재산상의 이익에 해당하는 것을 지불하는 행위를 말한다. 우연성은 당사자가 확실히 예견하거나 자유로이 지배할 수 없는 사실에 관하여 승패가 결정되어야 한다는 것을 의미한다. 대법원은 다소라도 우연성이 있으면 이를 인정하고 있고, 실제 내기골프에 대해서도 우연성을 인정하였다.[16] 또한 금전, 경품 등 재물이나 재산상 이익을 제공하거나 손실을 입도록 하는 행위가 있어야 도박이 성립한다. 도박개장죄와 관련하여 대법원은 '인터넷 고스톱 대회' 사건에서 영리 목적에 대해 불법한 재산상의 이익을 얻으려는 의사로 보아 도박개장을 통하여 간접적으로 얻게 될 이익을 포함하고, 현실적으로 이익을 얻었을 것을 요하지 않는다고 판시하였다.[17] 또한 대법원은 프로그램을 설치한 후 영업을 중단한 사건에서 피고인이 가맹점을 모집하여 인터넷 도박게임이 가능하도록 시설 등을 설치하고 도박게임 프로그램 가동 중 문제가 발생하여 영업하지 못한 경우에도 기수에 이른다고 판단하였다.[18] 나아가 사이트 운영자가 회원들로 하여금 온라인에서 현금화할 수 있는 게임코인을 걸고 속칭 고스톱, 포커 등을 하도록 하고, 수수료 명목으로 일정액을 취한 경우에도 도박개장죄를 인정하였다.[19]

　이렇게 볼 때 온라인게임 회사가 고스톱, 포커 등 웹보드 게임 서비스를 제공하는 경우 도박 또는 도박개장죄로 처벌할 수 있는지가 논란이 된다. 우선 이용료와 판돈을 지불하기 때문에 대가성은 인정된다. 고스톱, 포커는 게임결과가 운에 의해 어느 정도 지배된다고 보여지기 때문에 우연성도 넉넉히 인정된다. 하지만 게임회사가 게임으로 얻은 사이버머니나 게임포인트를 직접 재물이나 재산상의 이익으로 환전해 주지 않기 때문에 환급성은 인정할 수 없다.[20] 게임전용포인트가 아닌 환전가능포인트라면 보상에 해당하겠지만

16 대법원 2008. 10. 23. 선고 2006도736 판결.
17 대법원 2002. 4. 12. 선고 2001도5802 판결.
18 대법원 2009. 12. 10. 선고 2008도5282 판결.
19 대법원 2008. 9. 11. 선고 2008도1667 판결.
20 황성기, 온라인 웹보드게임의 사행성 규제의 헌법적 한계-도박과 게임의 개념본질적 구분을 중심으로-, 경제규제와 법

게임회사가 지불하는 경우가 거의 없기 때문에 도박 또는 도박개장죄로 처벌하기 어려울 것이다.

2) 국민체육진흥법

「국민체육진흥법」은 "서울올림픽기념국민체육진흥공단과 수탁사업자가 아닌 자는 체육진흥투표권 또는 이와 비슷한 것을 발행(정보통신망에 의한 발행을 포함한다)하여 결과를 적중시킨 자에게 재물이나 재산상의 이익을 제공하는 행위(이하 "유사행위"라 한다)"를 금지하고(제26조 제1항), 이를 위반한 경우 7년 이하 징역 또는 7,000만원 이하의 벌금에 처하도록 규정하고 있다(제47조 제2호). 불법스포츠토토 시스템 및 온라인사이트 설계, 제작, 유통하는 행위에 대해서는 5년 이하 징역 또는 5,000만원 이하의 벌금에 처하고(제48조), 불법스포츠토토 운영을 위해 운동경기 정보를 제공하는 행위, 불법스포츠토토를 홍보, 구매 중개·알선에 대해서는 3년 이하 징역 또는 3천만원 이하의 벌금에 처하도록 하였다(제49조). 마지막으로 불법스포츠토토를 이용하여 도박하는 자는 5년 이하의 징역 또는 5천만원 이하의 벌금에 처하고 있다(제48조).

이렇게 볼 때, 온라인도박보다 불법스포츠토토가 법정형이 훨씬 높다. 온라인도박은 크게 도박, 상습도박, 도박개장으로 처벌하고 있으나 불법스포츠토토는 사이트 설계, 제작, 유통을 비롯하여 불법스포츠 도박 운영을 위해 운동경기 관련 정보를 제공하는 행위, 불법스포츠 도박을 홍보하거나 구매를 중개 알선하는 행위 등 폭넓게 처벌하고 있다. 마지막으로 온라인도박은 위법성 조각사유를 두고 있으나 불법스포츠토토는 이러한 규정을 두고 있지 않다.

4(2), 2011, 41-59면 참조.

그림 7 - 4 온라인도박 및 불법스포츠토토 등 불법행위 유형

4. 네트워크 추적과 국제공조수사

1) IP·도메인 주소 추적

IP주소는 네트워크에 연결되어 있는 컴퓨터 등의 기기를 식별하기 위한 고유주소를 의미한다. IP주소는 32bit로서 10진수의 4개 단위로 0.0.0.0~255.255.255.255까지 총 232개가 존재한다. 전 세계의 IP는 국제인터넷주소자원 관리기구(Internet Corporation for Assigned Names and Numbers, ICANN)에서 총괄하고, 여기에서 대륙별 인터넷주소자원 관리기관(Regional Internet Registry, RIR)인 ① APNIC(아시아/태평양), ② ARIN(북미), ③ RIPE(유럽/중동), ④ LACNIC (남미), ⑤ AfriNIC(아프리카)에 할당한다. 대륙별 인터넷주소자원 관리기관(RIR)은 다시 국가 인터넷주소자원 관리기관(NIR) 또는 ISP에 IP주소를 배정한다.

그림 7 - 5 IP 주소의 형태(예시)

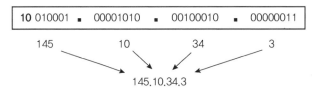

우리나라는 한국인터넷진흥원(KRNIC)이 인터넷주소자원 관리기관(NIR)을 담당하면서 아시아·태평양 인터넷주소자원 관리기관(APNIC)으로부터 IP주소를 할당받아 인터넷접속서비스제공자(ISP) 또는 독자적인 네트워크를 운영하는 일

반기관(독립사용자) 등에게 할당한다. 국제 인터넷주소자원 관리기구(ICANN), 대륙별 인터넷주소자원 관리기관(RIR), 그리고 국가 인터넷주소자원 관리기관(NIR, 한국인터넷진흥원)에서는 IP주소와 동일한 방식으로 도메인 주소도 관리하고 있다. 다만 한국인터넷진흥원은 (주)가비아, (주)다우기술, (주)블루웹 등 도메인등록 대행자를 지정하여 도메인등록 업무를 처리하고 있다. 수사관이 도메인 등록자를 확인하기 위해서는 한국인터넷진흥원의 후이즈 서비스를 이용하여 등록대행자를 식별한 다음에 해당 기업에 「통신비밀보호법」과 「전기통신사업법」 등에 정해진 절차에 따라서 관련 정보를 요구하여야 한다.

표 7-2 대륙별 인터넷주소자원 관리기관(NIR) 현황 및 IP조회 주소

구분	사이트 명칭	IP조회(Whois 서비스)
아시아·태평양	www.apnic.net	http://wq.apnic.net/apnic-bin/whois.pl
북미	www.arin.net	https://www.arin.net
유럽	www.ripe.net	https://apps.db.ripe.net/search/query.html
남미	www.lacnic.net	https://lacnic.net/cgi-bin/lacnic.whois?lg=EN
아프리카	www.afrinic.net	http://www.afrinic.net

그림 7-6 국제 인터넷주소자원 관리체계

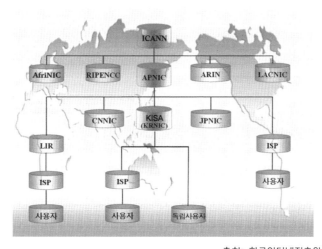

출처: 한국인터넷진흥원(KISA) 홈페이지

2) 국제공조수사

국제공조수사는 전통적으로 공식협력(formal cooperation)과 비공식협력(information cooperation)으로 분류하였는데, 공식협력에는 형사사법공조(Mutual Legal Assistance, MLA)와 범죄인 인도(extradition)가 있고, 비공식협력에는 인터폴 공조와 국외도 피사범송환이 있었다.[21] 그런데 다양한 국제기구와 협의체가 등장하고, 구글, 은행, 암호화폐 거래소 등이 중요해짐에 따라 국제공조수사의 방법이 다양해지고 있다. 2013년에 유엔 마약 및 범죄연구소(UNODC)에서 조사한 역외 증거의 획득수단을 보면 형사사법공조 73%, 경찰협력 9%, 민간협력(ISP) 8%, 24/7 네트워크 협력 6%, 기타 4% 등으로 나타났다.[22] 하지만, 지금은 구글, 페이스북, 금융·신용카드사, 암호화폐 거래소 등에 대한 경찰협력, 민간협력이 대폭 증가하고 있다. 이렇게 보면 국제공조수사는 공식협력의 경우는 종전과 동일하지만, 비공식협력의 경우는 인터폴 공조에서 수사기관 공조, 국제기구 공조, 민간기업 공조로 유형을 재편성할 필요가 있다.[23]

표 7-3 국제공조수사 방식 재분류

구분	전통적 분류	새로운 분류
공식협력 (Formal Cooperation)	• 형사사법공조 • 범죄인인도	• 형사사법공조 • 범죄인인도
비공식협력 (Informal Cooperation)	• 인터폴 공조 • 국외도피사범 송환	• 수사기관 공조(경찰 간, 검찰 간) • 국제기구 공조(인터폴, 유포폴 등) • 민간기업 공조(구글, 애플 등) • 국외도피사범 송환

수사기관은 경찰청의 인터폴을 통하여 전 세계 194개국에 국제공조수사요청을 위한 전문을 발송할 수 있고, 인터폴에서 운영하는 사이버수사 24/7 네트워크를 활용할 수 있다. 인터폴은 전 세계 대부분의 국가가 회원국으로 참여하

---

21 경찰청, 국제공조수사매뉴얼, 2012(일부 수정·보완).

22 UNODC, "Comprehensive Study on Cybercrime(Draft)," 2013, 201면.

23 전현욱·김기범 등, 사이버범죄의 수사효율성 강화를 위한 법제 개선방안 연구, 경제·인문사회연구회, 2015, 148면(일부 수정한 것임).

고 있다는 점에서 강점이 있지만, 금융거래정보나 전자우편 내용은 공조요청할 수 없다는 한계가 있다. 또한 수사기관은 페이스북, 구글 등 ISP에게 가입자정보, 접속 IP주소 등을 요청할 수 있다. ISP는 전 세계의 법집행기관의 요청에 대응하기 위해 전용사이트를 개설하거나 팩스나 이메일을 공개하여 정보제공 요청을 접수하고 있다.[24] 이때 수사기관은 법원으로부터 압수·수색영장을 발부받아 회사들에게 제시해야 한다. 즉, 구글의 경우 수사기관은 가입자 정보, 등록 당시 및 최근 접속 IP주소를 확보하기 위해 법원으로부터 압수수색영장을 발부받아야 한다. 이때 구글의 요청에 의해 영장을 신청할 경우에는 압수할 장소에 "Google Inc. 1600 Amphitheatre Parkway Mountain View, CA 94043, USA"를 기재하고, 영장을 발부받은 다음에 영장사본과 수사관 신분증을 구글 법집행기관 전용 이메일로 전송한다. 구글은 해당 IP주소가 우리나라의 것이 아니거나 수사 중인 사건의 죄명이 미국에서 불법을 구성하지 않을 경우 해당 정보를 회신하지 않는다. 다만 이러한 방법으로는 구글 계정에 있는 이메일 내용은 정보제공을 요청할 수 없고, 이를 위해서는 공식협력인 형사사법공조절차 (MLA)를 활용해야 한다.

또한, 수사기관은 이메일 해킹 무역사기(BEC), 피싱·파밍 사건이 발생한 경우에는 해당국 경찰이나 금융기관의 협조를 얻어 금융계좌에 대한 지급정지를 요청할 수 있다. 실제 경찰청에서 2015년에 중소기업을 대상으로 한 나이지리아 무역사기 사건에서 피해금이 해외 은행으로 이체되자 홍콩경찰과 홍콩은행에 협조를 요청하여 은행계좌를 동결시키고 피해금을 환수하기도 하였다.[25] 하지만 일반적인 경우는 아니다.

3) 범죄단체조직죄 적용

국회는 2013년에 형법상 범죄단체조직죄(제114조)를 "사형, 무기 또는 장기 4년 이상의 징역에 해당하는 범죄를 목적으로 하는 단체 또는 집단을 조직하

---

[24] 전현욱·탁희성 등, 사이버범죄의 수사효율성 강화를 위한 법제 개선방안 연구, 경제·인문사회연구회 미래사회 협동연구총서 15-17-01, 2015, 147면.

[25] 김대근·임석순·강상욱·김기범, 신종금융사기범죄의 실태 분석과 형사정책적 대응방안 연구-기술적 수단을 사용한 사이버 금융사기를 중심으로-, 경제·인문사회연구회 협동연구 총서 16-45-01, 한국형사정책연구원, 120면.

거나 이에 가입 또는 그 구성원으로 활동한 사람은 그 목적한 죄에 정한 형으로 처벌"하도록 개정하였다. 구법의 범죄단체조직죄는 "범죄를 목적으로 하는 단체"라고만 규정되어 있어 법정형의 제한없이 범죄를 목적으로 단체를 조직하기만 하면 구성요건에 해당하게 되어 처벌범위가 넓고, 범죄단체에 이르지 못한 범죄집단을 처벌하지 못한 문제가 있었는데 이를 해소하였다. 또한 국제연합국제조직범죄방지협약(UNTOC)도 법정형이 장기 4년 이상인 범죄를 목적으로 하는 단체를 조직하는 행위 등을 범죄화하도록 규정하고 있어 협약에 대한 입법의무를 이행하기 위해 법률을 개정하였다.[26]

이에 따라 형법상 도박개장은 법정형을 "5년 이하의 징역 또는 3천만원 이하의 벌금"으로 상향[27]하여 형법상 범죄단체조직죄와 국제연합국제조직범죄방지협약(UNTOC)의 대상범죄가 되었다. 그래서 지금은 온라인도박, 불법스포츠토토, 보이스피싱, 아동성착취물 제작·배포 등의 불법행위에 대하여 범죄단체조직죄를 적극적으로 적용하고 있다. 실제 2016년 대구지법에서 온라인도박 운영자 등에 대해서 범죄단체조직죄를 처음으로 적용하였다.[28] 온라인도박이나 불법스포츠토토에 대해 범죄단체조직죄를 인정한 대법원 판결은 없지만 보이스피싱에 대한 범죄단체조직죄는 존재한다. 대법원은 "보이스피싱 조직은 보이스피싱이라는 사기범죄를 목적으로 구성된 다수인의 계속적인 결합체로서 총책을 중심으로 간부급 조직원들과 상담원들, 현금인출책 등으로 구성되어 내부의 위계질서가 유지되고 조직원의 역할 분담이 이루어지는 최소한의 통솔체계를 갖춘 형법상의 범죄단체에 해당하고, 보이스피싱 조직의 업무를 수행한 피고인들에게 범죄단체 가입 및 활동에 대한 고의가 인정되며, 피고인들의 보이스피싱 조직에 의한 사기범죄 행위가 범죄단체 활동에 해당한다."며 원심판단을 수긍하였다.[29] 따라서 온라인도박이나 불법스포츠토토 역시 이와 같은 조건에 해당한다면 범죄단체조직죄를 충분히 적용할 수 있을 것이다.

---

26 국회 홈페이지, 형법[시행 2013. 4. 5] [법률 제11731호, 2013. 4. 5. 일부개정] 제·개정이유서 참조.
27 전지연, 사이버도박의 형사법적 대응에 관한 연구, 원광법학, 제35권 제2호, 원광대학교 법학연구소, 2019, 80면.
28 연합뉴스(2016. 1. 14. 보도), "도박사이트 운영 단순 가담해도 범죄단체 가입죄 첫 판결," https://www.yna.co.kr/view/AKR20160114167000053 (2020. 8. 10. 최종확인).
29 대법원 2017. 10. 26. 선고 2017도8600 판결.

토론거리

1. 범죄학적 관점

    (1) 온라인도박에 대하여 불법으로 규정하여 통제하는 것이 타당한지, 아니면 합법
    화하여 치료·관리하는 것이 타당한지에 대하여 자신의 견해를 제시하시오.

    (2) 미국 등 일부 국가는 세수를 확보하기 위하여 온라인도박을 제한적으로 합법화
    하는 경우가 있고, 우리나라도 정부가 합법적으로 스포츠토토 사이트를 운영하
    고 있다. 온라인도박의 비범죄화에 대한 자신의 견해를 제시하시오.

2. 수사전략

    (1) 운영자 외에 다른 공범들을 어떠한 순서와 방법으로 검거할 것인지 수사전략을
    설계하고, 해당 전략의 문제점과 이를 극복하기 위한 방법을 제시하시오.

    (2) 운영자와 공범들을 형법 제114조에서 규정하고 있는 범죄단체조직죄로 처벌하
    기 위해서는 어떠한 요건을 구증해야 하고, 이때 필요한 증거를 어떻게 확보할
    것인지 설명하시오.

    (3) 운영자를 구속해야 할 필요성을 기술하시오.

    (4) 수사관은 운영자가 도금을 송금받기 위해서 사용하는 도박계좌를 언제 지급정
    지하는 것이 타당한지 설명하시오. 최초로 확보하자마자 할 것인지, 금융기관을
    압수수색한 다음에 할 것인지, 아니면 용의자를 검거하기 직전에 할 것인지에
    대해서 장·단점을 비교하여 설명하시오.

3. 형사법적 쟁점

    (1) 온라인도박과 불법스포츠토토 사이트의 형사처벌 규정을 비교하면서 구성요건,
    법정형 등의 차이점과 그에 대한 문제점을 설명하시오.

    (2) 수사관은 사이트가 정상적으로 작동하는지 확인하기 위해 회원가입, 송금, 도박
    이용, 환급 등의 과정을 직접 실행하고 채증하는 것이 불가피하다. 수사관이 불
    법스포츠토토의 용의자를 검거하는데 허용할 수 있는 함정수사 또는 잠입수사
    의 범위와 한계에 대해서 토론하시오.

    (3) 수사기관이 법원으로부터 구글을 대상으로 가입자 정보와 등록 당시 IP정보를
    획득하기 위해 압수·수색영장을 신청할 때 집행장소를 구글의 미국 현지 주소
    를 기재하고, 영장을 스캔하여 구글에 이메일로 송부하여 결과를 통보받는 등

일반적인 압수수색과 다소 상이한 절차를 따르고 있다. 이러한 압수수색 방법은 형사소송법의 규정에 비추어 볼 때 적법하다고 볼 수 있는지에 대하여 토론하시오.

제8장

스마트폰을 이용한 신체 불법촬영 범죄와 비트코인 추적

최근 우리사회에 몰래카메라를 이용하여 불법촬영하는 범죄가 증가하면서 불안이 커지고 있다. 지하철에서 계단을 올라가는 피해자의 치마 속을 촬영하거나 화장실이나 숙박업소에 몰래 카메라를 설치하여 촬영하는 범죄가 빈발하고 있다. IP 카메라의 취약점을 찾아서 해킹한 다음 집이나 사무실의 내부를 훔쳐보는 사건도 발생하고 있다. 여기에서 멈추지 않고, 촬영물과 복제물을 제3자에게 실시간으로 전달하거나 텔레그램 등 특정 애플리케이션(Application)에서 공유하면서 금전적 이익을 취하는 경우도 있다. 피해자에게 금전을 제공하겠다고 유인하여 나체를 촬영하여 전달하게 하고, 이러한 영상을 협박수단으로 삼아 추가적인 나체 사진이나 성행위 장면을 촬영해서 제공할 것을 요구하는 성착취 범죄까지 등장하였다. 우리 사회에 커다란 충격을 안겨 준 웰컴투 비디오(W2V) 사건이나 텔레그램 N번방 사건이 대표적인 사례라고 할 것이다. 정부는 이러한 범죄가 심각하다고 판단하고, 「아동·청소년의 성보호에 관한 법률」(이하 "청소년성보호법")등을 개정하여 아동·청소년이용음란물을 아동·청소년성착취물로 변경하고, 아동·청소년성착취물 범죄의 법정형을 상향함과 동시에 광고·구입·시청 행위에 대한 처벌규정을 신설하였다.

본 장에서는 신체 불법촬영 범죄에 대한 수사절차와 방법을 살펴보고, 스마트폰에서 증거를 확보하는 과정을 학습하고자 한다. 비트코인을 이용하여 불법촬영물을 거래하는 경우 추적방법도 살펴보고자 한다. 스마트폰에는 통화기록과 연락처, 웹사이트 검색기록, 촬영·녹음한 사진·음성·영상, 카카오톡·페이스북 대화내용, 이메일, 택시·버스·네비게이션 이용기록, 신용카드 결제내역, GPS 위치정보 등 다양한 정보가 저장되어 있다.[1] 한 사람에 대한 수많은 정보가 집적되어 있어 프라이버시 측면에서 유체물과 달리 접근해야 할 필요도 있다.[2] 따라서 스마트폰 압수·수색은 엄격한 통제가 필요하고 형사사법 측면에서 중요한 의미를 갖는다.

---

1 김한균·김기범 등, 첨단 과학수사 정책 및 포렌식 기법 종합발전방안 연구(II), 한국형사정책연구원, 2020, 454면.
2 앞의 책.

1. 정보통신망법, 청소년성보호법, 성폭력처벌법에 규정되어 있는 음란물, 불법 촬영물 또는 복제물, 아동·청소년성착취물에 대한 개념을 구분할 수 있다.
2. 스마트폰에 대한 디지털포렌식 절차를 이해하고 무결성 입증을 위한 기술적 조치를 설명할 수 있다.
3. 비트코인의 구동원리를 이해하고, 거래내역을 분석하여 명의자를 추적하는 수사절차를 이해할 수 있다.

사례연구

1. 범죄사실

1) 피의자 김모 씨

(1) 2020. 8. 10. 07:31경 서울 마포구 소재 애오개 지하철역의 에스컬레이터에서 스마트폰 카메라를 이용하여 피해 여성인 김모 씨(30세)가 계단을 올라가자 치마 속을 촬영한 것을 비롯하여 2020. 6. 11.부터 검거된 2020. 8. 10.까지 2개월 동안 20회에 걸쳐 성적 수치심을 유발할 수 있는 여성의 신체를 그 의사에 반하여 촬영하였다.

(2) 2020. 8. 1. 22:00경 서울 마포구 소재 주거지에서 카카오톡을 이용하여 불법촬영물 10장을 자신의 친구인 피의자 박모 씨(40세)에게 전송하고, 그 대가로 0.01BTC(약 10만원)을 자신의 비트코인 주소(1A1zaaeP5QGefi2DMPTfTL5SLmv7DivfNb)로 송금받는 방법으로 판매하였다.

2) 피의자 박모 씨

(1) 위 1)항(2)와 동일한 시간에 서울 서초구 소재 자신의 주거지에서 카카오톡을 이용하여 친구인 피의자 김모 씨(40세)로부터 불법촬영물 10장

을 구매하고 그 대가로 자신의 비트코인 주소(2B1zaaeP5QGefi2DMP TfTL5 SLmv7DivfNb)에서 0.01BTC(약 10만원)을 송금하여 구매하였다.

(2) 위 1)항(2)의 시간부터 2020. 8. 11. 검거될 때까지 불법촬영물인 사실을 알고도 자신의 스마트폰에 저장하여 소지·시청하였다.

2. 수사과정

1) 서울경찰청은 2020년 ×월에만 지하철에서 여성을 상대로 한 불법촬영 사건이 50건 발생하였다. 전월인 ○월의 발생건수 25건에 비하여 2배 증가하였고, 작년 동기간에 발생한 30건에 비해서도 20건이나 많은 수준이다. 서울경찰청장은 여름철에 지하철 불법촬영 범죄가 심각하다고 판단하고, 지하철수사대에 △월 한 달 동안 특별단속을 실시할 것을 지시하였다.

2) 지하철수사대 소속 수사관은 ×월 한 달 동안 발생한 50개의 사건을 분석한 결과 주로 아침시간에 발생하였고, 지하철 2호선 A역, 5호선 B역, 3호선 C역에서 많이 발생하였다는 사실을 확인한 후에 해당 지하철역 승강장 및 게이트 앞에서 비노출 형태로 잠복근무를 시작하였다.

3) 하지만 아침 출퇴근 시간에는 유동인구가 많고 바쁘게 움직이기 때문에 스마트폰으로 촬영하는 소리를 인식하기 어렵고 범죄자를 식별하기도 어려웠다. 용의자들이 스마트폰에 무음 촬영 애플리케이션을 설치하여 촬영하면 소리조차 들리지 않아 적발하기가 쉽지 않았다. 용의자를 적발해도 대중이 운집한 상태여서 체포가 쉽지 않고, 피해자들도 수치심이나 당혹감으로 인하여 신고하지 않거나 형사처벌을 원치 않는 경우도 있어 단속에 어려움이 있었다.

4) 잠복 10일째인 2020. 8. 20. 10:14경 지하철 5호선 애오개역 승강장을 순찰하던 중 검정 재킷, 검정 바지, 흰색 운동화를 착용한 40대 남성이 짧은 치마를 입고 에스컬레이터를 올라가는 여성을 따라가면서 치마 속으로 스마트폰을 넣어 촬영하는 모습을 목격하였다. 수사관은 재빨리 동료 수사관을 호출한 다음에 용의자를 불러 세운 뒤 신분증을 제시하고, 검문의 이유를 밝힌 다음 스마트폰으로 여성의 신체를 촬영한 사실이 있는지 추궁하였다. 용의자는

그러한 사실이 없다고 거칠게 반발하였다.

5) 수사관은 동료 수사관에서 애오개역에 설치되어 있는 CCTV를 분석하여 용의자가 지하철역에 처음 진입한 시간대부터 동선을 확인해 줄 것을 요청하였다. 동료 수사관은 CCTV 관제실에 들어가서 08:30에 용의자가 지하철역에 들어왔고, 09:30경에 한 명의 여성의 뒤를 따라가면서 스마트폰으로 치마 속을 촬영한 것으로 의심되는 영상을 확보하였다. 동료 수사관은 지하철역 관계자의 협조 하에 범죄사실과 관련이 있는 09:25～09:50 사이의 영상을 분리하여 바탕화면에 복사한 후에 수사관이 소지하고 있는 USB로 복사하는 방법으로 임의로 제출받아 압수하였다.

6) 동료 수사관은 인터넷에서 해시값 산출 프로그램을 다운받아서 CCTV 시스템 바탕화면에 저장되어 있는 동영상에 대한 해시값을 계산하고, USB에 있는 똑같은 동영상에 대한 해시값을 산출한 다음에 양자가 동일하다는 사실을 확인하였다. 이러한 사실을 전자정보 확인서에 기재하고, 지하철역 관계자에게 보여 준 후에 서명을 요청하여 문서를 완성하였다.

7) 수사관은 지하철역 플랫폼에서 선 상태로 20분간 추궁하였는 데도 범행을 부인하여 범인이 맞는지에 대해 확신이 없어졌다. 그러던 중 동료 수사관이 CCTV를 통해서 다른 불법촬영 증거를 발견하였다고 알려 와 용의자가 범인일 가능성이 높다고 확신하게 되었다. 수사관은 용의자에게 스마트폰(삼성 갤럭시)에 대한 임의제출을 요구하였으나 용의자는 법원의 압수·수색영장을 가져와야만 제출할 수 있다며 거부하였다. 이에 수사관은 계속 거부할 경우에 현행범으로 체포하여 스마트폰을 압수할 것이라고 압박하였다.

8) 용의자는 수사관에게 스마트폰을 임의제출하였다. 그런데 스마트폰에는 패턴 비밀번호가 설정되어 있어서 내부를 열람할 수 없었다. 용의자에게 패턴 비밀번호를 해제해 줄 것을 요구하였으나 계속 거부하였다. 어쩔수 없이 수사관이 무작위적으로 'V'를 입력하였으나 실패하였고, 이어 'Z'를 입력하여 패턴 비밀번호를 해제하는데 성공하였다.

9) 수사관은 스마트폰의 사진 폴더를 클릭하여 불법촬영 사진을 찾았으나

발견하지 못했고, 지운 사진함에도 없었다. 스마트폰에 설치된 다른 앱을 살펴보던 중 무음 촬영 애플리케이션이 설치되어 있는 사실을 알고 클릭하였으나 비밀번호가 설정되어 있어 확인할 수 없었다. 용의자는 비밀번호 진술을 거부하면서 그곳에는 아무런 사진이 없다고 변명하다가 계속된 추궁에 비밀번호를 진술하였고, 해당 폴더에 불법 촬영물 20장이 저장되어 있는 것을 확인하였다. 수사관은 용의자를 성폭력처벌법위반(카메라등이용촬영죄)의 혐의가 있다고 보아 현행범으로 체포하였고, 현행범 체포와 함께 스마트폰도 영장 없이 압수하여 지하철수사대 사무실로 압송하였다.

10) 지하철수사대에서는 모바일포렌식에 대한 전문장비가 없어 분석에 애로가 많았다. 스마트폰의 앱 폴더에 있는 사진을 수사관의 이메일로 전송하여 컴퓨터에 저장한 다음에 사진 전체를 출력하였다. 캠코더를 이용하여 스마트폰에서 수사관의 이메일로 전송하는 과정과 출력하는 과정까지 모두 촬영하였다. 불법촬영물 20장은 USB에 복사하여 증거로 압수하고, 컴퓨터에 저장되어 있는 파일과 USB에 있는 파일의 해시값을 계산한 다음에 동일하다는 사실을 확인하고 전자정보 확인서를 징구하였다.

11) 용의자가 불법촬영물을 제3자에게 전송했을 가능성이 있어 카카오톡을 수색하였다. 그 결과 2020. 8. 1. 22:00경 자신의 친구인 박모 씨(40세)에게 10장을 전송한 사실을 발견하였다. 용의자는 자신의 비트코인 주소(1A1zaaeP5QGefi2DMPTfTL5SLmv7DivfNb)를 알려 주면서 0.01BTC(10만원)을 송금할 것을 요구하였고, 박모 씨는 즉시 송금하였다는 내용을 카카오톡에 남겼다. 수사관은 카카오톡 대화내용을 수사관의 이메일로 내보내기한 다음 이메일에서 관련 파일을 다운받아 범죄사실과 관련된 부분만 출력하여 증거로 확보하고, 나머지는 삭제하였다.

12) 용의자에게 암호화폐 거래소에 접속하여 자신의 비트코인 주소에 있는 0.01BTC(약 10만원)을 수사기관의 비트코인 주소(3C1zaaeP5QGefi2DMPTfTL 5SLmv 7DivfNb)로 이체하도록 요청하여 압수하였다. 스마트폰에 대한 압수수색은 모두 종료하여 이를 다시 증거물 봉투에 넣고 날인한 후에 봉인하였다.

13) 수사관은 비트코인 블록체인 사이트(https://www.blockchain.com/explorer)에 들어가서 용의자의 비트코인 주소(1A1zaaeP5QGefi2DMPTfTL5SLmv7DivfNb)로 송금한 박모 씨의 비트코인 주소(2B1zaaeP5QGefi2DMPTfTL5SLmv7DivfNb)를 특정한 다음에 국내 모든 암호화폐 거래소에 대한 압수수색영장을 발급받아 가입자 성명, 접속 IP주소, 거래내용과 금융계좌정보 등을 제공받아 용의자들의 판매와 구매 사실을 입증하였다.

14) 수사관은 박모 씨를 추가로 출석요구하여 범죄사실을 시인 받은 다음에 김모 씨에 대해서는 구속영장을 발부받아 구속기소의견으로 검찰에 송치하였다.

3. 디지털 성범죄물 법제와 비트코인 추적

1) 디지털 성범죄물 형사법제

디지털 성범죄물에 대한 처벌법제는 크게 「정보통신망 이용촉진 및 정보보호 등에 관한 법률」(이하 "정보통신망법"이라 함), 「아동·청소년의 성보호에 관한 법률」(이하 "청소년성보호법"이라 함), 「성폭력범죄의 처벌 등에 관한 특례법」(이하 "성폭력처벌법"이라 함)이 존재한다. 정보통신망법은 일반음란물을 처벌하는 법률로 정보통신망을 통해 음란한 부호·문언·음향·화상 또는 영상을 배포·판매·임대하거나 공공연하게 전시한 자에 대하여 1년 이하의 징역 또는 1천만원 이하의 벌금에 처한다(제74조 제1항 제4호).

청소년성보호법은 아동·청소년성착취물과 관련된 불법행위를 처벌하는 법률로 아동·청소년성착취물의 개념에 대해서 아동·청소년 또는 아동·청소년으로 명백하게 인식될 수 있는 사람이나 표현물이 등장하여 ① 성교 행위, ② 구강·항문 등 신체의 일부나 도구를 이용한 유사 성교 행위, ③ 신체의 전부 또는 일부를 접촉·노출하는 행위로서 일반인의 성적 수치심이나 혐오감을 일으키는 행위, ④ 자위 행위에 해당하는 행위를 하거나 그 밖의 성적 행위를 하는 내용을 표현하는 것으로서 필름·비디오물·게임물 또는 컴퓨터나 그 밖의 통신매체를 통한 화상·영상 등의 형태로 된 것을 의미한다(제2조). 처벌유형을 살펴보면 아동·청소년성착취물을 제작·수입 또는 수출한 자는 무기징역 또는 5년 이상의 유기징역에 처하고(제11조 제1항), 영리를 목적으로 판매·대여·배포·제공하거나 이를 목적으로 소지·운반·광고·소개하거나 공연히 전시 또는 상영한 자는 5년 이상의 징역에 처한다(제11조 제2항). 배포·제공하거나 이를 목적으로 광고·소개하거나 공연히 전시 또는 상영한 자는 3년 이상의 징역에 처하고(제11조 제3항), 구입하거나 알면서 소지·시청한 자는 1년 이상의 징역에 처하는 등(제11조 제4항) 엄격하게 처벌하고 있다.

성폭력처벌법은 카메라 등 기계장치를 이용하여 성적 욕망 또는 수치심을 유발할 수 있는 사람의 신체를 촬영대상자의 의사에 반하여 촬영하거나(제14조 제1항) 이에 따른 촬영물 또는 복제물을 반포·판매·임대·제공 또는 공공연하게 전시·상영(이하 "반포등"이라 한다)한 자 또는 촬영 당시에는 촬영대상자의 의사에 반하지 아니한 경우(자신의 신체를 직접 촬영한 경우를 포함한다)에도 사후에 그 촬영물 또는 복제물을 촬영대상자의 의사에 반하여 반포등을 한 자를 각각 7년 이하의 징역 또는 5천만원 이하의 벌금에 처한다(제14조 제2항). 지하철이나 화장실에서 여성의 치마 속을 몰래 촬영하는 행위를 처벌하는 조항이다. 카카오톡이나 전자우편을 이용하여 제3자에게 전송한 경우도 처벌할 수 있다. 당초 5년이하 징역 또는 3천만원 이하의 벌금에 처하도록 되어 있었으나 2020. 5. 19. 개정을 통해서 법정형을 상향하였다. 영리를 목적으로 촬영대상자의 의사에 반하여 정보통신망을 이용하여 제14조 제2항의 죄를 범한 자는 3년 이상의 유기징역에 처하고(제14조 제3항), 제14조 제1항 또는 제2항의 촬영물 또는 복제물을 소지·구입·저장·시청한 자는 3년 이하의 징역 또는 3천만원 이하의 벌금에 처하도록 새롭게 신설하였다(제14조 제4항). 마지막으로 성적 욕망 또는 수치심을 유발할 수 있는 촬영물 또는 복제물을 이용하여 협박한 자는 1년 이상의 유기징역에 처하도록 규정하였다(제14조의3 제1항).

2) 스마트폰 등 디지털증거 압수수색

(1) 출력·복제 원칙 적용 여부

형사소송법은 디지털증거의 압수방법에 관하여 "압수의 목적물이 컴퓨터용

디스크, 그 밖에 이와 비슷한 정보저장매체(이하 이 항에서 "정보저장매체등"이라 한다)인 경우에는 기억된 정보의 범위를 정하여 출력하거나 복제하여 제출받아야 한다. 다만, 범위를 정하여 출력 또는 복제하는 방법이 불가능하거나 압수의 목적을 달성하기에 현저히 곤란하다고 인정되는 때에는 정보저장매체 등을 압수할 수 있다."고 규정하고 있다(제106조 제3항). 따라서 수사기관은 디지털증거를 압수할 경우에 현장에서 출력·복사하거나 이미징·하드카피하거나 이러한 방법으로는 불가능하거나 압수의 목적을 달성할 수 없을 경우에 정보저장매체 그 자체를 압수할 수 있다. 이미징·하드카피는 디지털증거가 삭제된 경우에 삭제된 영역까지 포함하여 정보저장매체 전체를 복제하는 방법을 의미한다. 이 경우에 수사기관은 복제본을 수사기관의 사무실로 옮긴 다음에 증거분석 전용 소프트웨어를 이용하여 삭제된 파일을 복구한 다음, 출력·복사하는 방법으로 압수를 한다. 이후에는 복제본을 피처분자에게 반환하거나 관련 복제본을 모두 삭제·폐기한 후에 그 사실을 피처분자에게 통보하여야 한다.

수사기관은 정보저장매체 그 자체를 압수해야 하는 경우도 있다. 경찰청의 「디지털 증거의 처리 등에 관한 규칙」(경찰청훈령 제996호, 2021. 1. 1. 시행)은 ① 영장 집행현장에서 하드카피·이미징 등 복제본 획득이 물리적·기술적으로 불가능하거나 극히 곤란한 경우, ② 하드카피·이미징에 의한 집행이 피압수자 등의 영업활동이나 사생활의 평온을 침해한다는 이유로 피압수자 등이 요청하는 경우, ③ 그 밖에 위 각 호에 준하는 경우로 인하여 복제본을 획득·반출하는 방법이 불가능하거나 압수의 목적을 달성하기 현저히 곤란한 경우에는 원본을 압수할 수 있도록 규정하고 있다(제16조).

이렇게 볼 때 수사현장에서 스마트폰에 대한 압수수색은 어떠한 방법으로 수행되어야 하는지가 논란이 된다. 그간 법원은 스마트폰에 대해 현장에서 출력·복사하거나 복제본을 생성하는 것이 어렵다고 보아 정보저장매체 그 자체를 압수하는 것을 허용하였다. 부산고등법원은 스마트폰 자체가 영장에 압수물로 기재되어 있고, 현장에서 선별적 복제가 현저히 곤란한 경우에 반출의 정당성이 인정된다고 판시하였다.[3] 즉, "① 휴대전화는 공통된 운영체제(OS)를 갖

---

3 부산고등법원 2013. 6. 5. 선고 2012노667 판결.

고 있지 아니하여 각 제조사마다 메모리를 복제하는 방법이 다르고, 같은 제조사의 제품이라고 하더라도 제품명에 따라 메모리를 복제하는 방법이 다른 경우도 많은 점, ② 이에 피압수자가 어떠한 휴대전화를 사용하는지 알 수 없는 수사기관으로서는 압수·수색 현장에서 압수하게 될 휴대전화에 적합한 소프트웨어나 장비를 구비하는 것이 용이하지 아니한 점, ③ 또한 휴대전화 메모리를 복제하는 경우, 삭제된 전자정보를 복원하고 범죄사실과 관련된 전자정보를 선별하여 압수하는 것이 기술적으로 가능한지 여부를 두고 논란이 있다고 보이는 점[피고인이 2013. 5. 22. 제출한 변론요지서에서 기재한 '특정 프로그램을 이용한 루팅(rooting)이나 탈옥(jailbreak)을 하여 전장정보를 복제하는 방법'은 비할당 영역의 일부 데이터가 손상되어 삭제 파일을 복구할 수 없는 경우도 있다는 점에서 보편화된 기술이라고 보기 어렵다], ④ 전자정보의 경우 간단한 조작에 의하여도 쉽게 변경되고 훼손될 우려가 크므로 저장매체에서 전자정보를 분리하여 추출함에 있어 원본과의 동일성을 보장받기 위하여 무결성과 진정성이 확보될 것이 요구되는 점" 등을 논거로 제시하였다.[4] 하지만 앞서 설명한 바와 같이 스마트폰에 대한 프라이버시 보호가 점차 중요해짐에 따라 현장에서 범죄사실과 관련성이 있는 디지털증거를 쉽게 출력·복사하거나 복제본을 생성할 수 있는 기술이 필요하다.

(2) 스마트폰 긴급압수수색[5]

형사소송법은 영장 없이 압수·수색·검증할 수 있는 경우, 즉 긴급압수수색의 사유에 대하여 체포 또는 구속현장(제216조 제1항 제2호), 범행 중 또는 범행 직후의 범죄장소(제216조 제3항), 긴급체포된 자의 소유·소지·보관물(제217조 제1항), 유류물과 임의제출물(제218조)로 한정하고 있다.[6] 임의제출물(제218조)을 제외한 모든 경우의 긴급압수수색은 지체 없이 압수·수색·검증영장을 발부받아야 하고, 체포현장이나 긴급체포자가 소지·소유·보관하는 물건을 계속 압수해야 할 경우 48시간 이내에 영장을 청구해야 한다(제217조 제2항).

---

4 부산고등법원 2013. 6. 5. 선고 2012노667 판결.

5 관련 내용은 김한균·김기범 등, 첨단 과학수사 정책 및 포렌식 기법 종합발전방안 연구(Ⅱ), 한국형사정책연구원, 2020, 449-451면을 요약 정리한 것임.

6 권양섭, 사이버 공간에서의 증거수집에 관한 고찰, 법학연구 제37집, 2010, 197면.

이러한 법제 하에서 스마트폰을 긴급압수수색하는 경우 ① 임의제출 형태로 영장 없이 압수하는 경우, ② 압수하지 않고 반출한 다음 사후영장을 받는 경우, ③ 압수한 후 사후영장을 받는 경우를 고려할 수 있다.[7] 실무에서는 ①번은 임의성과 프라이버시 보호에 대한 논란은 있을 수 있고, ②번은 형사소송법에서 체포현장에서 압수가 아닌 반출을 예정하고 있지 않아 현행법 테두리 내에서 수용하기 어렵다. ③번은 체포현장에서 압수조서·압수목록을 작성하고 사후영장을 발부받기 때문에 형사소송법의 취지에 가장 부합한 방법으로 볼 수 있다.[8]

한편 의정부지방법원(2심)에서 스마트폰 임의제출과 관련하여 그간의 대법원 취지와 다른 판결을 내려 논란이 되었다. 의정부지방법원(2심)은 체포현장에서 임의제출한 물건도 형사소송법 제216조 제1항에 따른 압수물로 보아 제217조 제2항이 정한 48시간 이내에 사후영장을 청구하여 발부받지 못하면 유죄의 증거로 사용할 수 없고, 형사소송법 제216조에 따라 휴대전화기를 긴급압수하더라도 그 저장정보까지 영장 없이 탐색하여 출력·복사하는 것은 증거인멸 등의 경우에 한하여 예외적으로 허용할 수 있다고 판결하였다.[9] 체포되었거나 체포 직전의 피의자에게 임의적으로 스마트폰을 제출받았다는 사실은 원칙적으로 기대하기 어렵다는 이유 등으로 형사소송법 제218조에 따른 영장 없는 압수수색은 현행범 체포현장에서 허용되지 않는다고 본 것이다.[10] 하지만 대법원은 "피의자를 현행범 체포하는 경우에도 형사소송법 제218조에 따라 피의자 등이 유류한 물건이나 소유자·소지자 또는 보관자가 임의로 제출한 물건을 영장 없이 압수할 수 있고, 이 경우에는 검사나 사법경찰관이 사후에 영장을 받을 필요가 없다."고 종전과 동일하게 판시하여 논란을 매듭지었다.[11] 스마트폰의 압수수색을 엄격히 통제하고자 하는 취지는 공감이 되지만 형사소송법 제218조

---

7 김한균·김기범 등, 첨단 과학수사 정책 및 포렌식 기법 종합발전방안 연구(Ⅱ), 한국형사정책연구원, 2020, 454–455면.

8 앞의 책, 2020, 454–455면.

9 의정부지방법원 2019. 8. 22. 선고 2018노2757 판결.

10 의정부지방법원 2019. 8. 22. 선고 2018노2757 판결.

11 대법원 2019. 11. 14. 선고 2019도13290 판결; 대법원 2016. 2. 18. 선고 2015도13726 판결.

와 그간의 대법원 판례[12]에 반하는 내용은 수용하기 어렵다. 체포현장의 임의성을 판단하면 되는 것이지 체포현장에서 임의제출 자체를 부정하는 해석은 곤란하다. 임의성이 담보되지 않을 경우 임의성을 이유로 증거능력을 부정하면 되기 때문이다.[13]

(3) 스마트폰 내 저장정보의 수색범위[14]

수사현장에서 현행범을 체포하여 스마트폰을 긴급압수수색할 때 내부의 저장정보까지 영장 없이 탐색하여 출력·복사할 수 있는지에 대하여 논란이 있다. 유체물에 대해서는 장소와 물건을 대상으로 수색범위를 한정하였지만, 스마트폰은 원격접속이 가능하기 때문에 인터넷으로 접속이 가능한 모든 콘텐츠가 수색의 범위에 포섭될 수 있다.[15] 체포현장의 범위에 대해서 직접적인 지배를 넘어 피의자의 관리 하에 있는 장소까지 포함[16]된다고 할 때 이메일, 웹하드, 클라우드도 피의자의 관리 하에 있기 때문에 허용된다는 결론에 도달하게 된다.[17] 도박사이트 관리자를 체포했는데 해당 장소에서 노트북으로 원격지에 있는 서버를 관리하고 있다면 그 서버의 소재지까지도 체포현장으로 보아 압수할 수 있게 된다.[18] 음란사이트, 불법저작물공유사이트, 불법사설서버를 비롯하여 봇넷, 아동음란물 소지 등은 범행이 24시간 이루어지기 때문에 계속범으로 '범행 중 또는 범행 직후의 범죄장소'에 해당하여 긴급압수수색의 범위는 더욱 확장될 수 있다.[19] 나아가 저장정보도 저장위치와 현출 여부에 따라 ① 주소록, 통화기록, 사진, 문자메시지, 동영상 등 스마트폰에 저장되어 있는 정보, ② 전자우편, 웹하드, 클라우드, 카카오톡·페이스북 메시지, 은행거래내역 등

---

12 대법원 2016. 2. 18. 선고 2015도13726 판결.
13 대법원 2016. 3. 10. 선고 2013도11233 판결.
14 김한균·김기범 등, 첨단 과학수사 정책 및 포렌식 기법 종합발전방안 연구(II), 한국형사정책연구원, 2020, 455 – 456면을 요약한 것임.
15 앞의 책, 455면.
16 신동운, 신형사소송법(제5판), 법문사, 2014, 429면.
17 김한균·김기범 등, 첨단 과학수사 정책 및 포렌식 기법 종합발전방안 연구(II), 한국형사정책연구원, 2020, 455면.
18 전현욱·김기범·조성용, Emilo C. VIANO, 사이버범죄의 수사 효율성 강화를 위한 법제 개선방안 연구, 경제·인문사회연구회 미래사회 협동연구총서 15 – 17 – 01, 2015, 106면.
19 앞의 책.

이미 자동로그인이 되어 원격지 접속으로 확인할 수 있는 정보, ③ 앱을 클릭하여 자동로그인 기능을 통해서 접속하여 확보할 수 있는 정보로 나눌 수 있다.[20] 이와 같은 경우 원칙적으로 증거인멸의 가능성을 기준으로 볼 때 ①과 ②는 허용이 될 수 있지만 ③의 경우는 긴급압수수색의 범위가 무한 확장되기 때문에 허용될 수 없다고 보아야 할 것이다.[21]

이와 관련하여 의정부지방법원(2심)은 ① 영장 없는 압수수색은 허용되지 않는다는 견해,[22] ② 특별한 제한규정이 없기 때문에 형사소송법 제216조 제1항에 따라 허용된다는 견해, ③ 원칙적으로 허용되지는 않으나, 예외적으로 예컨대 압수 당시 열려 있는 애플리케이션만 수색할 수 있다는 견해 등이 존재한다고 보았다.[23] 나아가 의정부지방법원은 "형사소송법 제216조에 따라 휴대전화기를 긴급압수하더라도 그 저장정보까지 영장 없이 탐색하여 출력·복사할 수 있는지에 대해서 예외적으로 가능하다고 보았다."[24] "휴대전화 저장정보에 대하여 긴급히 증거인멸을 막거나 증거를 수집해야 할 필요성이 적고(긴급성의 결여), 막대한 양의 민감한 개인정보가 담겨 있는 휴대전화 저장정보에 대한 제한 없는 압수수색은 개인의 사생활과 비밀의 자유를 침해하므로(비례성 결여), 휴대전화에 저장된 정보에 대한 압수수색에 대하여는 사전영장이 필요하나, 예외적으로 형사소송법 소정의 '긴급성'이 있는 경우, 예컨대 체포된 피의자가 공범에게 폭탄을 폭발시킬 문자를 보내거나, 유괴범이 피해자의 위치에 관한 정보를 보관하고 있는 경우 등에서는 저장정보에 대한 영장 없는 압수수색이 가능하다고 해석함이 마땅"하다고 본 것이다.[25]

20 김한균·김기범 등, 첨단 과학수사 정책 및 포렌식 기법 종합발전방안 연구(Ⅱ), 한국형사정책연구원, 2020, 456면.
21 앞의 책.
22 조기영, 사전영장 없는 휴대전화 압수수색의 허용 여부, 동북아법연구 9(3), 2016, 227면.
23 의정부지방법원 2019. 8. 22. 선고 2018노2757 판결.
24 의정부지방법원 2019. 8. 22. 선고 2018노2757 판결.
25 의정부지방법원 2019. 8. 22. 선고 2018노2757 판결; 조기영, 사전영장 없는 휴대전화 압수수색의 허용 여부, 동북아법연구, 2016, 238면.

3) 비트코인 추적수사

(1) 비트코인의 등장과 구성

암호화폐는 2008년에 사토시 나카모토(Satoshi Nakamoto)가 개발한 비트코인(Bitcoin)[26]을 시작으로 전 세계적으로 수천 개가 운영되고 있다.[27] 대표적인 암호화폐는 비트코인, 이더리움, 리플, 모네로, 대시, 큐텀 등이 있다. 그간 암호화폐(Crypto Currency)는 가상화폐/통화(Virtual Currency), 전자화폐(Electronic Currency), 디지털 화폐(Digital Currency), 토큰(Token), 암호자산(Crypto-assets) 등 다양한 용어로 사용되다가 「특정 금융거래정보의 보고 및 이용 등에 관한 법률」(이하 "특정금융정보법"이라 함)에서 가상자산이라는 개념으로 정의하였다. 특정금융정보법은 가상자산에 대하여 "경제적 가치를 지닌 것으로서 전자적으로 거래 또는 이전될 수 있는 전자적 증표"를 말한다고 정의하고 있다(제2조 제3호). 비트코인은 금융계좌번호와 유사한 기능을 수행하는 비트코인 주소와 금융계좌의 비밀번호에 해당하는 개인키로 구성되어 거래가 이루어진다. 비트코인을 비롯하여 이더리움, 리플, 큐텀, 모네로 등 가상자산들은 각자 설계자의 의도에 따라 만들어져 주소의 길이도 모두 다르다.

표 8-1 비트코인 주소와 개인키의 형태(예시)

이름	길이(16진수)	주소형태
비트코인 주소	26~35자리	1KGfAiUjpDwwMzUNQqNkHrbDwpd2uCoqNS
개인키	51자리	5HFYnA1mKHrDnJwW1mKHrKh5anA1mKHrW4Jg72JvaGfgkeA1mKm

(2) 비트코인 거래내역 분석

비트코인 거래내역은 블록체인에 기록되어 공개된다. 비트코인은 분산환경에서 작동하기 때문에 명의자 정보를 관리할 주체가 존재하지 않는다. 일반은행은 고객의 정보를 보관하면서 해당 계좌의 명의인을 식별하지만, 비트코인은

---

26 S. Nakamoto, *Bitcoin: A peer-to-peer electronic cash system*, 2008.
27 암호화폐에 대한 자세한 정보는 코인마켓캡 사이트(http://coinmarketcap.com/all/views/all/)를 참조.

은행과 같은 존재가 없고 Peer만 존재하기 때문에 비트코인 주소의 명의자가 자신이라는 것을 입증해줄 주체가 없다. 오직 비트코인 주소와 개인키로만 증명할 수 있다. 따라서 비트코인은 주소에 대한 명의자가 누구인지 알 수 없다는 측면에서 익명성이 보장되고 모든 거래내용이 공개된다는 측면에서 투명성

그림 8-1 비트코인 거래내역 조회결과(예시)

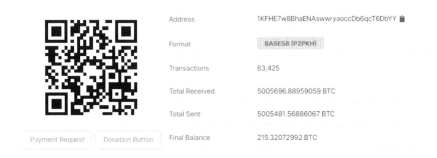

Address ⓘ

Address	1KFHE7w8BhaENAswwryaoccDb6qcT6DbYY 🗑
Format	**BASE58 (P2PKH)**
Transactions	63,425
Total Received	5005696.88959059 BTC
Total Sent	5005481.56886067 BTC
Final Balance	215.32072992 BTC

Payment Request   Donation Button

Transactions ⓘ

Hash	c6d594736556b2b16dac4419a7d6955b8c7...			2020-08-09 17:25
	COINBASE (Newly Generated Coins)	➡	1KFHE7w8BhaENAswwr... 7.55455414 BTC ⊕	
			OP_RETURN 0.00000000 BTC	
			OP_RETURN 0.00000000 BTC	
			OP_RETURN 0.00000000 BTC	
Fee	0.00000000 BTC			+7.55455414 BTC
	(0.000 sat/B - 0.000 sat/WU - 377 bytes)			3 Confirmations

Hash	653003806a915c53361c887d464c082f498...			2020-08-09 15:28
	1KFHE7w8BhaENAswwr... 7.74556216 BTC ⊕	➡	1GX28yLjVWux7ws4... 144.16250852 BTC ⊕	
	1KFHE7w8BhaENAswwr... 7.62497046 BTC ⊕		36p1iTj5sBzAYpV25e1v... 0.02955433 BTC ⊕	
	1KFHE7w8BhaENAswwr... 7.34515254 BTC ⊕		1Lwpzfazvb9qDc4he6... 0.01602646 BTC ⊕	
	1KFHE7w8BhaENAswwr... 6.90851927 BTC ⊕		1HwEhgQguchgV6xcZB... 0.00497687 BTC ⊕	
	1KFHE7w8BhaENAswwr... 8.07501456 BTC ⊕		1KFHE7w8BhaENAsw... 89.51563514 BTC ⊕	
	1KFHE7w8BhaENAswwr... 7.09855750 BTC ⊕			
	1KFHE7w8BhaENAswwr... 6.84571242 BTC ⊕			
	1KFHE7w8BhaENAswwr... 6.63445409 BTC ⊕			
	1KFHE7w8BhaENAswwr... 7.46380193 BTC ⊕			
	1KFHE7w8BhaENAswwr... 7.32166504 BTC ⊕			
	Load more inputs... (8 remaining)			
Fee	0.00000000 BTC			-144.21306618 BTC
	(0.000 sat/B - 0.000 sat/WU - 3407 bytes)			

이 보장되는 특성을 가지고 있다. 이러한 비트코인은 거래에 있어 소액의 수수료가 있고, 일반 은행거래와 달리 1:1에서 N:N까지 다양한 형태로 거래할 수 있어 자금세탁에 활용되기도 한다.

아래의 그림을 보면 두 개의 비트코인 주소에서 각각 0.005BTC, 0.00378469 BTC를 송금하였는데 이를 수신한 비트코인 주소에는 0.000746BTC만 존재한다. 이는 수수료 0.00803869 BTC을 공제하였기 때문에 송금액과 수신액에 차이가 발생하는 것이다.

그림 8-2 비트코인 거래내역(예시)

(3) 비트코인 명의자 추적 및 압수수색

암호화폐의 명의자를 추적하기 위해서는 확보한 주소가 어떠한 암호화폐인지 특정해야 한다. 특정 암호화폐에 대한 블록체인에 들어가서 주소의 길이 등을 중심으로 확인해야 한다.

표 8-2 암호화폐 주소의 유형

연번	이 름	블록체인	주소 형태
1	비트코인	https://Blockchain.info	1KGfAiUjpDwwMzUNQqNkHrbDwpd2uCoqNS
2	이더리움	https://etherscan.io	0xae2610a12a0428a89f90ee9139f6432be9641d8d
3	리플	https://xrpcharts.ripple.com/#/transactions/	r9ShhbpdeeFStatyayCWjXYY44YBB4TQYj
4	큐텀	https://explorer.qtum.org	QVZnSrMwKp6AL4FjUPPnfFgsma6j1DXQXu
5	모네로	https://moneroblocks.info	8ffe04a9add2305295246d06c09e7ab74ad0235c684be14e9754f18cfbe2cbc7 (다양함)

　　암호화폐가 비트코인으로 확인이 되었다면 블록체인에서 범죄와 관련되어 있는 직전, 직후의 거래내역에서 비트코인 주소를 확인한 다음에 국내 암호화폐 거래소 전체를 대상으로 압수수색영장을 발부받아 집행해야 한다. 비트코인의 주소만으로는 해당 주소가 어느 암호화폐 거래소에서 생성되었는지 확인할 수 없기 때문에 전체를 대상으로 영장을 집행할 수밖에 없다. 수사기관은 암호화폐 거래소로부터 가입자정보, 거내래역, 접속 IP, 등록된 스마트폰 번호, 등록된 환급 금융계좌번호 등의 정보를 확보할 수 있다. 암호화폐 거래소에서 추적하고자 하는 비트코인 주소에 대한 정보를 가지고 있을 경우에는 용의자를 검거할 가능성이 높아진다.

　　만약 관련 정보가 없다면 이는 두 가지 경우로 나눌 수 있다. 첫 번째는 암호화폐 거래소는 아니지만 암호화폐의 거래를 중개하는 서비스에서 주소를 생성한 경우이다. 국내·외에서 모두 존재할 수 있는데 이 경우 프로그램 운영자를 찾기 어렵고 찾는다 하더라도 거래자를 식별할 수 있는 정보를 확보하기 어렵다. 그래서 환치기상들이 많이 이용한다. 두 번째는 해외의 암호화폐 거래소에서 주소를 생성한 경우이다. 수사기관이 인터폴, 형사사법공조(MLA) 등 다양한 절차를 활용하여 정보를 확보할 수 있다. 하지만 전 세계에 수 많은 암호화폐 거래소가 있는 상황에서 해당 주소가 어느 국가에서 발행되었는지 특정하는 것은 어렵다. 그래서 대형 거래소를 중심으로 국제공조를 할 수밖에 없다. 한편, 최근에는 암호화폐 분석을 전문으로 하는 다양한 서비스가 등장하여 수사기관의 분석을 지원하고 있지만 여전히 기술적으로 한계를 보이고 있다. 다만, 이와 같은 프로그램을 활용할 경우 아래 그림과 같이 암호화폐 거래의 흐름을 시각화해서 볼 수 있는 장점이 있다.

　이처럼 암호화폐를 이용한 자금세탁이 증가하고, 국경을 초월하여 이루어짐과 동시에 추적하는 것이 어려워지고 있다. 이에 정부는 2020년에 「특정금융정보법」을 개정하여 가상자산사업자의 개념에 암호화폐 거래소를 포함시키고, 고객확인과 의심거래에 대하여 금융정보분석원(FIU)에 신고하도록 의무화하였다.

그림 8-3 암호화폐 분석서비스

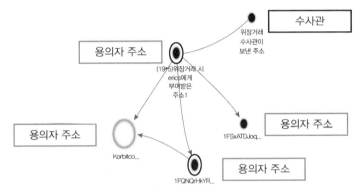

http://chainalysis.com의 화면

#토론거리

1. 수사전략

　(1) 용의자 2명에게 적용할 수 있는 죄명과 처벌조항은 무엇인지 설명하시오.

　(2) 용의자가 스마트폰 패턴 비밀번호, 무음 앱 접속 비밀번호, 암호화폐의 개인키 등을 진술하지 않을 경우 어떠한 방법으로 용의자로부터 진술을 받아낼 것인지 조사방법을 제시하시오.

　(3) 피해여성을 조사할 경우에 2차 피해가 없도록 하기 위해 유의해야 할 사항이 무엇인지 설명하시오.

　(4) 용의자 박모 씨에 대한 구속 필요성을 서술하시오.

2. 형사법적 문제

  (1) 현행범 체포현장에서 수사관이 스마트폰을 임의제출 받은 경우 그 수색의 범위는 어디까지 허용될 수 있는지 설명하시오.

  (2) 임의제출 받은 스마트폰에 대해서 용의자가 패턴 비밀번호를 진술하지 않고 있는 상황에서 수사관이 임의의 패턴을 입력하여 스마트폰의 잠금을 해제한 행위가 적법한지 설명하시오.

  (3) 수사기관이 용의자의 스마트폰에서 암호화폐 주소와 개인키를 확인한 후에 해당 암호화폐를 수사기관의 암호화폐 주소로 이체하는 행위가 허용되는 압수방법인지 설명하시오.

3. 디지털포렌식

  (1) 스마트폰 출력·복사, 복제본 생성을 촉진하고, 정보저장매체 그 자체의 압수를 최소화하는 방법은 무엇인지 설명하시오.

  (2) 카카오톡에 있는 대화내용을 압수하는 절차를 설명하시오.

  (3) CCTV에서 특정 영상을 압수하는 절차를 설명하시오.

  (4) 용의자의 스마트폰과 관련된 다양한 비밀번호를 해독하지 못할 경우 수사기관이 활용할 수 있는 기술적 방법에는 무엇이 있는지 설명하시오.

제9장

피해자?
범인!

••• 도입

경찰이 처리하는 사건을 실무상 수사 단서에 따라 분류하면 크게 고소·고발 사건과 인지사건으로 나눌 수 있다. 전자는 가해자에 대한 처벌을 구하는 피해자의 고소장이나 제3자의 고발장이 접수되어 수사가 개시되는 경우이고, 후자는 경찰관이 직접 범죄에 대한 정보를 수집하여 수사가 개시되는 경우이다. 지금까지 여러분은 주로 인지사건, 특히 살인, 강간, 마약 관련 범죄 등 강력범죄의 수사가 어떻게 이루어지는지 살펴보았다. 그런데 과연 경찰이 처리하는 사건 중 이러한 사건의 비중은 얼마나 될까? 경찰청이 제공한 통계를 통해 살펴보자.

표 9-1 범죄유형별 구성비 추이(2014~2018년)[1]

범죄유형	2014년		2015년		2016년		2017년		2018년	
	발생건수	구성비	발생건수	구성비	발생건수	구성비	발생건수	구성비	발생건수	구성비
전체범죄	1,778,966	100.0	1,861,657	100.0	1,849,450	100.0	1,662,341	100.1	1,580,751	100.0
강력범죄	25,278	1.4	25,334	1.4	25,765	1.4	27,274	1.6	26,787	1.7
절도범죄	266,222	15.0	245,863	13.2	203,037	11.0	183,757	11.1	176,809	11.2
폭력범죄	290,073	16.3	305,947	16.4	309,394	16.7	293,086	17.6	287,611	18.2
지능범죄	298,652	16.8	316,121	17.0	312,577	16.9	302,466	18.2	344,698	21.8
풍속범죄	25,070	1.4	24,491	1.3	26,165	1.4	22,501	1.4	20,162	1.3
특별경제범죄	72,908	4.1	86,329	4.6	65,025	3.5	53,356	3.2	53,994	3.4
마약범죄	4,825	0.3	6,411	0.3	7,329	0.4	7,501	0.5	6,513	0.4
보건범죄	14,657	0.8	14,602	0.8	14,662	0.8	12,561	0.8	11,033	0.7
환경범죄	2,536	0.1	2,955	0.2	4,349	0.2	4,879	0.3	4,791	0.3
교통범죄	573,493	32.2	596,665	32.1	600,401	32.5	501,162	30.1	408,371	25.8
노동범죄	1,308	0.1	1,145	0.1	2,457	0.1	2,862	0.2	1,883	0.1
안보범죄	84	0.0	121	0.0	81	0.0	98	0.0	69	0.0
선거범죄	1,874	0.1	760	0.0	1,018	0.1	640	0.0	1,897	0.1
병역범죄	21,549	1.2	18,726	1.0	16,651	0.9	15,327	0.9	14,271	0.9
기타범죄	180,437	10.1	216,197	11.6	260,539	14.1	234,871	14.1	221,862	14.0

---

[1] 경찰 범죄통계, 2018년 범죄개요, 1. 전체범죄 발생 및 검거 추세(https://www.police.go.kr/www/open/publice/publice03_2018.jsp); 2018 범죄통계, 21면(https://www.police.go.kr/files/infodata/200529/2018/2018021.pdf) 2020. 4. 3. 검색.

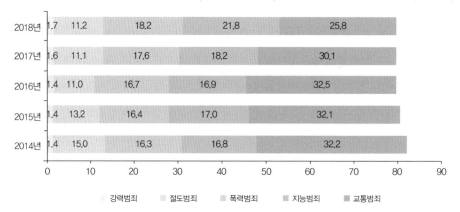

그림 9-1 주요 범죄유형별 구성비 추이(2014~2018년)[2]　　　　　　　(단위: %)

강력범죄　절도범죄　폭력범죄　지능범죄　교통범죄

　　강력범죄는 한 건, 한 건이 강한 임팩트를 지니고 있기에 마치 경찰이 수사하는 대부분의 범죄가 강력범죄인 것으로 생각되기 쉽다. 하지만 위 통계에서 알 수 있듯이 사실 강력범죄는 경찰이 처리하는 전체 범죄의 2퍼센트도 차지하지 않는다.

　　경찰이 처리하는 범죄를 비율이 큰 순서대로 나열하면 교통범죄, 지능범죄, 절도범죄, 폭력범죄, 강력범죄이다. 이 중 교통범죄에 대해서는 위드마크 공식의 적용, 윤흔적 분석 등 고유한 수사기법이 있지만, 이는 수학, 물리학 등과 관련된 매우 기술적이고 전문적인 내용으로 이 책의 성격과는 맞지 않다고 생각된다. 한편 절도나 폭력범죄와 관련된 수사기법은 강력범죄의 수사기법과 큰 차이가 없다. 그래서 이 장에서는 지능범죄를 다뤄 보기로 한다.

　　지능범죄란 범인이 높은 지적 능력을 이용하여 저지르는 범죄로 그 예로는 사기, 횡령, 배임 등 재산범죄, 문서나 유가증권 등의 위조·행사 등 형법상 범죄를 비롯하여 부정경쟁방지법, 저작권법, 유사수신행위의 규제에 관한 법률 등 셀 수 없이 많은 특별법에 규정된 범죄가 있다. 쉽게 말해 강력범죄가 몸을 쓰는 범죄라면, 지능범죄는 머리를 쓰는 범죄이다.

---

2 위 각주 1)과 동일.

이 장에서는 크게 두 가지를 배우게 된다.

먼저 지능범죄의 인지이다. 살인이나 상해 같은 강력범죄는 다수의 경우 피해자 또는 제3자의 신고로 수사가 시작되어 범행이 있었다는 사실 자체는 쉽게 확인되는 것이 일반적이다. 하지만 지능범죄는 어떠한 범죄가 발생했는지조차 확인하기 어려운 경우가 종종 있다. 피해자가 누구인지, 가해자는 어떠한 수법을 이용했는지 등 사건의 실체를 파악하기 어려운 경우도 비일비재하다. 유사수신행위를 생각해 보라. 고소를 한 피해자가 단 1명이라 해도 동일한 범죄의 피해자는 수백 명에 이를 수 있다. 경찰관이 드러나지 않은 피해자를 확인하여 그들로부터 피해내용을 확보하는 일은 생각처럼 쉬운 것이 아니어서 일부 범죄를 놓치는 경우도 있을 것이다. 범죄 자체가 쉽게 확인되지 않는, 즉 숨어 있는 범죄를 밝혀내는 것은 더욱 어렵다. 피해자가 주장하는 사실만을 확인하고 기계적으로 법을 적용하기만 해서는 결코 찾아낼 수 없는 숨어 있는 지능범죄, 여기에서는 여러분들과 이러한 범죄를 인지하는 방법을 하나의 사건을 통해 살펴보겠다.

다음으로 피의자를 신문하는 방법이다. 과학기술의 발달로 오늘날에는 물증으로부터 매우 구체적이고 직접적인 정보를 얻을 수 있게 되었다. 하지만 실체적 진실이라는 퍼즐의 마지막 조각은 여전히 사람의 입에서 나온다. 그런 일이 있어서는 안 되지만, 여러분이 살고 있는 개인주택에 도둑이 들어 물건을 훔쳐갔다고 가정해 보자. 주택 현관문에서 가족의 것이 아닌 누군가의 지문이 발견되었다면 이는 무엇을 의미하는가? 그 지문의 주인이 절도범이라는 것이 증명되는가? 합리적인 추론은 그가 현관문을 만졌다는 것, 그리고 그러할 만한 이유가 없는 사람이라면 그가 절도범일 가능성이 있다는 정도 아닐까? 예를 들어 그가 인근 식당의 배달직원으로 여러분의 주택에 자주 배달을 온 사람이라면, 그를 절도범이라 단정하기 어려울 것이다. 하지만 그가 범인이 아니라고 확인된 것도 아니다. 이러한 경우 실체적 진실의 발견 여부는 그를 어떻게 신문하느냐에 따라 달라질 수 있다. 피의자를 어떻게 신문하면 실체적 진실에 한걸음 더 접근할 수 있을 것인가, 이것이 여기에서 두 번째로 배울 점이다.

1. 지능범죄의 인지

　오늘의 주인공은 지능범죄 수사경력 10년의 배테랑 수사관 천 경위이다. 천 경위는 하늘 경찰서의 수사과 지능팀에서 근무하고 있는데, 어느 날 여느 때와 같이 다수의 사건을 배당받았다. 아래는 그중 한 사건의 진정서이다.

진 정 서

1. 진정인
   이름: 김 공 갈 (723456-1234567)
   전화번호: 010-1234-5678
   주소: ○○시 ○○구 ○○○○길 ○○-○○

2. 피진정인
   이름: 모름
   전화번호: 모름
   주소: 모름

3. 진정내용
   오늘 오전에 카톡으로 친한 형이 급히 돈을 좀 빌려달라고 하여 5만원을 계좌이체 해 주었습니다. 그때는 바빠서 형에게 전화를 하지는 않았구요. 그런데 오후에 여유가 있어서 형에게 전화를 했고, 5만원도 없냐고 농담을 했더니 무슨 소리냐는 겁니다. 형이 돈을 빌려간 적이 없다 하여 확인해 보니, 그 형 명의의 계좌도 아니었습니다.
   보이스 피싱을 당한 것 같습니다. 범인을 꼭 처벌해 주세요.

4. 증거 등
   계좌이체한 계좌번호는 ○○은행 123-45-678900입니다.

2020. 4. 1.
고소인　김 공 갈

하늘 경찰서장 귀중

천 경위는 일반적으로 사건 처리를 하는 것과 같이 진정서에 적힌 피해자의 전화번호로 전화를 걸었다. 피해자로부터 피해 진술, 카톡 대화내용, 계좌이체 내역 등을 확보하기 위해서이다. 그런데 피해자가 전화를 받지 않는다. 진정서에 기재된 피해자의 휴대전화로 출석을 요구한다는 문자를 남겨도 피해자는 전화를 하지 않았다. 천 경위는 다른 사건도 많기 때문에, 그 날은 더 이상 피해자에게 연락하지 않았다.

다음날 천 경위는 피해자에게 다시 전화를 해 보았다. 피해자가 계속 전화를 하지 않았기 때문이다. 그러나 피해자는 여전히 전화를 안 받고 있다. 피해자가 기재한 주소로 출석요구서를 보냈다. 며칠 후 이 출석요구서는 수취인 불명으로 반송되었다.

아래는 경찰의 내사사건 처리를 규율하고 있는 경찰청 훈령이다.

[경찰 내사 처리규칙]

제11조의2(내사의 종결 등) ① 수사절차로 전환하시 않은 내사는 다음 각 호의 기준에 따라 처리한다.

1. 내사종결: 혐의없음, 죄가안됨, 공소권없음 등에 해당하여 수사개시의 필요가 없는 경우
2. 내사중지: 피혐의자 또는 참고인 등의 소재불명으로 사유해소시까지 내사를 계속할 수 없는 경우

※ 참고: 수사의 종결과 내사의 처리

사법경찰관과 검사는 수사를 종결할 권한이 있고, 검사가 공소를 제기하면 공판단계로 넘어가게 되지만, 공소를 제기하지 않으면 불기소 처분을 함으로써 형사절차는 수사단계에서 일단 종결된다.

불기소 처분은 혐의없음, 죄가안됨, 공소권없음, 각하 등 수사를 종결한 경우와 기소중지, 참고인 중지 등 수사를 중지한 경우가 있다. 대략적인 의미는 아래와 같다.

• 혐의없음: 구성요건이 조각되거나, 증명을 할 수 없는 경우
• 죄가안됨: 위법성이나 책임이 조각되는 경우
• 공소권없음: 친고죄에서 고소취소, 반의사불벌죄에서 처벌불원의사표시, 피의자 사망 등 공소를 제기할 수 없는 경우
• 각하: 수사를 진행하지 않아도 혐의없음, 죄가안됨, 공소권없음에 해당함이 명백한 경우, 수사를 진행할 수 없거나 수사를 진행할 가치가 없는 경우 등

- 기소중지: 피의자가 소재불명으로 피의자 발견시까지 수사를 중지
- 참고인 중지: 중요 참고인이 소재불명으로 그를 발견시까지 수사를 중지

경찰은 수사에 앞서 내사를 하는 경우가 있다. 고소장이나 고발장이 접수된 경우에는 실무상 즉시 수사가 개시되지만, 그 외의 경우에는 내사단계를 거친 후 피내사자에게 혐의가 있음이 어느 정도 인정되는 경우에 수사를 개시하는 것이다.

한편 내사단계에서 수사의 종결 또는 중지사유와 동일한 사유가 확인되면, 경찰은 위 경찰내사 처리규칙에 따라 내사 종결 또는 중지하고, 수사단계로 진행하지 않는다.

천 경위는 이 사건 외에도 50여 건의 사건을 처리하고 있고, 매일 다른 사건을 배당받고 있다. 사건이 줄어드는 일은 천 경위에게 결코 나쁜 일이 아니다. 여러분이 천 경위라면 아래 두 가지의 선택 중 어느 쪽을 선택하겠는가? 어느 쪽이든 위 경찰 내사 처리규칙을 준수한 것이고, 이 사건은 종결되므로 천 경위가 보유한 사건이 줄어든다는 점에는 차이가 없다.

★ 생각해 볼 문제 1

당신의 선택은?

① 내사종결한다.

피해자가 제출한 진정서는 피해자의 주장만 기재되어 있을 뿐, 진정서만으로는 가해자에 대한 최소한의 정보를 비롯해 다른 어떠한 정보도 얻을 수 없다. 피해자는 출석요구를 위한 전화를 받지 않고 있고, 문자에도 답하지 않으며, 피해자의 주소로 보낸 출석요구서도 수취인 불명으로 반송되어 더 이상 내사를 진행할 수 없다. 이와 같이 가해자에게 범죄혐의가 인정되지 않아 수사를 개시할 필요가 없으므로 내사를 종결하는 것이 옳다.

② 내사중지한다.

피해자는 이 사건에서 가장 중요한 참고인으로 연락이 되지 않고, 소재도 명확하지 않다. 따라서 피해자의 소재가 발견될 때까지 내사를 중지하는 것이 옳다.

여러분의 선택이 어느 쪽이었든 천 경위와는 다른 선택을 하였다. 천 경위는 둘 중 어느 것도 선택하지 않았기 때문이다.

지능범죄의 인지—적극적 태도

지능범죄를 제대로 인지하기 위해서는 눈앞의 사건을 종결하는 데 급급해서는 안 된다. 대부분의 지능범죄는 경찰서 수사과 소속 경찰관이 처리하는데, 경찰관은 접수된 때로부터 3개월 이상이 지난 장기사건을 보유하게 되면 상당한 압박을 받는다. 게다가 사회적 이목을 끄는 등 특별한 사건이 아닌 한 인지를 많이 한다 해도 승진은 고사하고 별다른 인센티브도 기대하기 어렵다.

하지만 경찰관이 사건을 소극적인 태도로 처리해서는 지능범죄를 제대로 인지할 수 없다. 경찰관은 항상 경각심을 가지고 숨겨진 범죄나 피해자가 없는지를 살피고, 의심나는 부분이 있다면 반드시 확인하여 명확히 하여야 한다. 범죄수사의 임무를 맡은 경찰관이 자신의 임무에 소극적 태도로 일관하여 숨겨진 범죄나 피해자를 놓치는 것은, 그 범죄를 직접 저지르는 것과 크게 다를 바 없다.

천 경위는 이 사건의 진행은 일반적인 피싱 사건의 진행과 매우 다르다고 생각했다. 경찰관이 피해자와 전화통화를 시도한다 하여 매번 통화가 되는 것은 아니지만, 문자를 남기면 이를 확인하는 즉시 전화를 걸어오는 것이 일반적이다. 게다가 진정인은 피싱 사건의 피해자이다. 일반적으로 이러한 범죄의 피해자는 가해자에 대한 처벌의지가 매우 강하기 때문에 이 사건 피해자처럼 전화통화가 되지 않고, 출석요구서가 수취인 불명으로 반송되는 것은 이례적이다. 이러한 점에서 천 경위는 피해자가 무언가 목적을 가지고 허위신고를 한 것이 아닌가라는 의심을 하였다.

천 경위가 의심한 다른 목적은 어떤 것이었을까? 피싱 범죄를 당하여 상대방의 계좌에 돈을 입금하거나 이체한 피해자가 금융사에 그 계좌에 대해 거래정지를 신청하면 그 계좌는 물론 그 계좌의 명의자가 만든 모든 계좌는 일단 거래가 정지된다. 이후 피해자가 경찰서에서 신고 접수증을 발부받아 해당 금융사에 신고 접수 시로부터 3일 이내에 제출하면 위와 같은 거래정지는 특별한 사정이 없는 한 그 사건이 종결될 때까지 계속된다. 한편 피해자가 3일 이내에 신고 접수증을 금융사에 제출하지 않으면 거래정지는 해지된다.

피해자는 이 3일 동안 어떤 범죄를 저지를 수 있을까?

잘 생각해 보았는가? 여러분의 생각이 천 경위가 의심한 것과 같은지 살펴보자.

천 경위는 이 사건 피해자는 사실 피싱범죄의 피해자로 위장하고 공적 시스템과 수사기관을 이용하여 공갈이나 강도 범행을 저지르고 있을 가능성이 있다고 생각했다. 이 사건 피해자는 일반적인 피싱 피해자와는 전혀 다른 모습을 보이고 있고, 피싱 피해자는 신고만으로 상대방의 계좌를 상당한 기간 동안 사용할 수 없게 만들 수 있다. 소위 대포통장 등 타인의 계좌를 불법으로 사용하고 있는 사람의 입장에서 생각해 보자. 이런 사람들은 주로 불법도박 사이트의 운영 등 범죄에 악용하기 위해 타인의 계좌를 사용하고 있는 것으로, 이를 사용할 수 없게 되면 상당히 곤란해지지만, 자신의 잘못이 탄로 날 염려가 있으니 허위 신고를 당하더라도 이를 소명하는 등 적극적인 대응을 할 수 없을 것이다. 따라서 허위의 피싱 신고자는 신고 접수일로부터 신고 접수증을 제출할 수 있는 3일간의 시간을 이용하여 계좌 사용자에게 공갈이나 강도를 저지를 수 있다는 것이 천 경위의 가정이었다.

Tip 2

지능범죄의 인지 – 새로운 범죄태양과 관련된 정보의 상시 습득

지능범죄를 제대로 인지하기 위해서는 새롭게 나타나는 범죄의 유형, 즉 범죄의 트렌드를 지속적으로 파악해야 한다. 뻔한 이야기지만 세상은 매우 빠르게 변화하고, 그 변화에 따라 범죄에도 새로운 트렌드가 나타나기 마련이다. 요즈음 빈집털이범이나 강도범에 대한 뉴스를 접한 적이 있는가? 딱히 없을 것이다. 이에 비해 인터넷을 이용한 범죄는 매일같이 벌어지고 있다. 이는 절도처럼 특별한 기술이 필요하거나, 강도같이 피해자를 직접 대면하고 제압해야 하는 위험이 따르는 범죄의 시대는 지나가고, 인터넷을 이용한 범죄처럼 특별한 기술이 필요없고 발각 가능성도 낮으며, 처벌받더라도 가벼운 처벌에 그칠 것이 기대되는 범죄가 새로운 트렌드가 되었음을 보여준다.

나아가 경찰관은 범죄자의 눈높이에서 범죄에 악용될 수 있을 만한 공적 시스템의 결함이나 결점을 발견하기 위해 노력해야 한다. 공적 시스템의 허점을 악용한 범죄는 높은 수익과 낮은 검거율이 기대되기 때문에 새로운 범죄 트렌드가 될 가능성이 크기 때문이다. 만약 천 경위가 피싱 피해자는 신고 접수 후 3일 내에 신고 접수증을 제출할지 여부를 결정할 수 있고, 신고 접수증을 제출하면 허위 신고라 해도 수사가 종결될 때까지 상당히 긴 시간 동안 피신고 계좌는 사용될 수 없다는 사실을 몰랐다면, 이 사건 피해자에 대해 수사를 진행해야겠다는 생각을 할 수 없었을 것이다.

이제 천 경위는 이 사건 피해자가 3일의 시간을 이용하여 공갈이나 강도 또는 관련 범죄를 저지른 것은 아닌지를 명확하게 밝히기 위해 무언가를 확인해 봐야겠다고 생각했다. 무엇에 대해 확인해야 하며, 그 방법은 어떤 것인지 스스로 생각해 보자.

★ **생각해 볼 문제 3**

피해자가 범인이라는 점을 밝히기 위해 무엇을 확인해야 하는가?

피해자가 과거에도 이러한 수법으로 범죄를 저질렀다면, 피싱 범죄 피해자로 신고한 내역이 KICS에 남아 있을 것이다. 따라서 KICS에 수사 대상자 검색해 볼 필요가 있다. 또한 금융감독원에는 계좌 지급정지 신청내역이 남아 있으므로 금융감독원과 업무협조를 통해 그 정보를 확인해 보아야 한다.

1) 수사대상자 검색

천 경위는 피해자에 대해 KICS에서 수사대상자 검색을 하였다. KICS는 형사사법포털의 약자로, 경찰은 KICS에서 수사서류의 작성은 물론 입건, 송치 등 수사행정업무를 처리하고, 사건 통계 등 다양한 정보를 활용할 수 있다. KICS에서 특정인에 대해 수사대상자 검색을 하면 그가 고소, 진정, 고발한 내역을 확인할 수 있는데, 피해자는 지난 2년간 25회에 걸쳐 피싱 범죄로 피해를 입었다는 내용으로 진정한 기록이 있었다. 게다가 피해자는 최근 며칠 사이에 피해액이 10만원 이하인 피싱 범죄를 당했다는 신고를 4건 하였고, 진정서를 제출한 후 출석하지 않다가 가해자와 합의되었다며 진정 취소장을 제출하였다.

2년간 유사한 내용의 피싱 범죄를 25회 이상 당하였고, 피해액은 소액이며 가해자와 합의가 되었다며 취소하였다. 피해자는 사실 범죄자라는 의심을 하지 않을 수 없다.

여기서 잠깐 1

경찰관은 수사를 통해 수집되어 KICS에 저장된 정보를 그 사건과 다른 사건의 수사를 위해 활용할 수 있을까?

「형사사법절차 전자화 촉진법」 제6조 제3항 및 제2조에 의해 경찰관은 수사 등 형사사건의 처리와 관련된 업무처리 목적으로, KICS를 이용하여 작성하거나 취득하여 관리하고 있는 자료로서 전자적 방식으로 처리되어 부호, 문자, 음성, 음향 또는 영상 등으로 표현된 정보를 이용할 수 있다. KICS에 저장된 정보는 당해 사건에 대해서만 이용되어야 한다는 제한은 찾아볼 수 없으므로 경찰은 수사를 위한 목적으로 KICS에 저장된 정보를 다른 사건에도 활용할 수 있다고 생각된다.

---

2) 금융감독원 업무협조 의뢰

천 경위는 금융감독원에 피해자와 관련된 피싱 범죄 관련 자료가 있는지를 확인해 달라는 내용으로 업무협조를 의뢰하였다. 금융감독원에서는 피해자처럼 한 명의 피해자가 여러 건의 피싱 범죄 피해구제 절차를 요청하는 사례가 종종 있는데, 이 중 도박 사이트에 소액을 입금한 후 피싱 범죄를 당했다고 경찰에 진정서를 제출하고, 도박 사이트 운영자에게 돈을 주지 않으면 신고 접수증을 제출하여 장기간 계좌를 사용할 수 없도록 하겠다고 협박하여 돈을 갈취한 경우가 있다면서 피해자도 그러한 자로 의심된다고 하였다. 피해자는 지난 2년간 108차례에 걸쳐 거래정지를 신청하였기 때문이다.

금융감독원은 피해자를 비롯하여 최근 3년간 다수의 거래정지를 신청한 20여 명에 대한 거래정지 신청내역, 피신청 계좌번호에 대한 정보를 임의로 제출하였다. 천 경위는 이 자료를 분석하여 피해자 및 그와 같은 방법으로 범죄를 저지른 것으로 판단되는 10여 명을 발견하였다. 그들은 지난 3년간 총 1,000여

건의 거래정지를 신청하였다가 합의가 되었다는 이유로 2일 내에 진정을 취소한 것이었다.

한편 피해자에 의한 거래정지 신청의 대상이 된 계좌주를 비롯하여 위 1,000여 건의 거래정지 신청대상 계좌주는 모두 법인이었고, 이 계좌들에 대해 구글(GOOGLE)로 도박 사이트에 이용되는 계좌인지 여부를 검색하니 이 중 24개 계좌가 인터넷 도박 계좌로 이용되다가 배당금을 주지 않은, 즉 사기에 이용된 계좌라는 내용이 검색되었다. 천 경위는 금융감독원이 의심한 대로 피해자가 사실은 불법도박 사이트 운영자를 협박하여 돈을 갈취한 가해자라 판단하여 그를 피의자로 입건하였다. 지금부터 그는 '피해자'가 아니라 '피의자'이다. 또한 그와 유사한 수법을 사용한 10여 명도 같은 이유로 피의자로 입건하였다.

여기서 잠깐 2

금융감독원은 자신이 처리한 타인의 개인정보를 수사목적으로 경찰에게 제공할 수 있는가?

「개인정보 보호법」 제18조 제2항 제7호에 근거하여 공공기관인 금융감독원은 정보주체 또는 제3자의 이익을 부당하게 침해할 우려가 있을 때를 제외하고는 자신이 수집한 타인의 개인정보를 수사목적으로 경찰에게 제공할 수 있다. 즉 공공기관이 수사목적으로 개인정보를 경찰에 제공할 때 정보주체 또는 제3자의 이익을 '부당하게 침해할 우려'가 있으면 위법, 그러한 우려가 없으면 적법하다. 따라서 '부당하게 침해할 우려'의 의미가 중요한데, 이와 관련하여 최근 헌법재판소는 두 가지 의미 있는 결정을 하였다.

먼저, 경찰이 국민건강보험공단에 피혐의자의 위치파악을 위해 요양급여정보(병원, 병명 등의 정보로서 건강에 대한 정보이므로 민감정보에 해당)의 제공을 요청하자 건강보험공단이 이를 경찰에게 제공한 사안이다. ○○경찰서장은 요양급여정보를 요청하기 이전에 이미 전기통신사업자로부터 위치추적자료를 제공받았고 첩보원을 통해서도 청구인(피혐의자)의 위치를 확인하였으므로 요양급여정보를 제공받는 것이 불가피한 경우가 아니었음이 명백하고, 피청구인들의 소재 파악 목적을 위해서는 요양급여정보 요청일 또는 제공일에 근접한 급여일자와 요양기관명만이 제공되면 충분함에도, 국민건강보험공단은 청구인들의 약 2년 또는 3년 동안의 요양급여정보를 제공하였다며 과잉금지원칙에 위반되어 위헌이라는 결정을 하였다(2018. 8. 30. 선고 2014헌마368 결정).

다음으로, 경찰이 장애인 활동지원급여비용의 부정수급 관련 수사를 위해 김포시장에게 장애인 활동보조인인 피혐의자의 이름, 생년월일, 전화번호, 주소를 요청하였고, 김포시장이 이를 경찰에 제공한 사안이다. 수사기관에 제공된 개인정보는 피의자 등을 특정하고 연락을 취하기 위하여 반드시 필요한 것으로서 그 자체로 엄격한 보호의 대상이 된다고 보기 어려운 이름, 생년월일, 주소, 전화번호이고, 이 정보는 활동지원급여비용의 부정수급 관련 수사에 사용되었는데, 청구인들(피혐의자)은 활동보조인 및 수급자로서 활동지원급여비용 청구가 적정한지 여부에 관한 행정관청의 조사를 수인해야 하는 지위에 있어 청구인들이 전혀 예상하지 못한 목적으로 개인정보가 사용된 것은 아니었다며 합헌이라는 결정을 하였다(2018. 8. 30. 선고 2016헌마483결정).

공공기관의 수사목적 개인정보 제공은 과잉금지원칙, 즉 목적정당성, 수단적합성, 최소침해성, 법익균형성을 준수해야 한다. 이 사건에서 범죄를 수사하는 목적은 정당하고, 이 사건 정보의 제공은 이 범죄의 수사목적을 달성하기에 적합한 수단이다. 천 경위가 금융감독원으로부터 이 사건 정보를 제공받을 시점에서 피해자의 범행 여부를 확인할 수 있는 방법 중 이보다 침해의 정도가 낮은 수단이 있다고 보기 어려우므로 최소침해 원칙도 충족된다. 따라서 이 사건 개인정보 제공의 합헌성 판단기준으로 가장 중요한 것은 법익균형성의 준수 여부이다.

위 두 가지 헌법재판소의 결정을 보면 개인정보 제공의 법익균형성 준수 여부는 ① 제공된 개인정보의 가치, ② 개인정보 제공의 필요성, ③ 당해 사건 수사로 얻는 공익의 크기 등을 비교형량하여 판단할 수 있다. 이 기준을 이 사건에 적용해 보자.

① 금융감독원은 피해자의 신고내역 및 피신고계좌에 대한 정보를 경찰에 제공하였는데, 이는 개인정보에 해당하지만 이름과 신고내역 정도에 불과하고 민감정보나 식별정보에는 해당하지 않는다.

② 금융감독원이 이 정보를 제공하지 않으면 피의자가 허위로 신고를 한 것이 맞는지 판단하는 데 상당한 어려움이 있고, 이 사건과 유사한 다른 사건에 대해서는 정보를 수집할 방법이 전혀 없어 수사를 개시하는 것이 불가능에 가깝다.

③ 지급정지 절차는 전화금융 사기 피해자들에 대한 피해를 신속히 예방하기 위한 수단으로 마련된 절차로, 이를 악용한 허위신고는 정작 도움이 필요한 피해자들이 제대로 된 도움을 받지 못하도록 방해하게 되고, 피의자는 공권력을 부정한 이익을 취득하는 수단으로 이용하였으며, 그 과정에서 공권력의 낭비까지 초래하였기에 피의자에 대한 수사는 반드시 필요하다.

따라서 이 사건에서 금융감독원은 천 경위에게 위 개인정보를 제공할 수 있다고 생각된다.

3) 피의자 계좌의 거래내역 및 피신고 계좌의 거래내역

천 경위는 이 사건에 특정하여 법원으로부터 압수수색영장을 발부받아 피의자 계좌의 거래내역과 피신고 계좌의 명의자 및 거래내역을 확인하였다. 이 사건에서 피의자는 경찰서에 이 사건 진정서를 제출한 당일 오전에 피신고 계좌에 5만원을 이체하였고, 2일 후 그 계좌로부터 100만 원을 입금받았음이 확인되었다. 피신고 계좌의 명의는 법인이었고, 거래내역분석과 수사대상자 검색으로는 이 사건과 관련하여 의미 있는 정보를 얻을 수 없었다.

천 경위는 이 사건 외 피의자가 피싱 범죄를 당했다고 신고한 25여 건의 사건에 대하여 법원으로부터 압수수색영장을 발부받아 당시 피의자 계좌의 거래내역을 확인하였다. 피의자는 매번 5만원에서 10만 원 정도를 입금하였고, 2일 이내로 50만원에서 200만원을 상당을 입금받았음을 확인할 수 있었다. 수사대상자 검색을 통해 피신고 계좌 중 일부는 도박 사이트 운영에 사용된 계좌로 수사를 받은 이력이 있음을 확인할 수 있었다. 피의자의 혐의를 입증할 수 있는 결정적인 증거를 다수 확보한 것이다.

Tip 3

지능범죄의 인지−수사정보에 대한 접근방법 및 적법한 확보방법 숙지

경찰관은 수사에 활용할 수 있는 각종 정보가 어디에 있는지, 이를 적법하게 확보하기 위해서는 어떠한 절차를 거쳐야 하는지를 알아야 한다. 전자를 모르면 정보를 얻을 수조차 없고, 후자를 모르면 정보를 모으더라도 이를 증거로 쓸 수 없기 때문이다.

이 사건에서 천 경위는 내부적으로는 KICS를 통해, 외부적으로는 금융감독위원회의 협조, 금융기관에 대한 압수수색 및 구글 검색을 통해 다양한 정보를 얻었다. 각 정보는 「형사사법절차 전자화 촉진법」, 「개인정보 보호법」, 「금융실명거래 및 비밀보장에 관한 법률」, 「형사소송법」 등을 준수하여 적법하게 확보한 것으로 재판에서 증거로 사용될 수 있다.

2. 피의자 신문기법

천 경위는 이미 강력사건 수사사례에서 보았던 각종 추적기법을 활용하여 피의자를 체포하였다. 이제 피의자를 상대로 이 사건에 대해 신문하여 실체적 진실의 마지막 퍼즐을 맞추어야 한다. 피의자 신문에는 크게 두 가지 문제가 있다. '무엇을 물어볼 것인가'와 '어떻게 물어볼 것인가'이다.

1) 무엇을 물어볼 것인가

수사단계에서 얻어야 하는 정보는 누군가가 범죄를 저질렀느냐 하는 것이다. 따라서 피의자 신문 시 경찰관은 피의자로부터 그가 ① "언제, 어디서, 무엇을, 어떻게, 왜" 했는지, 피의자가 그러한 일을 했다면 그와 같은 일을 한 ② 정당한 이유가 있는지, 피의자를 ③ 비난하지 못할 사정이 있는지를 확인해야 한다.

①은 구성요건에 대한 내용이다. 이미 발생한 사실로서 추상적인 구성요건을 충족시키는 것으로 판단되는 구체적 사실, 즉 범죄의 혐의가 있다고 판단되어 수사기관이 수사를 진행하고자 하는 사실을 '범죄사실'이라 하는데, 경찰관은 피의자에게 범죄사실에 대해 질문해야 한다. 쉽게 말하면 피의자가 범행을 한 것이 맞는지를 물어보아야 한다는 것이다. 한편 ②는 위법성에 대한 내용, ③은 책임에 대한 내용으로, 경찰관은 피의자에게 위법성이나 책임이 조각되어 피의자를 처벌하지 못할 사정이 있는 것은 아닌지를 질문해야 한다. 이와 같은 내용은 형사소송법 제242조에 규정되어 있다.

「형사소송법」

제242조(피의자신문사항) 검사 또는 사법경찰관은 피의자에 대하여 범죄사실과 정상에 관한 필요사항을 신문하여야 하며 그 이익되는 사실을 진술할 기회를 주어야 한다.

피의자에게 무엇을 물어볼 것인가는 피의자 신문의 첫 번째 단계로 매우 중요한 문제이지만, 여기에서는 아래 예시를 연습한 후 사건으로 돌아와 이 사건에서 필요한 질문을 직접 작성해 보는 것으로 갈음하고자 한다. 경찰관이 피의자에게 물어보아야 할 것은 구성요건을 중심으로 위법성이나 책임조각 사유가 없는지 여부인데, 이를 자세히 다루는 것은 형법 수업과 다를 바 없기 때문이다.

아래의 특별법 위반에 대해 수사한다면 피의자에 대해 어떤 질문을 하여야 하는가?

「자동차관리법」

제80조(벌칙) 다음 각 호의 어느 하나에 해당하는 자는 2년 이하의 징역 또는 2천만원 이하의 벌금에 처한다.

  2. 제12조 제3항을 위반하여 자기 명의로 이전 등록을 하지 아니하고 다시 제3자에게 양도한 자

제12조(이전등록)

  ① 등록된 자동차를 양수받는 자는 대통령령으로 정하는 바에 따라 시·도지사에게 자동차 소유권의 이전등록(이하 "이전등록"이라 한다)을 신청하여야 한다.

  ③ 자동차를 양수한 자가 다시 제3자에게 양도하려는 경우에는 양도 전에 자기 명의로 제1항에 따른 이전등록을 하여야 한다.

먼저 ① 구성요건에 대한 질문, 즉 범죄사실에 대한 질문을 생각해 보자. 위 특별법 위반 피의사에 대해 범죄사실에 대한 질문을 하기 위해서는, 범죄사실을 만드는 법을 알아야 한다. 특별법의 범죄사실을 만드는 법은 매우 간단하다. 먼저, 조항의 내용을 토대로 이행하여야 할 내용 또는 금지된 내용을 적시한다. 위 자동차관리법 제12조는 어떠한 행위를 하여야 함을 규정하고 있으니, 이를 써 주면 된다.

자동차를 양수한 자가 다시 제3자에게 양도하려는 경우에는, 양도 전에 자기의 명의로 시도지사에게 자동차 소유권의 이전등록을 하여야 한다.

다음으로는 피의자가 위 법률상의 의무를 위반한 행위를 구체적으로 쓰면 된다.

그럼에도 피의자는 언제 어디에서 누구로부터 얼마를 주고 ○○가 ○○○○ 차량을 양수한 후, 자기의 명의로 관할 시도지사에게 자동차 소유권의 이전등록을 하지 아니하고, 언제 어디에서 제3자인 누구에게 얼마를 받고 위 차량을 양도하여 이를 위반하였다.

피의자에게 물어볼 내용은 바로 이 부분이다. 구체적으로 범죄를 저지른 부분에 대한 질문은 아래와 같다.

① 구성요건(범죄사실) 관련 질문
- 해당 차량을 언제, 어디에서, 누구로부터, 얼마를 주고 양수했는지
- 위와 같이 위 차량을 양수한 후 자신의 명의로 관할 관청에 소유권 이전등록을 한 사실이 있는지
- 해당 차량을 언제, 어디에서, 누구에게, 얼마를 받고 양도했는지

다음으로 ② 위법성에 대한 질문을 생각해 보자. 일반적으로 구성요건이 충족되면 위법성이 추정된다고 한다. 구성요건은 형사처벌을 받을 만큼 나쁜 일을 미리 법률로 정해 놓은 것이니, 구성요건에 해당하면 일단 나쁜 일로 볼 수 있다는 것이다. 하지만 구체적인 사건에서 꼭 그렇지 않을 때가 있다. 예를 들어 누군가가 여러분을 살해하려 하여 그를 강하게 밀었는데, 그가 중심을 잃어 넘어지면서 죽었다고 생각해 보자. 여러분은 폭행치사죄에 해당하는 행위를 했지만, 살인범으로부터 자신의 생명을 보호하기 위한 행위를 한 것이니 나쁜 일을 한 것이 아니다. 이처럼 구성요건에 해당하지만, 그 행위에 정당한 이유가 있는 경우를 위법성 조각사유가 있다고 한다.

위법성 조각사유에는 정당방위, 긴급피난, 자구행위, 피해자의 승낙, 정당행위 등이 있는데, 피의자에게 이에 해당하는 사정이 있는지를 물어보아야 한다. 그런데 경찰관이 모든 범죄의 피의자에 대해 특정한 위법성 조각사유에 해당하는 사정이 있는지를 구체적으로 물어보아야 한다고 보기는 어렵다. 예를 들어 예시처럼 차량 등록을 하지 않은 범죄에 대해서는 승낙을 할 피해자가 존재하지 않는다. 따라서 아래와 같이 피의자의 행위를 정당화해 줄 만한 사정이 있는지를 물어보는 정도로 충분하다.

② 위법성 관련 질문
  자신의 명의로 차량 이전 등록을 하지 아니한 정당한 사유가 있는지
  자신의 명의로 차량 이전 등록을 하지 않았음에도, 타인에게 차량을 양도한 정당한 사유
  가 있는지

끝으로 ③ 책임에 대한 질문에 대해 생각해 보자. 일반적으로 누군가가 위법한 행위를 하였다면 그 사람은 나쁜 일을 한 것이니 비난받아 마땅하고, 그 비난은 공적인 제재인 형사처벌로 이어지게 된다. 그런데 위법한 행위를 하였음에도 나이가 너무 어리다든지, 정신에 이상이 있는 사람이라면 그를 비난할 수 없어 형사처벌을 할 수 없다. 이를 책임조각 사유가 있다고 한다. 책임조각 사유에는 책임무능력자(형사미성년자, 심신상실자), 기대가능성 조각(강요된 행위), 상당한 이유가 인정되는 법률의 착오(포섭의 착오, 효력의 착오, 위법성 조각사유 존재·한계·전제사실의 착오)가 있는데, 피의자에게 이에 해당하는 사유가 있는지를 물어보아야 한다. 하지만 위법성 조각사유의 확인과 마찬가지로 경찰권이 모든 범죄 피의자에 대해 특정한 책임 조각사유에 해당하는 사정이 있는지를 구체적으로 물어보아야 한다고 보기를 어렵다. 예를 들어 책임무능력자와 관련하여 형사미성년자 여부는 주민조회 또는 피의자 신문 중 가장 앞에 이루어지는 인정신문에서 확인이 된다. 따라서 일반적인 경우 아래와 같이 피의자에게 책임이 조각 또는 감경될 만한 사정이 있는지를 물어보는 정도로 충분하다.

③ 책임 관련 질문
  - 위와 같은 행위를 하면 처벌받는다는 사실을 알고 있었는지
  - 피의자가 그러한 행위를 할 수밖에 없었던 특별한 이유가 있는지

종합하면, 피의자에 대해 구성요건과 관련해서는 형법 각론 각 범죄의 구성요건요소에 대한 질문을 하면 되고, 위법성이나 책임에 대해서는 조각사유가 있는지를 물어보면 된다.

이제 사건으로 돌아와 보자. 천 경위는 피의자에 대해 형법 제350조 제1항의 공갈죄와 제156조 제1항의 무고죄 및 「전기통신금융사기 피해 방지 및 피해금 환급에 관한 특별법」(이하 "통신사기피해환급법") 제16조 제1호 위반죄로 의율하려고 한다. 이 중 통신사기피해환급법 제16조 제1호의 내용을 보고, 범죄사실을 만들어 보자. 그리고 이 사건에서 여러분이 피의자를 신문한다면 무엇을 물어볼 것인지, 직접 질문을 작성해 보자.

「**전기통신금융사기 피해 방지 및 피해금 환급에 관한 특별법**」(약칭: 통신사기피해환급법)

제16조(벌칙) 다음 각 호의 어느 하나에 해당하는 자는 3년 이하의 징역 또는 3천만원 이하의 벌금에 처한다.

1. 거짓으로 제3조 제1항에 따른 피해구제를 신청한 자

제3조(피해구제의 신청) ① 피해자는 피해금을 송금·이체한 계좌를 관리하는 금융회사 또는 사기이용계좌를 관리하는 금융회사에 대하여 사기이용계좌의 지급정지 등 전기통신금융사기의 피해구제를 신청할 수 있다.

★ **생각해 볼 문제 4**

범죄사실 및 질문을 직접 작성해 보자.

[범죄사실]

① 구성요건 관련 질문

② 위법성 관련 질문

③ 책임 관련 질문

2) 어떻게 물어볼 것인가

신문기법은 두 가지 문제에 대한 해결책을 제시함을 목적으로 한다. 먼저 사람의 기억은 부정확하고 쉽게 오염되며, 되살리기 어려운 경우도 있다. 부정확하거나 오염된 기억을 바탕으로 하는 진술은 신뢰할 수 없고, 기억이 나지 않으면 진술을 얻을 수 없다. 어떻게 물어보아야 피의자가 사건과 관련된 기억을 정확히 해내고, 질문으로 인해 기억이 오염되지 않도록 할 수 있을지가 첫번째 문제이다. 다음으로, 사람은 거짓말을 할 수 있다. 특히 피의자는 범죄를 저질렀다는 의심을 받는 사람으로 자신에게 불리하다고 생각되는 내용에 대해서는 진술을 거부하거나, 소극적으로 기억이 나지 않는다고 하거나, 적극적으로 거짓말을 할 수 있다. 어떻게 질문하면 피의자가 진실을 말하는지, 거짓을 말하는지를 파악하고, 거짓말을 할 경우 진실을 밝힐 수 있는가가 두 번째 문제이다.

이러한 문제점을 극복하기 위한 기법을 피의자 신문기법이라 한다. 세계적으로 활용되고 있는 두 가지 피의자 신문기법인 리드 테크닉(Reid Technic)과 수 테크닉(SUE Technic)을 소개한다.

3) 리드 테크닉

(1) 개 관

2000년대 초 경찰청은 미국에서 개발된 신문기법인 리드 테크닉(Reid Technic)을 도입하였다. 리드 테크닉은 피의자 신문을 크게 면담과 신문의 두 단계로 나눈다. 먼저 면담단계에서는 피의자와의 신뢰관계인 라포를 형성하고, 사건과 관련하여 개방형 질문을 사용하는 등 편안한 분위기에서 질문한다. 경찰관은 질문에 답하는 피의자의 행동과 진술의 내용을 관찰하여 피의자가 거짓을 말하는지, 진실을 말하는지를 평가한다. 이를 행동분석, 진술분석이라고 하는데, 리드 테크닉에서는 이를 통해 진실을 말하는 피의자와 거짓을 말하는 피의자를 구별할 수 있다고 한다.

거짓을 말하는 피의자는 범인 또는 범죄와 관련된 정보를 가지고 있는 사람으로 신문단계로 진행한다. 신문단계에서 리드 테크닉은 9단계의 신문기법을 통해 피의자로부터 자백을 이끌어 낼 수 있다고 한다.

(2) 9단계 신문기법

리드 테크닉은 피의자 신문을 '직접적이고 단정적인 대면'부터 '서면자백으로 전환'까지 9단계로 나누어 실행한다. 아래는 각 단계의 내용을 간략히 정리한 것이다.

> • **1단계: 직접적이고 단정적인 대면**
> 피의자에게 "당신이 범인이다."라는 식으로 직접적이고 단정적으로 이야기한다. 많은 양의 수사 서류 등을 보여 주며 "당신에 대한 증거가 이미 다 수집되었다."고 하는 등 상대방에게 강한 심리적 압박을 주는 것이 좋다. 피의자는 경찰관이 가져온 서류와 확신에 찬 태도에 범행을 부인해도 소용없을 것이라고 생각할 것이다. 게다가 면담을 할 때와는 전혀 다

른 경찰관의 태도에 당황할 것이다.

- **2단계: 신문화제 전개**

  신문화제란 피의자에게 범행에 대한 합리화나 정당화가 가능하도록 하는 사유를 제공하여 피의자에게 주어지는 비난을 줄여 주는 것을 말한다. "비슷한 상황이라면 누구라도 범죄를 저지르지 않을 수 없었을 것이다."라는 식으로 피의자의 범행을 합리화하거나, "피해자의 행실을 보니 그런 일을 당해도 싸다."라는 식으로 피의자의 죄를 정당화시켜 주면서 사실대로 자백하는 것이 피의자에게 도움이 된다고 이야기해 준다.

- **3단계: 부인 다루기**

  신문화제를 계속 진행하면 피의자는 경찰관이 피의자를 범인으로 확정하고 질문을 한다는 사실을 알게 되어 범행을 부인하기 시작한다. 피의자가 소극적으로 부인하는 경우 경찰관은 피의자의 말을 무시하고 계속 신문화제를 이야기한다. 만약 피의자가 자신의 말을 들어달라고 하는 등 강하게 부인하면, 경찰관은 피의자를 제지한 후 신문화제를 계속 반복한다.

- **4단계: 반론 극복**

  피의자는 단순한 범행 부인으로는 경찰관을 설득할 수 없음을 깨닫고, 경찰관이 설득될 만한 논리적인 거짓말을 하며 범행을 부인하려 든다. 경찰관은 피의자에게 "당신의 말이 사실이면 좋겠다. 하지만 중요한 것은 (신문화제의 내용)이다."라는 식으로 피의자와의 논쟁을 피하고 계속하여 신문화제를 진행한다.

- **5단계: 피의자의 관심 유지하기**

  경찰관이 단순한 부인은 물론 논리적인 부인도 받아주지 않으면 피의자는 심리적으로 위축되어 신문을 하는 경찰관과 전혀 대화를 하지 않으려 한다. 피의자가 그러한 기미를 보이면, 경찰관은 피의자의 바로 앞에 의자를 두고 앉는 것처럼 물리적 거리를 가깝게 하고, 시선을 강하게 접촉하는 등의 방법으로 피의자에게 심리적 압박을 지속하면서, 계속하여 신문화제를 반복한다.

- **6단계: 피의자의 수동적 분위기 다루기**

  피의자는 내면에서 자백을 할 것인지 갈등이 심해져서 팔다리를 내리고, 바닥을 응시하며 때로 눈물을 흘리는 등의 행동을 보인다. 경찰관은 피의자를 동정해 주고, 당황스러움을 없애 주기 위해 용기를 줘야 한다. 피의자가 혼자 있게 하거나 울지 못하게 하면 거부감을 주기 때문에 유의해야 한다.

- **7단계: 택일적 질문 던지기**

  피의자는 자백을 하고 싶지만 심리적으로 자백에 대한 두려움이 남아 있다. 경찰관은 피의자가 이러한 두려움을 벗어나 자백을 할 수 있도록 양자택일의 질문을 한다. 두 개의 질문은 모두 범행을 자백하는 것이지만, 그중 하나는 피의자에게 자기 부죄의 부담감을 덜어 주는 것이어야 한다. 아래는 양자택일 질문의 예시이다.

"이번이 처음인가요, 아니면 이전에도 그런 적이 있나요?"

"계획적이었나요, 우발적이었나요?"

"피의자가 범행을 주도했나요, 공범이 주도했나요?"

- **8단계: 피의자에게 범행의 세부를 말하게 하기**

  피의자는 양자택일의 질문 중 하나를 선택하였다 해도 아직 범행을 저질렀다는 답을 하였을 뿐이다. 경찰관은 피의자에게 범행내용을 자세히 진술하도록 지시한다.

- **9단계: 구두자백을 서면자백으로 전환하기**

  경찰관은 피의자가 자세히 진술한 범행의 내용을 피의자가 직접 서면에 작성하도록 지시한다.

  ※ 참고: 미국에서는 범인이 자발적으로 작성한 자백서에 증거능력이 인정되므로 자백한 피의자에게 스스로 서면을 작성하도록 시킨다. 정식재판이 이루어질 경우 자백을 들은 경찰관이 그 내용을 법정에서 증언할 수도 있지만, 자백서의 증명력이 훨씬 높게 평가되므로 수사단계에서 가능한 이를 확보하려는 것이다.

4) SUE 테크닉

리드 테크닉은 몇 가지 큰 결함을 가지고 있다고 생각한다. 리드 테크닉은 행동분석과 진술분석으로 범인을 가려낼 수 있음을 전제로 하는데, 과연 이를 신뢰할 수 있는 것인지 의문이다. 만약 사람의 행동과 진술을 보아 거짓을 판별할 수 있다 하더라도, 그러한 기술을 모든 경찰관이 제대로 익혀 수사에 활용할 수 있는지 장담하기도 어렵다. 게다가 9단계 신문기법에는 위협이나 선처의 약속이 있기 때문에 이를 통해 얻은 진술은 자백배제법칙에 위반할 우려도 있다. 자백배제법칙을 위반하여 얻은 진술은 어떠한 경우에도 증거로 사용할 수 없고, 이를 통해 다른 증거를 확보한다 해도 그 증거는 증거능력이 부정되는 것이 원칙이다.

이와 같은 결함으로 인해 경찰청은 2010년대에 들어 리드 테크닉을 버리고 스웨덴 경찰의 신문기법인 SUE 테크닉(Strategical Use of Evidence Technic)을 받아들이게 되었다.

(1) 개 관

인간은 다른 사람이나 사회적 시스템으로부터 분리되어 독자적으로 살아가기 어렵다. 특히 현대사회에서는 휴대전화, 신용카드, CCTV 등을 통해 다량의 정보가 사회적 시스템에 제공되고, 경찰은 이러한 정보를 합법적으로 확보할 방법을 가지고 있다. 경찰이 이러한 정보를 미리 확보하면 피의자가 거짓말을 하는지, 사실을 말하는지 탐지할 수 있게 된다.

경찰관으로부터 범행과 관련된 질문을 받은 피의자는 범행을 저지르지 않았을 경우 부담없이 그 질문에 관련된 답을 할 것이다. 그리고 그 대답은 경찰관이 이미 확보한 증거(정보)에 대한 설명이 될 수 있을 것이다. 만약 피의자가 범행을 저질렀다면 피의자는 질문에 대답하지 않거나, 대답한다면 거짓말을 하거나, 자백을 하게 된다. 대답을 하지 않으면 당장 의심이 많이 갈 수밖에 없다. 거짓말은 많이 하면 할수록 경찰관이 확보해 둔 증거를 설명할 수 없게 된다.

(2) 3단계 전략적 증거 사용(Strategic Use of Evidence)

수 테크닉은 "증거 제시 없이 자유회상 요구하기," "증거연상 단서 포함하여 질문하기," "설명 요구하기"의 3단계로 이루어진다.

• **1단계: 증거 제시 없이 자유회상 요구하기**

경찰관은 피의자에게 "그날 무슨 일을 했는지 말해 주세요."와 같은 개방형 질문을 하여 피의자가 자유롭게 기억을 떠올린 후 기억대로 진술하도록 지시한다.

이때 경찰관은 피의자에게 어떠한 추가적인 정보도 제공하여서는 아니 된다. 특히 이미 확보한 증거나 그와 관련된 이야기를 하면 진실을 이야기하고자 하는 피의자라 해도 그의 기억을 오염시킬 수 있고, 거짓을 말하고자 하는 피의자에게는 거짓말을 쉽게 할 수 있는 기회를 제공하게 되기 때문이다.

1단계에서 피의자의 진술이 경찰관이 확보한 증거와 부합한다면 피의자는 진실을 말하고 있을 가능성이 높다. 피의자가 증거와 동떨어진 내용의 진술을 한다면 이는 거짓일 가능성이 매우 높다. 이러한 피의자에 대해서는 2단계로 진행한다.

- **2단계: 증거연상 단서를 포함하여 질문하기**

증거와 맞지 않는 진술을 한 피의자에게 증거와 관련되어 있는 단서를 포함하여 구체적으로 질문한다. 이 질문에 대해서도 증거와 맞지 않는 대답을 한다면 3단계로 진행한다.

- **3단계: 설명요구하기**

증거를 제시하고, 지금까지의 진술과 증거가 일치하지 않는 이유의 설명을 요구한다. 피의자는 대답을 회피하거나, 지금까지의 대답이 잘못된 것이라며 발뺌하려 하거나, 범행을 자백하는 것 외에 달리 합리적인 설명을 하는 것이 불가능하게 된다.

새벽 3시경 발생한 편의점 절도현장에서 피의자의 지문이 발견되고, 새벽 3시경 피의자의 휴대전화가 접속된 기지국이 피해 편의점에서 접속되는 기지국이었음이 확인되었다고 가정해 보자. 두 가지 사실로 인해 피의자가 새벽 3시경 피해 편의점에 있었고 범인일 가능성이 있다고 보는 것은 상당히 합리적인 판단이다.

1단계로 경찰관은 피의자에게 범행이 발생한 날에 무엇을 했는지를 물어본다. 피의자가 피해 편의점의 절도범이라면 새벽 3시경 편의점을 간 사실을 이야기하지 않을 것이다. 처벌을 피하고 싶은 마음과 그 사실을 쉽게 밝히지 못할 것이라는 기대가 있기 때문이다. 이 경우 2단계로 진행한다. 한편 피의자가 당일 새벽 3시경 우연히 편의점을 간 일이 있다면 거짓말을 할 이유가 없기 때문에 편의점에 간 사실을 말할 것이다. 이 경우라면 당시 편의점에서 한 일에 대해 자세한 진술을 요구한다. 특별히 의심 가는 부분이 없다면 더 이상 피의자를 신문하지 않아야 하고, 특히 경찰이 확보한 증거를 제시하며 피의자를 추궁해서는 안 된다. 이러한 추궁은 범인이 아닌 피의자에게 강요된 자백을 요구하는 것에 불과하고, 피의자가 범인이라면 경찰이 확보한 증거를 파악하게 해주어 향후 거짓말을 더욱 편하게 할 수 있도록 만들어 주기 때문이다.

2단계로 경찰관은 피의자에게 과거 피해 편의점에 간 사실이 있는지를 물어본다. 거짓말을 하는 피의자라면 그 편의점에 간 사실이 전혀 없다고 할 가능성이 높다. 이제 당일 새벽 3시에는 무엇을 했는지를 물어본다. 이때 피의자가 편의점에 간 것이 기억났다고 하면 1단계에서와 마찬가지로 대처한다. 만약 이 질문에 대해서도 피의자가 집에서 자고 있었다고 하는 등 편의점에 간 사실 에 대해서 진술하지 않는다면 피의자는 거짓말을 하고 있을 가능성이 더욱 커 졌다고 할 수 있다. 이제 결정적인 질문으로 새벽 3시경에 편의점을 간 일이 없는지를 물어본다. 이에 대해서도 피의자가 부인하면 피의자가 범인일 가능성 은 매우 높다.

한편 이 질문에 앞서 피의자는 휴대전화를 늘 가지고 다니는지, 사건 당일 에도 가지고 있었는지 물어보아야 한다. 대부분의 사람들은 자신 명의의 휴대 전화를 '휴대'하지만, 3단계 설명 요구 시 피의자는 다른 사람에게 휴대전화를 빌려주었다는 등으로 말을 바꿀 수 있기 때문에 미리 확인해 둘 필요가 있는 것이다. 피의자는 이 질문의 진의를 알 수 없기 때문에 사실대로 자신이 휴대 폰을 가지고 있다고 대답하는 것이 일반적이다.

3단계로 경찰관은 피의자에게 지문을 제시하면서 간 적도 없는 편의점에서 지문이 발견된 이유를 설명해 줄 것을 요구한다. 피의자는 자백하거나, 침묵하 거나, 진술을 바꿀 것이다. 피의자가 자백하면 자세히 진술하도록 지시하고, 피 의자의 자백을 구체적이고 세세하게 기록한다. 침묵하는 피의자에 대해서는 다 시 한 번 설명을 요구하고 그에 대해서도 침묵하면 그대로 기록한다. 피의자가 편의점에 간 적이 있었지만 그날 3시경에는 간 사실이 없다는 식으로 진술을 바꾼다면 당시 휴대전화 기지국 정보를 제시하며 이에 대한 설명을 추가로 요 구한다. 이에 대한 피의자의 반응은 역시 자백하거나, 침묵하거나, 말을 바꾸거 나 세 가지 중 하나일 것이다.

이처럼 SUE 테크닉은 피의자에게 진술을 강요하지 않으면서 피의자의 자백 을 이끌어 내거나, 최소한 피의자가 거짓을 말하고 있음을 밝힐 수 있다. 또한 SUE 테크닉은 피의자가 임의로 진술하도록 한 후 경찰이 이미 확보한 증거와 의 부합 여부에 따라 거짓을 말하는 피의자를 가려내고, 적절한 시기에 증거를 제시하고 설명을 요구하는 방법이므로, 헌법이나 형사소송법상 문제를 야기하 지 않는다. 그 결과로 피의자가 자백을 하면 가장 좋고, 자백을 하지 않더라도 피의자가 거짓말을 하고 있음을 밝혔으니 이미 확보한 증거와 더불어 피의자가 범인임을 증명할 수 있는 것이다.

사건으로 돌아가 보자. 천 경위는 이미 피의자에 대해 아래의 정보를 확보하고 있다.

---

① 피의자가 계좌에 대한 지급정지를 신청한 내역
  - 피의자는 2년 동안 108회에 걸쳐 피싱 범죄를 당하였다며 계좌 지급정지를 신청하였음.
  - 2년 동안 108회의 지급정지 신청 중 15건만 경찰서에 진정서를 제출하였고, 이 역시 돈을 돌려받았다며 취소하였음. 이 중 4건은 최근 일주일 내에 한 것임.

② 지급정지된 상대 계좌
  - 모두 유한회사, 주식회사 등 법인명의의 계좌로 개인명의의 계좌는 없음.
  - 14개 계좌가 인터넷 도박 사이트의 계좌로 이용되었음.

③ 지금정지된 계좌와의 거래금액
  - 피의자 계좌에서 지급정지 신청계좌로 입금은 5~10만원의 소액
  - 지급정지 신청계좌에서 피의자 계좌로 입금은 50~200만원으로 피해액에 비해 매우 큼

이를 바탕으로 피의자에 대해 어떻게 질문해야 할지, 질문을 직접 작성하고, 피의자의 반응에 따라 어떻게 해야 하는지를 설명해 보라.

★ 생각해 볼 문제 5

SUE 테크닉의 활용

① 1단계

② 2단계

③ 3단계

3. 요약정리 및 생각해 볼 문제 4, 5 예시 답안

1) 지능범죄의 인지

　지능범죄를 제대로 인지하기 위해서는 눈앞의 사건을 종결하는 데만 급급해서는 안 된다. 경찰관은 항상 경각심을 가지고 숨겨진 범죄나 피해자가 없는지 살피고, 의심나는 부분이 있다면 반드시 확인하여 명확히 하여야 한다. 하지만 적극적인 태도만으로 지능범죄를 인지할 수는 없다. 지능범죄를 인지하여 제대로 수사할 수 있는 능력을 갖추기 위해 경찰관은 새롭게 나타나는 범죄의 유형, 즉 범죄의 트렌드를 지속적으로 파악해야 한다. 관련 뉴스나 판례를 놓치지 말고 기록하는 습관을 길러야 한다. 이와 관련하여 범죄자의 눈높이에서 범죄에 악용될 수 있을 만한 공적 시스템의 결함이나 결점을 발견하기 위해 노력해야 한다. 공적 시스템의 허점을 악용한 범죄는 높은 수익과 낮은 검거율이 기대되기 때문에 새로운 범죄 트렌드가 될 가능성이 크기 때문이다. 또한 경찰관은 수사에 활용할 수 있는 각종 정보가 어디에 있는지, 이를 적법하게 확보하기 위해서는 어떠한 절차를 거쳐야 하는지를 알아야 한다. 전자를 모르면 정보를 얻을 수조차 없고, 후자를 모르면 정보를 모으더라도 이를 증거로 쓸 수 없기 때문이다.

2) 신문기법

신문기법으로 크게 두 가지를 소개하였다. 먼저 소개한 리드 테크닉은 행동분석과 진술분석으로 범인을 가려낼 수 있음을 전제로 하는데, 과연 이를 신뢰할 수 있는 것인지, 신뢰할 수 있다고 가정하더라도 그러한 기술을 모든 경찰관이 제대로 익혀 수사에 활용할 수 있는지 의문이다. 또한 '직접적이고 단정적인 대면'부터 '서면자백으로 전환'까지 9단계로 나누어 실행하는 신문은 위협이나 선처의 약속이 있기 때문에 이를 통해 얻은 진술은 자백배제법칙에 위반할 우려도 있다. 이러한 문제점으로 경찰청은 SUE 테크닉을 도입하였다. SUE 테크닉은 경찰관이 미리 사건과 관련된 정보를 수집한 후, '증거 제시 없이 자유회상 요구하기,' '증거연상 단서 포함하여 질문하기,' '설명 요구하기'의 3단계 신문을 통해 피의자가 임의로 진술하도록 한 후 경찰이 이미 확보한 증거와의 부합 여부에 따라 거짓을 말하는 피의자를 가려내고, 적절한 시기에 증거를 제시하고 설명을 요구하는 방법이므로, 피의자의 진술을 강요하지 않고, 헌법이나 형사소송법상의 문제를 야기하지도 않는다. 그 결과로 피의자가 자백을 하면 가장 좋고, 자백을 하지 않더라도 피의자가 거짓말을 하고 있음을 밝혔으니 이미 확보한 증거와 더불어 피의자가 범인임을 증명할 수 있는 것이다.

4. 생각해 볼 문제 4 및 5 예시 답안

1) 생각해 볼 문제

통신사기피해환급법 제16조 제1호 위반은 앞에서 연습한 것과 달리 어떠한 행위를 하는 것을 금지하고 있다. 따라서 이에 대한 범죄사실은 금지되는 행위를 기술하고, 피의자가 이에 해당하는 행위를 하였음을 적시하면 된다.

범죄사실

• 누구든지 거짓으로 전기통신금융사기 피해금을 송금·이체한 계좌를 관리하는 금융회사 또는 사기이용계좌를 관리하는 금융회사에 대하여 사기이용계좌의 지급정지 등 전기통신금융사기의 피해구제를 신청하여서는 아니 된다. ⇨ 금지되는 행위를 기술

• 피의자는 사실은 전기통신금융사기를 당한 사실이 없다.
  그럼에도 피의자는 언제 어디에서 ○○은행에 전화하여, 피싱을 당하여 ○○은행 123-45-6789○○ 계좌에 5만원을 입금해 주었다며 거짓으로 피해구제를 신청하여 이를 위반하였다. ⇨ 피의자가 이에 해당하는 행위를 하였음을 적시

범죄사실을 만들어 보니 구성요건의 충족과 관련하여 무엇을 물어봐야 하는지 명확해진다. 피의자가 '전기통신금융사기를 당한 사실이 있는지, 언제, 어디에서 ○○은행에 전화하여 거짓으로 피해구제 신청을 하였는지'이다.

---

① 구성요건 관련 질문
  - 피의자가 전기통신금융사기를 당한 사실이 있는지
  - 언제, 어디에서 ○○은행에 전화를 한 것인지
  - 보이스 피싱을 당하여 ○○은행 123-45-6789○○ 계좌에 5만원을 입금해 주었다며 피해구제를 신청한 사실이 있는지

피의자는 전기통신금융사기를 당한 사실이 있다고 변명할 수도 있고, ○○은행에 피해구제 신청을 한 사실이 없다고 변명할 수도 있다. 하지만 대부분의 경우 후자와 같은 변명은 잘 하지 않는다. ○○은행을 통해 즉시 확인이 가능

하다는 사실을 피의자도 잘 알고 있기 때문이다. 따라서 이 사건에서 가장 다툼이 있을 부분은 피의자가 전기통신금융사기를 당한 사실이 있는지 여부이다. 이에 대한 내용은 바로 다음 부분인 '어떻게 물어볼 것인가'에서 살펴본다.

위법성과 책임에 대한 질문은 대부분의 사건에서 대동소이하다. 이 사건에 대해서도 앞에서 연습한 것과 비슷하게 질문하면 된다.

---

② 위법성 관련 질문
  - 위와 같이 거짓으로 피해구제 신청을 한 정당한 이유가 있는지

③ 책임 관련 질문
  - 위와 같은 행위를 하면 처벌받는다는 사실을 알고 있었는지
  - 피의자가 그러한 행위를 할 수밖에 없었던 특별한 이유가 있는지

---

2) 생각해 볼 문제 5

1단계로 피의자에게 진정서를 낸 것과 같이 피싱 범죄를 당한 점에 대해 설명할 것을 요구한다. 이때 자백을 한다면 구체적인 범행내용을 질문하면 된다. 만약 자백하지 않는다면 어떻게 피해를 입었는지를 자세히 물어본다. 질문을 통해 피의자가 이 사건 외에도 다른 피싱 범죄 피해자로 신고를 한 것이 많음을 이미 경찰관이 알고 있다는 점은 이 시점에서 알려 주어서는 안 된다.

2단계로 먼저 피의자에게 피싱 범죄를 당해 돈을 지급한 계좌와 다른 거래내역이 있지는 않은지 물어본다. 이때 다른 거래내역이 없다고 하면 피의자는 3단계에서 이를 만회하기 매우 어려워진다. 자료와의 불일치로 인해 피의자가 거짓말을 하는 것이 명백히 밝혀지게 된다. 만약 피의자가 거래내역이 있다고 하면 그 이유와 금액 등을 자세히 물어본다. 피싱 범죄 피해자가 가해자로부터 돈을 돌려받는 일은 불가능에 가까운 일이고, 돌려받았다 해도 피해금액 이상을 받는다는 것은 말이 되지 않는다. 하지만 여기에서는 일단 상대방으로부터 자세한 진술을 얻어야 한다. 자세히 진술할수록 자료와의 차이를 설명하기 어

려워지기 때문이다.

다음으로, 최근 피싱을 당하여 신고한 것이 있는지를 물어본다. 이때 다른 거래내역이 없다고 하면 피의자는 3단계에서 자료와의 불일치를 설명하기 매우 어려워진다. 신고를 한 사실이 있다고 하면 그 내용을 자세히 물어본다. 동일한 수법의 피싱에 수십 차례 피해를 입었다는 것은 이해하기 어려운 일이다. 하지만 여기에서는 일단 상대방으로부터 자세한 진술을 얻어야 한다. 자세히 진술할수록 자료와의 차이를 설명하기 어려워지기 때문이다.

3단계로 2단계에서 피의자가 거래내역이 없다고 한 경우, 거래내역을 제시하며 다른 거래내역이 없다고 했는데 어떻게 하여 거래내역이 있는지 설명을 요구한다. 반응은 자백하거나, 침묵하거나, 말을 바꾸거나 3가지 중 하나일 것이다. 침묵 또는 말 바꾸기를 할 경우 신고내역을 제시하면서 이에 대해서도 설명을 요구한다. 이 정도의 상황에서 피의자는 자백 또는 침묵 외에는 대응할 방법이 없을 것이다.

2단계에서 피의자가 거래내역이 있다고 한 경우, 거래내역을 제시하면서 피해금액에 비해 너무 많은 금액을 돌려받은 이유의 설명을 요구한다. 또한 신고내역 및 다른 거래내역까지 제시하면서 수회에 걸쳐 동일한 피해를 입고, 가해자로부터 피해액의 수십 배에 달하는 돈을 돌려받은 이유의 설명을 요구한다. 역시 이에 대해 피의자는 자백 또는 침묵 외에는 대응할 방법이 없을 것이다.

수사사례 이해를 위한
최소한의 법률지식

••• 도입

대법원은 수사를 "범죄혐의의 유무를 명백히 하여 공소를 제기·유지할 것인가의 여부를 결정하기 위하여 범인을 발견·확보하고 증거를 수집·보전하는 수사기관의 활동"[1]이라고 정의하고 있다. 여기에서 수사기관이란 국가의 다양한 역할 중 수사를 담당하고 있는 기관을 말하는데, 경찰청은 우리나라의 대표적인 수사기관으로 범죄 혐의점이 있으면 그러한 범죄가 발생한 것이 사실인지 확인하고, 범인이 누구인지를 밝히며, 그를 체포하는 등 실질적으로 수사를 전담하고 있다 해도 과언이 아니다.

전통적으로 수사기관은 사람의 진술만으로 또는 이를 통해 물증의 의미를 파악하여 실체적 진실에 접근하고자 하였다면, 오늘날 수사기관은 비약적으로 발전하고 있는 과학기술을 바탕으로 물증 자체가 가지고 있는 의미를 확인한 후 사람의 진술을 통해 그 내용을 더욱 명확히 하거나, 진술의 진위를 가려내어 허위진술을 배제함으로서 실체적 진실을 밝히는 방향으로 발전하고 있다.[2] 과거든 현재든 실체적 진실을 발견하기 위해 그 범죄와 관련된 사람이나 물증, 즉 범죄정보를 확보하여야 한다는 점은 다를 게 없지만 이를 활용하는 순서나 방법에는 큰 차이가 생긴 것이다. 이제 수사기관은 자백에 의존한 강압적인 수사방식에서 탈피하여 물증을 중심으로 한 친인권적인 수사를 펼칠 수 있는 환경에 있다.

---

1 대법원 1999. 12. 7. 선고 98도3329 판결. 실제 수사현장에서 수사관은 공소의 제기 여부 결정 및 유지를 위한 활동을 비롯하여 사건의 진상 파악, 피해자의 보호, 범죄발생 지역의 질서회복 등 다양한 목적을 두고 활동한다. 하지만 수사사례연구라는 이 책의 성격상 수사의 의미를 대법원의 정의에 한정하여 접근하고자 한다.
2 이러한 점에서 경찰수사연수원은 경찰의 표준 신문기법을 Reid Technic에서 Strategic Use of Evidence로 변경하였다고 볼 수 있다. 이에 대한 자세한 내용은 제9장을 참조한다.

여기서 잠깐

대형 상점에서 종업원이 사망한 상태로 발견되었다. 이에 대해 어떤 수사가 가능할까?

피해자에 대한 부검을 통해 범행도구를 추정하여 그에 대해 추적할 수 있을 것이고, 피해자의 사망원인을 확인하여 그 내용에 따라 범인의 특정에 도움을 얻을 수 있다. 예를 들어 과도한 폭행이 사망의 원인이라면 피해자와 원한관계가 있는 사람을 범인으로 추정할 수 있고, 그렇다면 피해자의 통화내역이나 금융거래내역을 통해 피해자와 원한관계가 있을 만한 사람을 확인할 수 있다. 만약 피해자의 손톱에서 누군가의 살점이 발견된다면 범인의 것일 가능성이 높으니 그 DNA 분석결과는 범인에 대한 중요한 단서가 된다. 피해자나 범행장소 주변에서 누군가의 지문이 발견된다면 지문 자료와 대조해 봄으로써 지문의 주인을 밝혀 낼 수도 있다.

범행장소가 상점이니 상점의 CCTV에 범행이 녹화되었을지도 모른다. 범행을 저지르는 장면이 녹화되지 않았다 해도 사망시간 추정을 통해 그 시간대의 상점 내 CCTV를 모두 분석하면 어딘가에는 틀림없이 범인이 찍힌 장면을 발견할 수 있을 것이다. CCTV의 추적을 통해 범인의 도주경로를 확인하고 어쩌면 범인의 주거지를 알게 될 수도 있을 것이다. 범인을 체포한다면 현장에서 확보된 DNA 정보나 지문은 진범 여부를 밝히는 데 결정적인 증거로 활용할 수 있다.

자, 여기까지 사람의 이야기가 실체적 진실의 발견에 개입된 것이 있는가? 전혀 없다. 이처럼 과학기술의 발달은 실체적 진실의 발견에 있어서 물증의 가치를 크게 높여 주었다. 용의자로부터 정확한 사건 경위를 확인하는 일이 남아있지만 물증만으로도 상당한 정도의 수사가 가능해졌고, 이 덕분에 사건과 관련이 없는 용의자를 수사선상에서 최대한 빨리 배제시킴으로써 수사 효율성을 제고시키고 인권침해를 최소화할 수 있게 되었다.

이제 이 사건의 수사과정에서 현대과학의 도움을 모두 배제해 보자. 사건 발생장소를 조선시대의 주막으로 바꾸어 생각해 보아도 좋겠다. 그 시절에도 과학기술을 통한 실체적 진실 발견의 노력이 있었겠지만, 통화내역, 금융거래내역, DNA, 지문, CCTV 등을 활용한 수사는 불가능했다. 목격자가 없다면 평소 피해자와 원한관계가 있던 사람이 있었는지를 확인하고 주변에 살고 있는 우범자에 대해 조사하는 정도밖에는 실체적 진실을 밝힐 방법이 없었을 것이다. 약간의 과학지식과 목격자나 사건 관련자의 진술만을 바탕으로 한 직관을 통해 용의자를 선별하고, 유죄추정의 원칙에 기초한 인권침해의 결정판이라 할 신문방법인 "네 죄를 네가 알렸다."라며 곤장을 치는 것 외에는 사건을 해결할 방법을 찾을 수 없는 경우가 다반사였을 것이다.

이처럼 과학기술의 발전은 범죄정보의 가치와 그 활용방법을 크게 변화시켰다. 물증에서 얻어지는 정보 또는 정보 자체로서 존재하는 정보를 우선 수집하고, 그 내용을 충분히 파악한 후 사람을 조사하는 것은 범인을 명확히 밝혀 피해자의 원한을 풀어 주고 동시에 무고하게 범인으로 의심받거나 최악의 경우 형사처벌까지 받는 사람이 없도록 하는 데 가장 적합한 수사방법이다.

하지만 이와 같은 시대의 변화는 수사기관에 실체적 진실발견의 지름길만을 제공하지는 않는다. 기본권이나 인권에 대한 국민의 기대 수준도 높아지면서 수사기관의 적법한 범죄정보 확보의 기준도 높아지고 있는 것이다. 과거 수사기관에 의한 임의수사는 적법성이 매우 널리 인정되었지만, 오늘날 법원은 수사대상자가 자발적으로 수사에 협조한 경우에만 적법한 것으로 인정한다.[3] 강제수사는 엄격한 강제수사 법정주의 및 영장주의에 의함이 원칙이고, 사후영장에 의할 수 있는 경우는 매우 예외적인 것으로 그 범위는 점차 좁아지고 있다.[4]

기술의 비약적인 발전이 기본권이나 인권과 조화를 이루는 과정에서 수사기관은 정보의 적법한 확보에도 큰 어려움을 겪고 있다. 정보의 중요성이 사회전반에서 통용되는 가치로 자리잡게 되면서 수사기관의 정보 확보에 매우 까다로운 기준이 요구되고 있는 것이다. 예를 들어 정보저장이 디지털화되고 그 기술이 발전하면서 손가락보다 작은 정보저장매체인 USB에도 영화 수백 편에 해당하는 거대한 분량의 정보가 저장될 수 있다. 수사기관이 이러한 정보저장매체를 압수수색할 때에는 전통적인 물증에 대한 압수수색과는 달리 정보저장매체 자체를 압수하는 것이 아니라 그 안에 저장되어 있는 정보 중 사건과 관련된 정보만을 압수하는 것이 원칙이 되었다.[5] 개인정보의 수집에는 더욱 엄격한 기준이 요구되어 수사기관이 개인정보를 임의제출의 방식으로 확보할 수 없는 분야가 늘어나고 있다. 예를 들어 수사기관은 영장이나 허가서가 없다면,

---

3 대법원 2006. 7. 6. 선고 2005도6810 판결.
4 헌재 2018. 3. 20.자 2015헌바370, 2016헌가7(병합) 결정. 헌법재판소는 형사소송법 제216조 제1항 제1호에 근거하여 체포영장이 발부된 자에 대한 체포를 위해 타인의 주거를 영장 없이 수색할 수 있다는 부분에 대해 헌법불합치 결정하여 사후영장의 예외범위를 축소하였다.
5 형사소송법 제106조 제3항.

즉 임의수사로는 은행이나 통신사로부터 금융거래정보나 휴대전화 통화내역을 제공받지 못한다.[6]

이처럼 새로운 문화와 발전하는 기술은 시대의 변화를 가져오고, 이에 따라 수사의 적법성 확보도 큰 변화를 맞이하고 있다.

● ● ● 학습목표

이 장에서는 이러한 시대적 변화에 따라 수사기관이 적법하게 범죄정보를 확보할 수 있는 법적 근거와 관련 쟁점을 하나의 사례를 통해 배우게 된다. 아래는 이 장에서 배울 쟁점들이다.

1. 임의수사와 강제수사의 구별기준 및 임의수사의 한계
2. 임의수사
   • 대인: 불심검문, 임의동행
   • 대물: 임의제출
3. 사전영장에 의하지 아니한 강제수사
   • 대인: 현행범인 체포, 긴급체포
   • 대물: 체포현장에서의 압수수색, 범죄장소에서의 압수수색, 긴급체포된 자가 소유·소지·보관하는 물건에 대한 압수수색

수사사례집에서 이러한 법리에 대해 배워야 하는 이유는 무엇일까? 일반적으로 수사사례에 대한 접근은 범죄정보를 확보하고 이를 통해 범죄사실을 재구성하여 범인을 특정한 후 그를 체포하는 등 사실적인 방법을 채택하고 있는데, 그러한 사실적인 접근의 전제로서 범죄정보를 적법하게 확보하는 법적 근거에 대한 학습은 반드시 선행되어야 하기 때문이다. 수사기관이 위법하게 범죄정보를 확보한다는 것은 의도적이든 비의도적이든 정당한 이유 없이 수사대상자의 인권이나 기본권을 제한 또는 침해한다. 그리고 그러한 방법으로 얻은 정보는 특별한 사정 없이는 증거능력이 부정된다. 쓰지도 못할 정보를 타인을

---

[6] 개인정보처리자의 금융정보의 임의제출은 금융실명거래 및 비밀보장에 관한 법률 제4조 제1항에서, 통화내역의 임의제출은 통신비밀보호법 제13조에서 금지하고 있는데, 이와 같이 개인정보가 정보주체의 통제를 벗어나 정보처리자의 손에 맡겨진 경우 수사기관의 영장 없는 정보취득을 불가능하게 하는 영역이 확대되고 있다.

괴롭혀서 가며 얻을 이유가 있을까? 경찰관 개인의 입장에서 보더라도 위법한 수사를 할 합리적인 이유는 찾기 어렵다. 경찰관이 위법한 수사를 하다가 폭행 또는 협박을 당해도 상대방에게는 공무집행방해죄는 성립하지 않고,[7] 위법한 수사로 인해 상대방에게 재산상 손해가 발생한다면 경찰관은 그에 대한 손해 배상의 책임까지 질 수 있기 때문이다.[8] 적법한 수사에 대한 법적 근거를 충분히 이해할 필요가 느껴진다면 이제 사례를 살펴보자.

사례연구

1. 사건개요

경찰관은 20××년 3월 1일 02시 05분경 노상에 전차 중인 자신(피해자)의 차량 주변을 기웃거리고 있어서 절도범으로 의심되는 사람(용의자)과 말다툼을 하고 있다는 내용의 112 신고를 접수하였다.

경찰관은 02시 09분경 현장에 도착하여 피해자와 용의자로부터 사건의 경위를 청취하였다. 피해자는 112신고 직전에 용의자가 피해자의 차량 주변을 기웃거리다가 운전석 쪽 손잡이를 잡는 것을 보았다고 진술하고, 용의자는 그런 일을 한 적이 없다고 진술하였다.

경찰관은 02시 11분경 용의자에게 주민등록번호를 물어보았고, 용의자는 실존하지 않는 허위의 주민등록번호를 알려 주었다. 경찰관이 용의자에게 실존하지 않는 주민등록번호를 알려준 이유를 따지자 용의자는 이에 대한 대답을 회피하며 자리에서 벗어나려 하였다.

경찰관은 현장을 이탈하려는 용의자에게 CCTV를 확인할 때까지는 현장에 있어야 한다며 용의자의 앞을 막아섰다. 경찰관은 주변을 둘러보다가 바로 옆 주유소의 CCTV가 피해자의

---

[7] 법원은 공무집행방해죄에서 공무는 '적법한 공무'만을 의미한다고 하면서 공무가 위법한 경우 공무집행방해죄의 다른 구성요건이 다 갖춰지더라도 무죄판결을 한다.

[8] 법원은 공무원에 의한 국가배상소송에서 불법행위를 한 공무원에게 고의 또는 중과실이 인정될 경우 대외적 청구권, 즉 피해자가 공무원에게 직접 손해배상 청구소송을 할 수 있다고 한다. 국가배상소송의 실무상 원고는 자력이 충분한 국가(대한민국)를 피고로 삼는 경우가 많지만, 피고 1을 대한민국으로 피고 2를 당해 공무원으로 기재하여 소송을 하는 경우도 다수 발견된다.

차량이 주차되어 있는 장소를 찍고 있는 것을 발견하고는 용의자를 앞장서게 하여 그 주유소로 갔다. 용의자는 그 장소에 계속 머무르고 싶지도 않았고, 주유소로 가고 싶지도 않아 경찰관에게 가기 싫다고 말했지만, 경찰관이 강압적인 태도로 CCTV를 확인해야 명확하게 문제가 해결되지 않겠냐고 하면서 주유소로 동행을 요구하기에 어쩔 수 없이 경찰관의 요구에 따랐다.

경찰관, 용의자, 피해자는 02시 14분경 위 주유소에 도착하였다. 경찰관은 주유소 점원에게 CCTV를 보여 달라고 하였고 점원의 협조를 받아 CCTV를 확인하였다. CCTV 영상정보에는 용의자가 피해자 차량의 운전석 쪽 유리를 통해 차량 내부를 둘러보다가 손잡이를 잡고 열쇠처럼 보이는 도구를 이용해서 차량의 문을 열려고 하는 것이 녹화되어 있었다.

경찰관은 이를 확인한 즉시 권리고지 등 체포절차를 준수하여 용의자를 절도미수죄의 현행범인으로 체포하였고, 용의자로부터 차량 문을 열기 위해 사용하였던 도구를 압수하기 위해 용의자의 주머니를 뒤져 보았는데, 용의자의 주머니에서 대마초가 발견되어 이를 압수하였다.

이 사건에서 경찰관의 대마초 압수는 적법한가? 즉답을 내놓기가 쉽지 않다면 그 이유는 법리를 떠나 사실관계가 꽤나 복잡하기 때문일 것이다. 이렇듯 복잡한 사실관계에 대한 경찰수사의 적법성을 평가할 때에는 경찰관의 수사를 시간 순서에 따라 분리한 후, 각 단계의 수사가 적법했는지를 하나하나 검토함으로써 그 답에 접근하는 것이 좋다. 경찰관의 수사가 한 단계라도 적법하지 않다면 그 단계는 물론 그 이후 단계의 수사는 그 자체의 적법성과 관계없이 위법하다고 평가된다.[9] 때에 따라서는 특정 단계의 위법한 수사로 인해 그 이전의 적법했던 수사도 전체적으로 위법하다고 평가될 수도 있다.[10]

사례에서 경찰관의 수사를 시간 순서대로 정리하면 아래와 같다.

① 신고접수 출동 후 피해자와 용의자의 진술을 청취하였다.
② 용의자에게 주민등록번호를 물어보았다.

---

9 대법원 2006. 7. 6. 선고 2005도6810 판결. 용의자를 위법하게 임의동행 한 후 적법하게 긴급체포한 사안에서 긴급체포에 선행하는 임의동행이 위법하였기 때문에 긴급체포 자체가 적법하다 해도 전체적으로 위법하게 체포한 것이라 하였다.

10 대법원 2015. 7. 16. 선고 2011모1839 결정. 검사가 정보저장매체를 적법하게 확보한 후 이를 수색하는 과정에서 참여권 보장을 위반한 사안에서, 법원은 적법한 선행 절차인 정보저장매체의 압수까지 모두 위법하다고 하였다.

③ 현장을 벗어나려는 용의자를 막아섰다.

④ CCTV 확인을 위해 동행을 원하지 않는 용의자를 앞장세워 주유소로 갔다.

⑤ CCTV 영상정보를 확인하였다.

⑥ 용의자를 현행범으로 체포하였다.

⑦ 용의자를 체포한 직후 영장 없이 용의자를 수색하고 대마초를 압수하였다.

이제 범죄정보의 확보라는 관점에서 각 단계의 수사가 적법한지 함께 생각해 보자. 사실관계에서 직접 문제되지는 않았지만 각 단계에서 추가로 생각해 볼 쟁점에 대해서도 깊이 있게 검토해 보면 범죄정보를 적법하게 확보하는 법적 근거를 이해하는 데 큰 도움이 될 것이다.

2. 임의수사와 강제수사의 구별 및 임의수사의 한계

경찰관은 20××년 3월 1일 02시 05분경 노상에 징차 중인 자신(피해자)의 차량 주변을 기웃거리고 있어서 절도범으로 의심되는 사람(용의자)과 말다툼을 하고 있다는 내용의 112 신고를 접수하였다.

경찰관은 02시 09분경 현장에 도착하여 피해자와 용의자로부터 사건의 경위를 청취하였다. 피해자는 112신고 직전에 용의자가 피해자의 차량 주변을 기웃거리다가 운전석 쪽 손잡이를 잡는 것을 보았다고 진술하고, 용의자는 그런 일을 한 적이 없다고 진술하였다.

경찰관은 02시 11분경 용의자에게 주민등록번호를 물어보았고, 용의자는 실존하지 않는 허위의 주민등록번호를 알려 주었다.

이 시점에서 경찰관의 수사는 '① **신고접수 출동 후 피해자와 용의자의 진술을 청취하였다.**'와 '② **용의자에게 주민등록번호를 물어보았다.**'이다. 경찰관은 어떠한 법적 근거에 기초하여 피해자나 용의자로부터 진술을 청취할 수 있는 것일까? 용의자는 경찰관의 물음에 대답을 해야만 하는가? 경찰관은 업무처리를 위해 타인의 주민등록번호를 물어보고 그 답을 들음으로써 주민등록번호를 파악해도 될까? 이에 대한 답을 얻기 위해서는 강제수사와 임의수사를 구별하고 각 수사의 적법성이 어디까지 인정될 수 있을지를 검토해야 한다.

1) 임의수사와 강제수사의 구별 및 법적 근거

수사는 크게 임의수사와 강제수사로 구별되는데 우리 형사소송법은 양자에 대한 정의를 두지 않고 있고, 학자들 사이에는 그 의미에 대한 다툼이 있다.[11] 실무적으로는 압수수색이나 체포처럼 수사대상자의 의사에 반하여 그의 인권이나 기본권을 제한하는 경우로 형사소송법 등에 법원으로부터 영장이나 허가장을 받도록 한 경우에는 강제수사, 그 외의 경우, 즉 수사대상자의 의사에 반하지 않거나 그의 인권이나 기본권을 제한하지 않으며 영장주의가 적용되지 않는 경우에는 임의수사로 보는 것이 타당하다고 생각된다.

한편 임의수사의 한계, 즉 임의수사의 적법성은 대법원 판례에 따라 자발성을 기준으로 판단해야 한다. 대법원은 임의수사는 "오로지 피의자의 자발적인 의사에 의하여…(이루어졌음이)…객관적인 사정에 의해 명백하게 입증된 경우에 한"하여 적법하다고 하였다.[12] 그런데 이러한 구분은 수사대상자의 협조를 필요로 하지 않거나 수사대상자의 의사와 무관하게 진행할 수 있는 수사가 임의수사인지 강제수사인지에 대한 의문을 남기게 된다. 예를 들어 공개된 장소에서 경찰이 용의자를 미행하는 것은 임의수사일까, 강제수사일까? 용의자가 PC방에서 버린 담배꽁초를 주워서 DNA분석을 하는 것은 어떨까? 이를 직접 규율하는 법 규정이 없고, 법원에서도 크게 문제된 적이 없기에, 아직 명확한 답을 하기 어렵다. 다만 앞에서 금융정보 등과 관련하여 이미 설명한 것처럼 다수의 개별법들은 강제수사의 영역을 확장하고 있고, 언젠가는 위와 같은 문제들도 수면으로 떠오르게 될 것이다.

경찰관이 임의수사나 강제수사를 할 수 있는 법적 근거로는 「형사소송법」과 「경찰관 직무집행법」 등이 있다. 먼저 임의수사의 근거는 경찰관 직무집행법 제2조 및 형사소송법 제196조, 제199조 등을 들 수 있다. 경찰관 직무집행법 제2조는 경찰의 임무로 수사를 명시하고 있다. 형사소송법 제196조 제2항

---

11 양자의 구별에 대해 법률에 영장이 요구되는 수사는 강제수사이고 그렇지 않은 것은 임의수사라는 형식설, 물리적 강제력의 행사 유무 또는 상대방의 의사에 반하는가의 여부에 의해 구별된다는 실질설 등의 대립이 있는데, 경찰의 수사실무를 중심으로 볼 때 법원의 태도를 명확히 이해하는 것으로 충분하다고 생각된다. 이하에서도 학설의 대립은 특별한 사정이 없는 이상 각주에서 다룬다.
12 대법원 2006. 7. 6. 선고 2005도6810 판결.

은 범죄혐의가 있는 경우 경찰은 "수사를 개시 및 진행하여야 한다."고 하며 제199조 제1항은 "수사에 관하여는 그 목적을 달성하기 위하여 필요한 조사를 할 수 있다. 다만, 강제처분은 이 법률에 특별한 규정이 있는 경우에 한하며"라고 규정하여 경찰은 임의수사를 할 권한이 있음을 명시하고 있다. 한편 수사기관의 강제수사는 헌법 제12조 및 제16조에 의하여 법원이 발부한 영장에 의함이 원칙이고 이는 형사소송법에서 체포·구속과 압수·수색은 특별한 경우[13]를 제외하고는 사전영장에 의하도록 함으로써 구체화되어 있다. 예를 들어 형사소송법 제215조 제2항은 경찰은 "범죄수사에 필요한 때에는… 지방법원판사가 발부한 영장에 의하여 압수, 수색 또는 검증을 할 수 있다."고 규정하고 있다.

사례로 돌아가 보자. ①에서 경찰관은 피해자와 용의자로부터 진술을 청취하였는데 수사기관이 타인으로부터 진술을 얻는 것은 자발성이 부정되는 경우가 아닌 한 임의수사의 한 방법으로 적법하다. 자발성이 인정되기 위해 수사기관은 수사대상자에게 질문을 하는 것은 가능하지만 진술을 하지 아니하고 싶은 사람에게 이를 강제할 수는 없다. 수사기관이 진술자에게 진술을 강요했다면 그 사실만으로도 위법한 수사이고, 그로써 얻은 진술은 임의성이 부정되어 법정에서 증거로 사용될 수도 없다. 그러한 진술을 통해 얻은 이후의 모든 증거도 마찬가지이다.

①에서 경찰관은 피해자는 물론 용의자에게 질문하고 답을 들었을 뿐, 진술을 강요했다는 점을 찾아볼 수 없다. 따라서 경찰관이 두 사람의 진술을 청취한 것은 적법하다.

2) 특별법과 임의수사 Ⅰ

②에서 경찰관은 용의자에게 주민등록번호를 물어보았다. 그 대답을 통해 주민등록번호를 수집하였는데, 여기에도 용의자에 대해 강요를 했다는 점은 찾을 수 없다. 따라서 경찰관은 임의로 진술을 얻은 것으로 보인다. 하지만 일반

---

[13] 특별한 경우란 사후영장에 의한 강제처분을 말하는데 형사소송법 제216조와 제217조에 규정되어 있다. 이에 대해서는 후술하겠다.

적인 정보와 달리 수사기관[14]이 수사대상자의 주민등록번호를 수집하기 위해서는 개인정보보호법에 의해 정보주체의 동의는 물론 법률 등에 주민등록번호의 수집 근거가 규정되어 있어야 한다.[15]

경찰관이 수사대상자의 주민등록번호를 수집할 수 있음을 규정한 근거로는 경찰관 직무집행법 시행령 제8조와 주민등록법 제26조 제1항이 있다. 시행령 제8조는 "국가경찰공무원은 (경찰관직무집행)법 제2조에 따른 경찰관의 직무를 수행하기 위하여 불가피한 경우「개인정보 보호법」제23조에 따른 건강에 관한 정보, 같은 법 시행령 제18조 제2호에 따른 범죄경력자료에 해당하는 정보, 같은 영 제19조에 따른 주민등록번호, 여권번호, 운전면허의 면허번호 또는 외국인등록번호가 포함된 자료를 처리할 수 있다."라고 규정하고 있고, 주민등록법 제26조 제1항은 "사법경찰관리(司法警察官吏)가 범인을 체포하는 등 그 직무를 수행할 때에 17세 이상인 주민의 신원이나 거주 관계를 확인할 필요가 있으면 주민등록증의 제시를 요구할 수 있다."라고 규정하고 있다.

사례에서 경찰관은 피해자의 112신고에 근거하여 수사 등의 직무를 수행하는 중이었고, 그러한 직무를 수행하기 위해 용의자의 인적사항을 파악하는 것은 반드시 필요한데 주민등록번호를 확인하는 방법 외에 용의자의 인적사항을 파악할 마땅한 방법은 없다. 따라서 경찰관이 용의자의 주민등록번호를 물어보고 이를 수집한 것은 경찰관 직무집행법 시행령 또는 주민등록법에 의한 것으로 적법하다.

3. 영장 없는 체포

★ 생각해 볼 문제 1

경찰관은 이 시점에서 용의자를 체포할 수 있는가?

---

[14] 수사기관이 개인정보를 수집하는 경우, 개인정보 파일을 처리하기 위한 것인지 여부에 따라 개인정보보호법상 개인정보처리자에 해당하는지에 대한 논란의 여지가 있다. 하지만 경찰청은 수사경력자료, 범죄경력자료, 수배자료 등을 처리하고 이를 수사에 활용하고 있으므로 개인정보처리자에 해당한다 할 것이다.
[15] 개인정보보호법 제24조의2 제1항.

이 시점에서 경찰관은 용의자를 체포하지 않았고, 이후 사실관계 확인을 위한 복잡한 과정을 거치고 있다. 경찰관은 왜 주차장에 도착한 즉시 용의자를 체포하지 않았을까?

경찰관은 용의자를 체포하지 않은 것이 아니라 체포할 수 없었던 것이다. 만약 이때 경찰관이 용의자를 체포했다면 재판을 통해 용의자에게 절도미수의 혐의가 밝혀지더라도 불법체포를 이유로 무죄판결을 받을 수 있고, 오히려 경찰관이 불법체포죄로 처벌될 수 있다.

경찰관에게는 용의자에 대한 체포영장이 있을 수 없으니, 현장에서 주어진 정보만으로 경찰관이 용의자를 현행범인 체포 또는 긴급체포할 수 있는지가 문제된다. 각 체포의 요건에 대해 검토한 후 '자동차의 손잡이에 손을 댄 행위('㉮ 행위'라 한다)'와 '경찰관에게 존재하지 않는 주민등록번호를 자신의 주민등록번호인 것처럼 속이고 말한 행위('㉯ 행위'라 한다)'에 대해 경찰관이 용의자를 체포할 수 없었던 이유를 자세히 살펴보자.

1) 현행범인 체포

형사소송법 제211조 제1항은 "범죄의 실행 중이거나 실행의 즉후인 자를 현행범인이라 한다."고 하고, 제212조는 "현행범인은 누구든지 영장 없이 체포할 수 있다."고 할 뿐 현행범인 체포의 명확한 요건을 제시하지 않는다. 한편 법원은 "현행범인의 체포요건을 갖추었는지는 체포 당시의 상황을 기초로 판단하여야 하고 이에 관한 수사기관의 판단에는 상당한 재량의 여지가 있지만, 체포 당시의 상황으로 볼 때 그 요건의 충족 여부에 관한 판단이 경험칙에 비추어 현저히 합리성을 잃을 경우에는 그 체포는 위법하다고 보아야 한다."[16]면서 구체적인 현행범인 체포의 요건으로 범죄의 명백성·가벌성, 체포의 필요성 및 현행성을 제시하고 있다.

먼저, 범죄의 명백성·가벌성은 평균적인 경찰관이 현장에서 주어진 정보를 통해 합리적인 판단을 했을 때 형사처벌이 가능한 범죄가 명백히 일어난 것을

---

16 대법원 2017. 4. 7. 선고 2016도19907 판결 등.

말한다. 범죄가 경찰관의 눈앞에서 벌어진 경우라면 범죄의 명백성과 가벌성은 쉽게 인정될 수 있지만 사례와 같이 피해자의 진술 외에는 객관적인 증거가 없다면 인정되기 어렵다. 물론 사후적으로 현행범인으로 체포된 행위에 대해 법원의 무죄판결이 있거나[17] 수사과정이나 재판과정에서 죄명에 대한 변경이 있다는 이유만으로 범죄의 명백성·가벌성이 부정되는 것은 아니다.

다음으로, 체포의 필요성이란 피의자를 체포하지 아니할 경우 피의자가 도주를 하여 수사의 진행을 적극적으로 방해하고 나아가 재판이 열리는 것 자체를 불가능하게 하거나, 증거를 인멸함으로서 수사에 장애를 주고 나아가 재판이 열리더라도 실체적 진실발견을 어렵게 할 우려가 있는 경우를 말한다. 이에 대해서는 조문에도 없는 체포의 필요성을 현행범인 체포의 요건으로 삼아야 할 근거가 없다는 비판도 있지만, 법원은 경찰관이 불심검문 중 모욕을 당한 사건에서 피해 경찰관이 피체포자의 주민등록증을 교부받았고, 주변 주민 등 다수의 목격자가 확보되어 있는 상태이므로 모욕의 현행범으로 체포할 필요성이 없다[18]고 하는 등 체포의 필요성이 현행범인 체포의 요건임을 명백히 하고 있다.

마지막으로, 현행성은 현재 발생하고 있거나 발생한 직후의 범죄에 대해 체포가 이루어졌는지를 의미하는데 경찰이 체포에 착수할 수 있는 시간적 한계와 장소적 한계가 문제된다. 좀 더 구체적으로 말하면 경찰은 범죄발생으로부터 얼마의 시간이 지난 시점까지, 범죄장소에서 얼마나 떨어진 곳에서 용의자를 체포할 수 있는지의 문제이다. 법원은 범죄장소에서 범행을 저지른 지 25분 이내에 용의자를 체포하였다면 현행성이 인정된다고 하였고,[19] 범행장소 이외의 장소에서 범행을 저지른 지 40분이 경과한 후 용의자를 체포하였다면 현행성이 부정된다고 하였다.[20] 판례에 따른 현행성 인정 여부를 표로 정리하면 다음과 같다.

17 대법원 2013. 8. 23. 선고 2011도4763 판결.
18 대법원 2011. 5. 26. 선고 2011도3682 판결.
19 대법원 2006. 2. 10. 선고 2005도7158 판결.
20 대법원 1991. 9. 24. 선고 91도1314 판결.

표 10-1 법원의 현행성 인정 여부

장소＼시간	25분 이내	25~40분	40분 초과
범죄장소	현행성 인정	?	?
범죄장소 외	?	?	현행성 부정

판례를 따르면 25분 이내에 범죄장소라면 현행성이 인정되고, 40분 초과에 범죄장소가 아니라면 현행성이 부정된다. 범행발생 25분 초과이지만 범죄장소인 경우나, 40분이 이내에 범죄장소가 아닌 경우에는 현행성 인정 여부를 알 수 없다. 판례가 더 나오기 전까지는 말이다.

2) 긴급체포

형사소송법 제200조의3 제1항은 긴급체포의 요건으로 사형, 무기 또는 장기 3년 이상의 징역이나 금고에 해당하는 죄를 저질렀다는 상당성(이하 '중대성'), 체포의 필요성 및 긴급성을 규정하고 있다. 이 중 체포의 필요성은 현행범인 체포의 그것과 같으므로 중대성과 긴급성에 대해서만 살펴본다.

먼저, 중대성은 '장기 사형, 무기 또는 3년 이상의 징역이나 금고에 해당하는 죄'인지 여부와 '그러한 범죄를 저질렀다고 믿을 만한 상당한 이유가 있는지' 여부로 나누어 살펴보아야 한다. 사형, 무기 또는 장기 3년 이상의 징역이나 금고에 해당하지 아니하는 주요 범죄로는 도박죄(벌금형), 폭행죄(장기 2년 이하), 과실치사죄(장기 2년 이하), 사실적시 명예훼손죄(장기 2년 이하) 등이 있는데 이러한 범죄에 대해서는 범죄를 저질렀다고 믿을 만한 상당한 이유가 있다 하더라도 긴급체포를 할 수 없다.

장기 3년 이상의 범죄에 해당한다면 그 범죄를 저질렀다고 믿을 만한 상당한 이유가 있어야 하는데, 그 판단기준은 평균적인 경찰관의 수준에서 합리적인 판단을 했을 때 그러한 범죄를 저질렀다고 믿을 만한 이유가 있는지 여부이다. 그렇게 믿을 만한 이유가 어느 정도인지는 사안마다 달리 판단할 수밖에 없을 것이지만 현행범인 체포의 요건인 범죄의 명백성에 이르지는 않더라도 체포영장 청구요건인 '죄를 범하였다고 의심할 만한 상당한 이유'와 같거나 더 높은 개연성이 있는 경우에만 인정된다고 생각한다. 먼저 범죄의 명백성은 문언 자체로 긴급체포에서 말하는 상당성보다 개연성이 높음을 의미한다. 다음으로 긴급체포나 체포영장 발부의 범죄혐의 관련 요건은 둘 다 범죄를 저질렀다고 인정할 만한 '상당한 이유'로 규정하고 있지만 체포영장의 청구요건을 충족시키지 못할 정도의 범죄혐의로 용의자를 영장 없이 체포할 수 있다는 것은 영장에 의한 체포가 원칙이고 영장 없는 체포는 예외적으로 인정되어야 한다는 헌법적 질서와 법률의 체계적 해석으로 받아들일 수 없기 때문이다. .

다음으로, 긴급성은 "피의자를 우연히 발견한 경우 등과 같이 체포영장을 받을 시간적 여유가 없는 때"[21] 즉 영장을 청구하고 발부받는 사이에 피의자가 도망가거나 증거를 인멸할 염려가 있는 경우 인정된다. 법원은 긴급성의 인정 여부를 매우 엄격하게 심사하여 수사기관이 사전영장을 발부받아 피의자를 체포할 시간적 여유가 있었음에도 영장 없이 긴급체포하면 긴급성 요건이 결여되었음을 이유로 불법체포로 판단한다.[22]

지금까지 살펴본 현행범인 체포와 긴급체포의 요건을 간단히 정리하면 다음과 같다.

표 10-2 현행범인 체포와 긴급체포의 요건

구분	범죄 관련성	체포필요성 (증거인멸 염려 또는 도망·우려)	개별 요소	50만원 특칙
현행범인 체포	가벌성 및 명백성	○	현행성	주거불명
긴급 체포	중대범죄 상당한 이유	○	긴급성	없음

3) 체포요건으로서 실체법 위반 여부

이상에서 현행범인 체포와 긴급체포의 요건을 살펴보았다. 각 체포는 용의자가 범죄를 저질렀다는 범죄와의 관련성을, 사전 체포영장이 없다는 점에 대

---

21 형사소송법 제200조의3 제1항.
22 대법원 2007. 1. 12. 선고 2004도8071 판결 등.

한 정당화로서 각각 현행성과 긴급성을, 무죄추정의 원칙이 적용되는 피체포자로부터 신체의 자유를 뺏는 것에 대한 정당화로서 체포의 필요성(증거인멸. 도주, 도주 우려)을 요건으로 삼고 있다. 그런데 이러한 요건에 앞서 피체포자에 대한 체포는 피체포자가 어떠한 범죄를 저질렀음이 전제되어야 한다. 현행범인 체포의 요건인 범죄의 명백성·가벌성과 긴급체포의 요건인 중대성의 검토는 피체포자가 어떠한 범죄를 저질렀음을 전제하지 않고는 생각할 수 없다. 그렇기 때문에 위에서 체포요건을 검토할 때에도 현행범인 체포에서는 범죄의 명백성·가벌성을, 긴급체포에서는 중대성을 가장 먼저 고려하였다.

그런데 피체포자가 어떠한 범죄를 저질렀는지에 대한 전반적인 설명은 어떠한 행위가 범죄를 구성하는지에 대한 문제이니 형법에 대한 강의가 될 수밖에 없다. 이러한 접근은 수사사례연구라는 이 책의 성격과는 맞지 않기 때문에 여기에서는 사안에 대해서만 간략히 살피고자 한다. 하지만 모든 수사, 특히 현장에서 용의자를 체포하는 등의 강제수사는 형법에 대한 충분한 이해가 바탕이 되어야 한다는 사실을 결코 간과해서는 안 된다. 현장에서 피의자를 세워 두고 관련 형법 조문과 판례를 검색하고 있을 수는 없지 않은가? 범죄를 구성하지도 아니하는 행위를 한 사람을 체포하는 것은 명백한 불법체포이다.

피의자가 어떠한 범죄를 저질렀는지를 판단하는 것은 수사의 첫 단계라 할 수 있다. 특히 체포는 피의자가 어떠한 범죄를 저질렀는지에 대한 평가가 반드시 전제되어야 한다. 사실관계에서 어떠한 범죄가 구성되는지를 특정하는 방법에는 여러 가지가 있지만, 피의자의 행위와 그 결과를 자연적인 관찰을 통해 시간 순서대로 정리한 후 법적인 평가로서 그러한 행위가 충족시키는 구성요건이 있는지를 고찰하는 방법을 채택하겠다. 이 방법은 특히 사실관계가 복잡한 사건일수록 효율적이다.

여기서 잠깐 2

어떠한 행위가 범죄를 구성하는지를 판단할 때 법정에서 증명이 가능할 것인지를 반드시 고려해야 하는가?

수사기관이 범죄정보를 확보하는 것은 실체적 진실의 발견을 목적으로 한다는 점을 부인할 수 없다. 그리고 실체적 진실발견이라는 목적에 매몰되어 위법한 방법으로 범죄정보를 수집하는 것은 결코 올바르지 않다. 우리 법원은 수사기관의 권한남용을 견제하기 위해 위법하게 수집한 증거의 증거능력을 부정하고 있다. 나아가 수사기관은 조서나 진술서의 증거능력 등 전문법칙과 그 예외에도 유의해야 한다. 예를 들어 피의자나 참고인으로부터 진술을 받더라도 법정방식을 준수하지 않는다면 증거능력이 부정되어 증거로 쓸 수 없다. 이처럼 수사기관은 수사단계에서부터 차후 법원에서의 증명에 대해 고려해야 한다.

하지만 증명이 가능한지 여부는 어떠한 행위가 구성요건에 해당하는지를 판단하는 것과는 다른 문제이다. 어떠한 행위가 구성요건에 해당한다고 판단되면 경찰관은 실체적 진실발견을 위해 노력해야 하고, 증명이 어렵다는 이유로 수사를 포기하거나 부실하게 하는 것은 직무유기와 다를 바 없다. 증명의 문제가 수사를 지배해서는 안 된다.

4) ㉮ 행위에 대한 체포가 가능한지

㉮ 행위가 구성할 수 있는 범죄는 절도미수죄이다. 우리 법원은 절도 범행의 상황에 따라 절도죄 실행의 착수시기를 다양하게 보고 있다. 사례와 유사한 경우를 살펴보면 법원은 자동차 안에 있는 물건을 훔치기 위해 자동차 유리를 통해 내부를 손전등으로 비춰 본 단계에서는 절도죄의 실행의 착수를 인정하지 않았지만,[23] 자동차 안에 들어 있는 밍크코트를 훔칠 생각으로 자동차의 문을 열려고 손잡이를 잡아당긴 경우에는 실행의 착수를 인정하였다.[24] 따라서 사례와 같이 절도 용의자가 타인의 차량 문에 손을 댔다면 절도죄의 실행의 착수가 인정되므로 절도미수죄를 범한 것이다.

그렇다면 사례에서 절도미수죄에 대해 현행범인 체포가 가능할지 살펴보자.

현행범인 체포의 요건인 범죄의 명백성·가벌성, 현행성, 체포필요성 중 사

----

23 대법원 1985. 4. 23. 선고 85도464 판결.
24 대법원 1986. 12. 23. 선고 86도2256 판결.

안에서 가장 문제가 되는 것은 범죄의 명백성·가별성이다. 피해 신고시각과 경찰의 출동시각은 4분밖에 차이가 나지 않고, 체포를 시도하는 장소는 범죄장소와 동일하여 현행성 요건이 충족된다. 용의자는 피해자나 경찰관과는 일면식도 없고 인적사항도 알지 못하며 달리 목격자나 증거도 확보되지 않은 상황에서 혐의내용을 부인하고 있으므로 지금 체포하지 않는다면 도주할 우려가 있음이 인정되므로 체포필요성도 충족된다.

하지만 ㉮ 행위에 대해서는 범죄의 명백성이 인정된다고 보기 어렵다. 피해자의 진술을 제외하면 용의자가 절도미수죄를 저질렀다는 점에 대한 아무런 정보가 없기 때문이다. 법원은 09시20분경 주차된 차량을 2미터 운전한 피고인이 "어젯밤에 술을 마셨다."는 진술을 했다는 사실만으로는 음주운전에 대한 범죄의 명백성이 인정되지 않는다고 하였는데,[25] 이에 비추어 보아도 사례와 같이 용의자 스스로의 진술도 아닌 피해자의 진술만으로는 용의자에게 절도미수죄의 명백성이 인정된다고 보기 어렵다.

긴급체포는 어떨까? 긴급체포의 요건인 중대 범죄의 상당성, 긴급성, 체포필요성 중 사안에서 가장 문제가 되는 것은 중대 범죄의 상당성이다. 중대 범죄의 상당성이 인정된다면 ㉮ 행위에 대해 체포영장을 발부받을 시간적 여유가 없음이 명백하고, 체포의 필요성은 이미 현행범인 체포에서 검토한 것처럼 긴급체포의 경우에도 인정되기 때문이다.

하지만 ㉮ 행위는 장기 3년 이상에 해당하는 중대한 범죄에 해당한다 해도 용의자가 그러한 범죄를 저질렀다는 상당성이 인정된다고 보기 어렵다. 현행범인 체포에서 검토한 것처럼 피해자의 진술 외에는 용의자의 범죄혐의를 인정할 다른 정보가 전혀 없기 때문이다.

따라서 ㉮ 행위에 대해 용의자가 절도미수죄를 저질렀다는 점에 대한 명백성이나 중대범죄의 상당성이 인정되지 않으므로 경찰관은 용의자를 현행범인 체포 또는 긴급체포할 수 없다.

---

25 대법원 2017. 4. 7. 선고 2016도19907 판결.

5) ㉯ 행위에 대한 체포가 가능한지

㉯ 행위에 대해서는 주민등록법위반죄 및 경범죄처벌법위반죄와 위계에 의한 공무집행방해죄를 검토해 볼 필요가 있다. 주민등록법과 경범죄처벌법은 다른 사람의 주민등록번호를 마치 자신의 주민등록번호인 것처럼 이용하는 자를 처벌하도록 규정하고 있고, 용의자는 공무집행을 하고 있는 경찰관을 속였기 때문에 위계에 의한 공무집행방해죄가 성립할 여지가 있기 때문이다. 미리 말하자면 ㉯ 행위는 세 가지 범죄 중 어느 것에도 해당하지 않고 달리 해당하는 범죄가 있다고 보기도 어렵다. 따라서 용의자를 현행범인 체포 또는 긴급체포할 수 없다는 결론에 이르게 된다.

먼저 주민등록법위반죄 또는 경범죄치벌법위반죄가 성립하는지 살펴보자.

주민등록법 제37조 제10호는 "다른 사람의 주민등록번호를 부정하게 사용한 자"를 "3년 이하의 징역 또는 1천만원 이하의 벌금"으로 형사처벌하도록 규정하고 있고, 경범죄 처벌법 제3조 제1항 제30호는 "인적사항을 물을 권한이 있는 공무원이 적법한 절차를 거쳐 묻는 경우 정당한 이유 없이 다른 사람의 인적사항을 자기의 것으로 거짓으로 꾸며댄 사람"을 "10만원 이하의 벌금, 구류 또는 과료의 형"으로 형사처벌하도록 규정하고 있다. 여기에서는 '다른 사람의 주민등록번호'에 존재하지 않는, 즉 '거짓의 주민등록번호'도 포함될 수 있을지가 문제이다.

'다른 사람의 주민등록번호' 또는 '인적사항'이라는 문언에 '존재하지 않는 사람의 주민등록번호' 또는 '인적사항'이 포함된다고 해석하기는 어렵다. 다른 사람의 주민등록번호나 인적사항은 실존하는 것을 의미하지만, 존재하지 않는 사람의 주민등록번호 또는 인적사항이란 허위 또는 거짓의 것을 의미하기 때문이다. 게다가 주민등록법 제37조 제1호는 "…주민등록번호 부여방법으로 거짓의 주민등록번호를 만들어 자기 또는 다른 사람의 재물이나 재산상의 이익을 위하여 사용한 자"를, 제4호는 "거짓의 주민등록번호를 만드는 프로그램을 다른 사람에게 전달하거나 유포한 자"를 형사처벌할 수 있도록 하고 있어 '다른 사람'의 주민등록번호와 '거짓'의 주민등록번호를 명백히 구분하고 있다.

사례에서 용의자는 경찰관에게 존재하지 않는 주민등록번호를 자신의 주민등록번호인 것처럼 말했는데, 위와 같이 거짓의 주민등록번호는 '다른 사람의 주민등록번호'로 볼 수 없기 때문에 주민등록법위반죄나 경범죄처벌법위반죄는 성립할 수 없다. 따라서 이러한 범죄를 저질렀음을 전제로 용의자를 체포할 수는 없다.

다음으로 위계에 의한 공무집행방해죄가 성립하는지 살펴본다.

위계에 의한 공무집행방해죄에서 위계란 행위자의 행위목적을 이루기 위하여 상대방에게 오인, 착각 또는 부지를 불러일으켜 이를 이용하는 것을 의미한다. 그런데 법원은 용의자의 속임수가 수사를 방해했다고 할지라도 그 정도가 수사기관이 성실한 수사하여도 진실을 밝히기 어렵게 할 정도에 미치지 않는다면 위계에 의한 공무집행방해죄는 성립하지 않는다고 한다.[26] 즉 속임수의 정도가 매우 중하여 수사기관이 그 사실을 밝히기 매우 어려운 경우에만 위계에 의한 공무집행방해죄를 인정하는데, 사례에서 용의자는 경찰관에게 허위의 진술을 하였지만, 최소한의 수사라 할 수 있는 주민조회만으로 거짓임이 밝혀졌다. 따라서 위계에 의한 공무집행방해죄는 성립할 수 없고 이를 근거로 용의자를 체포할 수는 없다. 법원도 이 사례와 같이 수사기관에 대해 피의자 또는 참고인으로 허위진술을 한 사실만으로는 위계에 의한 공무집행방해죄가 성립하지 않는다고 하였다.[27]

위와 같이 ㉯ 행위에 대해 검토해 보았지만 범죄에 해당한다고 할 만한 것이 없다. 따라서 이 시점에서 용의자를 현행범인 체포나 긴급체포할 수 없다.

4. 특별법과 임의수사 Ⅱ

★ 생각해 볼 문제 2

이 시점에서 용의자가 주민등록번호를 알려 주지 않았다면 경찰관은 이를 강제로 확인할 수 있는가?

---

26 대법원 2009. 4. 23. 선고 2007도1554 판결 등.
27 대법원 1977. 2. 8. 선고 76도3685 판결.

이미 살펴본 것과 같이 이 시점에서 경찰관은 용의자를 체포할 수 없다. 하지만 수사를 통해 용의자가 절도미수죄를 저지른 것이 맞는지를 확인할 필요는 있는데, 이를 위해서 경찰관은 최소한 용의자의 인적사항을 확보해야 한다. 이와 같은 상황에서 용의자가 현장을 떠나 버리면 이후 용의자에 대해 출석을 요구할 정보조차 쉽게 수집할 수 없기 때문이다. 따라서 수사기관이 용의자의 주민등록번호를 강제로 확인할 수 있는 방법이 있어야 한다고 생각한다. 그렇다면 과연 현행법상 그러한 강제적 수단이 존재할까?

주민등록법은 수사를 위한 경찰관의 주민등록번호 확보에 대한 규정을 두고 있다.

주민등록법 제26조(주민등록증의 제시요구) ① 사법경찰관리(司法警察官吏)가 범인을 체포하는 등 그 직무를 수행할 때에 17세 이상인 주민의 신원이나 거주 관계를 확인할 필요가 있으면 주민등록증의 제시를 요구할 수 있다. 이 경우 사법경찰관리는 주민등록증을 제시하지 아니하는 자로서 신원을 증명하는 증표나 그 밖의 방법에 따라 신원이나 거주 관계가 확인되지 아니하는 자에게는 범죄의 혐의가 있다고 인정되는 상당한 이유가 있을 때에 한정하여 인근 관계 관서에서 신원이나 거주 관계를 밝힐 것을 요구할 수 있다.

② 사법경찰관리는 제1항에 따라 신원 등을 확인할 때 친절과 예의를 지켜야 하며, 정복근무 중인 경우 외에는 미리 신원을 표시하는 증표를 지니고 이를 관계인에게 내보여야 한다.

주민등록법 제37조(벌칙)에는 제26조에 따른 신원확인을 거부하는 자에 대한 처벌규정이 존재하지 아니한다.

주민등록법 제38조(벌칙) 제26조 제2항에 따른 사법경찰관리가 그 직무를 수행하면서 직권을 남용하면 「경찰관 직무집행법」 제12조에 따라 처벌한다.

경찰관 직무집행법 제12조(벌칙) 이 법에 규정된 경찰관의 의무를 위반하거나 직권을 남용하여 다른 사람에게 해를 끼친 사람은 1년 이하의 징역이나 금고에 처한다.

위 조문들을 읽어 보면 경찰관은 수사를 위해 상대방의 주민등록증의 제시를 요구할 수 있고, 이를 거부하는 자에 대해서는 인근 경찰관서 등으로 동행을 요구하고 주민등록번호 등을 물어볼 수 있다. 하지만 이를 거부하는 자에 대한 형사처벌의 근거가 없고. 달리 이를 강제할 방법도 없음을 알 수 있다.

오히려 경찰관이 상대방의 답변을 강요한다면 "친절과 예의를" 지켰다고 하기 어려울 테니 그 사실만으로 경찰관이 1년 이하의 징역이나 금고로 처벌받을 수도 있겠다.

한편 앞에서 살펴본 바와 같이 경찰관은 경찰관 직무집행법에 근거하여 타인에게 그의 주민등록번호를 물어볼 수 있다. 하지만 경찰관 직무집행법 어디에도 이를 거부할 경우 대답을 강제할 근거가 없다. 오히려 경찰관 직무집행법 제3조 제7항에는 불심검문 시 질문을 받은 사람은 "그 의사에 반하여 답변을 강요받지 아니"함을 명백히 하고 있다. 따라서 경찰관은 경찰관 직무집행법에 근거해도 용의자의 주민등록번호를 강제로 확인할 수는 없다.

이처럼 주민등록법이나 경찰관 직무집행법에 근거하여 경찰관은 범죄 용의자의 주민등록번호를 물어볼 수 있으나 이를 강제로 확인할 수는 없고, 달리 강제로 주민등록번호를 확인할 법적 근거는 강제수사 외에는 찾을 수 없었다. 이러한 문제점에 대한 개선입법이 있어야 함은 현행법의 해석과는 다른 문제이다.

5. 불심검문과 그 한계

경찰관이 용의자에게 실존하지 않는 주민등록번호를 알려 준 이유를 따지자 용의자는 이에 대한 대답을 회피하며 자리에서 벗어나려 하였다.

경찰관은 현장을 이탈하려는 용의자에게 CCTV를 확인할 때까지는 현장에 있어야 한다며 용의자의 앞을 막아섰다. 경찰관은 주변을 둘러보다가 바로 옆 주유소의 CCTV가 피해자의 차량이 주차되어 있는 장소를 찍고 있는 것을 발견하고는 용의자를 앞장서게 하여 그 주유소로 갔다. 용의자는 그 장소에 계속 머무르고 싶지도 않았고, 주유소로 가고 싶지도 않아 경찰관에게 가기 싫다고 말했지만, 경찰관이 강압적인 태도로 CCTV를 확인해야 명확하게 문제가 해결되지 않겠냐고 하면서 주유소로 동행을 요구하기에 어쩔 수 없이 경찰관의 요구에 따랐다.

이 시점에서 경찰관의 수사는 '③ 현장을 벗어나려는 용의자를 막아섰다.'와 '④ CCTV 확인을 위해 동행을 원하지 않는 용의자를 앞장세워 주유소로 갔다.'

이다. 경찰관은 범죄의 의심이 있는 용의자를 체포하지 않은 상태에서 일시적이라도 잡아 둘 수 있을까? 나아가 경찰관은 용의자의 의사에 반하여 용의자를 다른 장소로 데려갈 수 있을까?

여기에서 가장 먼저 문제되는 것은 ③과 ④의 법적 성질, 즉 양자가 임의수사인지 강제수사인지를 명확히 하는 것이다. 앞서 살펴본 것처럼 강제수사는 사전영장에 의함이 원칙이고 사람에 대한 예외로는 현행범인 체포와 긴급체포가 있는데, 사례에서는 용의자를 체포하지 않았기 때문에 만약 ③과 ④가 강제수사에 해당한다면 적법하다고 할 수 없다. 한편 적법한 임의수사로 인정받기 위해서는 수사를 받는 사람의 자발적 협조가 필요하다. 용의자는 현장을 벗어나려 하였으나 경찰관이 이를 막았고, 경찰관의 강압적인 태도에 의해 주유소까지 동행하였으므로 자발적으로 ③과 ④에 응한 것이라 볼 수 없음이 명백하다. 따라서 형사소송법만을 살펴볼 때 경찰관의 수사는 위법하다고 할 수밖에 없다.

하지만 경찰관은 수사와 관련하여 형사소송법은 물론 경찰관 직무집행법에 근거한 권한도 가지고 있다. 경찰관 직무집행법은 위험방지를 위한 경찰작용의 기본법인데, 위험방지작용은 수사와 접점을 이루고 있는 부분이 다수 있다. 아래에서는 경찰관 직무집행법에 근거하여 ③과 ④의 적법성에 대해 살펴보겠다.

경찰관은 경찰관 직무집행법 제3조에 근거하여 범죄를 저질렀거나 저지르려 하고 있다고 의심할 만한 상당한 이유가 있는 자를 정지시켜 질문할 수 있다. 이를 불심검문이라 하는데, 불심검문의 대상자는 어떤 자인지, 불심검문 대상자가 이를 거부하면 강제로 정시시킬 수 있는지, 불심검문 대상자에 대해 다른 장소로 동행을 요구할 수 있는지 등이 문제된다.

먼저 불심검문 대상자는 누구일까? 경찰관 직무집행법 제3조는 불심검문 대상자를 "수상한 행동이나 그 밖의 주위 사정을 합리적으로 판단하여 볼 때 어떠한 죄를 범하였거나 범하려 하고 있다고 의심할 만한 상당한 이유가 있는 사람"과 "이미 행하여진 범죄나 행하여지려고 하는 범죄행위에 관한 사실을 안다고 인정되는 사람"으로 규정하고 있다. 실무상 경찰관은 주로 전자에 대해 불심검문을 하고 있는데, 법원은 '상당한 이유'가 있는지 여부에 대한 판단기준을 명시적으로 밝힌 적은 없지만 객관적으로 범죄를 저지르거나 저지른 것으로 의심할 만한 사정이 있는 경우[28]와 경찰관이 범인에 대한 정보를 가지고 있고 용의자가 그 정보와 상당히 일치하는 경우[29]에 불심검문 대상자로 인정하였다.

그렇다면 불심검문 대상자가 불심검문을 거부하면 경찰관은 강제로 그를 멈추게 할 수 있을까? 법원은 "㉠ 범행의 경중, ㉡ 범행과의 관련성, ㉢ 상황의 긴박성, ㉣ 혐의의 정도, ㉤ 질문의 필요성"의 요건이 충족되면, "필요최소한의 범위에서 사회통념상 용인되는 상당한 방법의 유형력"을 행사하여 불심검문 대상자를 강제로 정지시키는 것은 적법하다고 하였다. 법원은 강제적 정지 시 유형력 행사의 요건이나 한계에 대한 구체적 판단기준을 밝히지는 않았기 때문에 그 의미를 관련 판례의 사실관계를 통해 살펴본다.

먼저 요건에 대해 보겠다. 법원은 사기, 절도, 강도, 강간, 상해 등의 범죄에 대해(㉠ 범행의 경중), 경찰 무전이나 피해자 신고 등을 통해 알게 된 범인의 인상착의와 용의자가 유사하거나, 112신고를 받고 현장에 출동하여 범인으로 의심되는 자를 발견한 것처럼 범인으로 의심할 만한 충분한 사정이 있는 사람을 발견하였고(㉡ 범행과의 관련성, ㉣ 혐의의 정도), 경찰관이 그 사람을 전혀 알지 못하는 경우 등 당장 질문을 하지 않으면 이후 수사를 진행하는 것이 현저히 곤란한 경우(㉢ 상황의 긴박성, ㉤ 질문의 필요성) 정지 시 유형력 행사의 요건이 갖추어졌다고 한다.[30]

다음으로 사회통념상 용인되는 상당한 방법에 대해 법원은 경찰관은 자전거를 이용한 날치기 용의자의 앞을 막아설 수 있고,[31] 상해 용의자의 앞을 가로막고 뒤에서 그의 어깨를 붙잡을 수 있으며,[32] 성폭력 범죄 용의자가 도주하면 경찰은 자신이 운전하는 차량을 용의자의 진행방행 앞에서 급정거할 수 있다고 하였다.[33]

---

28 대법원 2012. 9. 13. 선고 2010도6203 판결. 자전거를 이용한 날치기의 피해자 신고내용과 유사한 옷차림을 하고 자전거를 타고 가는 사람은 불심검문의 대상자가 된다.

29 대법원 2014. 2. 27. 선고 2011도13999 판결. 성폭행 범죄 피해자의 신고내용과는 다른 외모이지만 경찰관이 개인적으로 가지고 있던 정보와 유사한 외모의 사람은 불심검문의 대상자가 된다.

30 이는 아래 각주 31), 32), 33)의 판례내용을 종합한 것이다.

31 대법원 2012. 9. 13. 선고 2010도6203 판결.

32 대법원 2014. 12. 11. 선고 2014도7976 판결.

33 대법원 2014. 2. 27. 선고 2011도13999 판결.

마지막 질문이다.

불심검문 대상자를 불심검문을 시작한 장소에서 다른 장소로 이동시키는 것은 가능할까? 경찰관은 불심검문을 하면서 "정지시킨 장소에서 질문을 하는 것이 불심검문 대상자에게 불리하거나 교통에 방해가 된다고 인정될 때," "가까운 경찰관서"로 동행을 요구할 수 있고,[34] 불심검문 대상자는 "형사소송에 관한 법률에 따르지 아니하고는 신체를 구속당하지 아니한다."[35] 불심검문을 하여 교통에 방해가 되는 경우는 생각하기 어렵고, 대부분의 경우에는 정지시킨 장소에서 질문을 하는 것이 장소를 옮기는 것보다 불심검문 대상자에게 유리할 것이다. 게다가 이러한 요건이 갖추어졌다 해도 불심검문 시 이동이 가능한 곳은 가까운 경찰관서로 제한된다. 게다가 법원은 불심검문이 수사로 귀결될 경우 수사상 임의동행과 같이 자발성이 인정되어야 적법하다고 한다.[36] 따라서 경찰관 직무집행법에 따르면 경찰관은 불심검문 대상자를 그의 의사에 반하여 정지시킨 장소에서 다른 장소로 이동시킬 수 없다.

먼저 사례에서 용의자는 불심검문의 대상자가 된다.

피해자는 절도의심에 대한 신고를 하였고 용의자는 피해자의 진술에 대해 확인하려는 경찰관에게 존재하지 않는 주민등록번호를 자신의 것처럼 말했다. 위와 같은 상황과 용의자의 거짓말은 경찰관이 용의자를 절도미수죄를 범한 자로 의심할 만한 객관적인 이유가 되기 충분하다. 따라서 용의자는 불심검문의 대상자가 된다.

다음으로 ③이 적법한지 생각해 보자.

절도미수죄(㉠ 범행의 경중) 용의자는 경찰관이나 피해자와 일면식도 없는 자로서 지금 질문하지 않으면 수사를 진행할 수 있는 가능성이 희박하고(㉢ 상황의 긴박성, ㉣ 질문의 필요성), 피해자의 신고 및 피해 진술과 더불어 존재하지 않는 주민등록번호를 자신의 것처럼 이용(㉡ 범행과의 관련성, ㉤ 혐의의 정도)했기 때문에 용의자를 강제로 정지시킬 수 있는 요건은 갖추어졌다. 그리고 사례에서 경찰관이 사용한 유형력은 용의자의 앞을 가로막았다는 것인데, 이전의 판례에서 법

---

34 경찰관 직무집행법 제3조 제2항.
35 경찰관 직무집행법 제3조 제7항.
36 대법원 2006. 7. 6. 선고 2005도6810 판결.

원이 적법하다고 인정한 유형력의 정도를 볼 때 이 정도의 유형력 행사는 적법하다. 따라서 ③은 적법하다.

하지만 ④는 적법하다고 하기 어렵다.

사안에서 용의자는 불심검문을 최대한 빨리 끝내고 싶어 하는데 그러한 사람에게는 정지시킨 장소에서 최대한 빠른 시간 내에 불심검문이 끝나는 것이 유리하다. 정지시킨 장소인 주차장에서 질문하는 것이 용의자에게 불리할 사정이 전혀 없는 것이다. 또한 야간에 주차장에서 불심검문을 하는 것이 교통에 방해가 된다는 것은 생각하기 어렵다. 게다가 경찰관이 용의자를 이동시키려는 장소도 가까운 경찰관서가 아니라 주유소이다. ④에서는 경찰관 직무집행법상 동행요구의 요건조차 갖추지 못하고 있기 때문에 용의자의 의사에 반했는지 여부를 따질 것도 없이 위법한 동행요구이고, 만약 동행요구의 요건이 충족되었다 하더라도 용의자는 주유소에 가기 싫다고 말을 하였음에도 경찰관이 이동을 강요하였으므로 용의자의 의사에 반하였음이 명백하다. 따라서 ④는 위법하다.

★ **생각해 볼 문제 3**

불심검문을 위해 불심검문 대상자를 정지시켰을 때 그 시간적 한계는 언제까지인가?

일반적으로 현장 경찰관은 2인이 1개 팀으로 구성되어 있는데, 사례와 같이 용의자가 주유소로 함께 가지 않으려 할 때, 1명의 경찰관은 용의자를 주차장에 잡아 두고 다른 경찰관이 주유소에 가서 CCTV를 확인하였다면 불법체포의 문제가 생기지 않았을 것이다. 여전히 불심검문을 위한 정지에 불과하기 때문이다. 그런데 경찰관이 용의자를 주차장에 어느 정도까지 잡아 두어도 좋을까? 즉 불심검문을 위한 정지는 어느 정도의 시간 동안 가능한지, 언제부터 체포로 보아야 할지가 문제된다.

아쉽지만 경찰관 직무집행법에는 이와 관련한 어떠한 규정도 없다. 법원이 불심검문 대상자를 강제로 세울 수 있다는 판례를 내놓은 것도 10년이 채 지나지 않은 일이다. 이러한 문제에 대해 미국에는 다양한 판례가 형성되어 있는

데 몇 가지 예를 들자면 불심검문의 목적을 달성하는 데 필요한 시간 동안 정지시킬 수 있다고 하면서[37] 경찰관이 업무미숙으로 일반적인 경우보다 오랜 시간인 40분 동안 정지시킨 경우[38]에도 적법한 불심검문이라 하였다.

비례원칙을 기준으로 생각해 볼 때 우리나라에서도 위 미국의 판례와 같이 불심검문을 위한 필요 최소한의 시간 동안 불심검문 대상자를 정지시켜 두는 것은 적법하다고 생각한다. 비례원칙이란 목적의 달성을 위해 적합한 수단을 사용해야 하고(적합성), 적합한 여러 개의 수단 중 상대방에게 최소한의 침해를 주는 수단을 선택해야 하며(필요성), 그러한 수단을 사용하여 얻은 공익이 그로 인해 침해된 사익에 비해 커야 한다(상당성)는 원칙으로, 경찰작용을 비롯한 국가작용의 적법성 판단기준으로 널리 사용되고 있다.

비례원칙을 사실관계에 적용해 보면, 용의자가 범행을 저질렀는지를 확인하기 위해 CCTV를 확인할 동안 용의자를 정지시켜 두는 것은 범죄예방 또는 범죄수사를 위한 불심검문의 목적을 달성하기 위해 적합한 수단이고, 그를 위한 필요 최소한의 시간 동안만 용의자를 정지시켜 두는 것은 용의자에게 최소한의 침해를 주는 수단이며, 불심검문을 통해 얻는 공익은 범죄의 예방과 수사라 할 것인데 그로 인한 사익의 침해는 잠시 동안 용의자의 신체의 자유를 제한하는 데 그치므로 공익이 사익보다 우선된다. 따라서 사안처럼 범죄의 명확성이나 상당성의 충족여부가 문제되는 상황에서 CCTV를 통해 이를 확인하는 짧은 시간 동안 용의자를 정지시켜 두는 것은 비례원칙을 통해 볼 때 적법하다.

사안에서 적법한 공무집행을 할 수 있는 유일한 방법은 이처럼 한 명의 경찰관이 CCTV를 확인한 후 주차장으로 돌아와서 용의자를 체포하는 것이라 생각한다. 만약 이러한 방법마저 위법하다고 하면 피해자의 구체적인 피해진술이 확보된 상황에서 인적사항에 대해 거짓말을 하고 있는 용의자를 그냥 보내 줄 수밖에 없다.

---

37 United States v. Sharpe, 470 U.S. 675.
38 United States v. Davies, 768 F.2d 893.

6. 위법한 수사에서 적법한 수사로 사실관계의 변경

경찰관, 용의자, 피해자는 02시 14분경 위 주유소에 도착하였다. 경찰관은 주유소 점원에게 CCTV를 보여 달라고 하였고 점원의 협조를 받아 CCTV를 확인하였다. CCTV 영상정보에는 용의자가 피해자 차량의 운전석 쪽 유리를 통해 차량 내부를 둘러보다가 손잡이를 잡고 열쇠처럼 보이는 도구를 이용해서 차량의 문을 열려고 하는 것이 녹화되어 있었다.

경찰관은 이를 확인한 즉시 적법절차를 준수하여 용의자를 절도미수죄의 현행범인으로 체포하였고, 용의자로부터 차량 문을 열기 위해 사용하였던 도구를 압수하기 위해 용의자의 주머니를 뒤져 보았는데, 용의자의 주머니에서 대마초가 발견되어 이를 압수하였다.

이 시점에서 경찰관의 수사는 '⑤ CCTV 영상정보를 확인하였다,' '⑥ 용의자를 현행범으로 체포하였다' 및 '⑦ 경찰관은 용의자를 체포한 직후 영장 없이 용의자를 수색하고 대마초를 압수하였다'이다.

그런데 이미 살펴보았듯이 선행하는 수사가 위법하면 그 이후의 수사도 위법하다. ④가 위법하기 때문에 ⑤ 내지 ⑦은 위법하다는 결론이 나오는 것이다. 하지만 ⑤ 내지 ⑦에서도 생각해 볼 다양한 문제점이 있기 때문에 학습을 위해 위 사실관계를 아래와 같이 조금 변경해 보겠다. 바로 위 '더 생각해 볼 문제 3'에서 제시한 것처럼 말이다. 굵은 글자 부분이 변경된 내용이다.

경찰관은 주변을 둘러보다가 바로 옆 주유소의 CCTV가 피해자의 차량이 주차되어 있는 장소를 찍고 있는 것을 발견하고는 **용의자에게 주유소로 함께 가서 CCTV를 확인할 것인지 물어보았다.** 용의자는 그 장소에 계속 머무르고 싶지도 않았고, 주유소로 가고 싶지도 않아 경찰관에게 가기 싫다고 말했다. **주차장으로 출동한 2명의 경찰관 중 한 명은 용의자를 주차장에 정지시켜 두었고, 다른 한명은 CCTV를 확인하기 위해 주유소로 갔다. 경찰관은 02시 14분경 위 주유소에 도착하였다.** 경찰관은 주유소 점원에게 CCTV를 보여 달라고 하였고 점원의 협조를 받아 CCTV를 확인하였다. CCTV 영상정보에는 용의자가 피해자 차량의 운전석 쪽 유리를 통해 차량 내부를 둘러보다가 손잡이를 잡고 열쇠처럼 보이는 도구를 이용해서 차량의 문을 열려고 하는 것이 녹화되어 있었다.

경찰관은 이를 **확인하고 주차장으로 돌아와 02시 16분경** 적법절차를 준수하여 용의자를 절도미수죄의 현행범인으로 체포하였고, 용의자에게 차량 문을 열기 위해 사용했던 도구를 제출하라고 하였다. 용의자가 이를 거부하자 경찰관은 그 도구를 찾기 위해 용의자의 옷을 뒤져 보았는데 용의자의 바지 주머니에서 의외로 대마초가 발견되어 이를 압수하였다.

이제 ⑤ 내지 ⑦에 선행하는 수사는 적법하다. 그렇다면 경찰관은 영장 없이 CCTV 영상정보를 확인할 수 있을까? 용의자에 대한 현행범인 체포는 적법한가? 체포를 한 후 피체포자를 영장 없이 수색할 수 있을까? 그러한 수색을 하던 도중 체포한 범죄와는 관련이 없는 물건을 압수할 수 있는 것일까? 이에 대한 답을 얻기 위해서는 개인정보보호법과 임의제출 및 사전영장 없는 압수수색에 대한 이해가 필요하다.

7. 특별법과 임의수사 Ⅲ

위에서 임의동행이 적법하기 위해서는 상대방이 자발적으로 동행해야 함을 살펴보았다. 임의제출도 제출자가 자발적으로 제출했음이 객관적으로 명백하게 증명되어야 적법하다. 그런데 임의제출에는 임의동행과는 달리 자발성 외에도 적법성 요건이 하나 더 있다. 바로 제출할 수 있는 사람, 즉 소유자, 소지자, 또는 보관자의 지위가 인정되는 사람이 제출하였는지의 문제이다. 이 중 주로 문제되는 것은 소지자나 보관자의 지위가 인정되는지 여부인데, 법원은 진료목적으로 채혈된 피고인의 혈액 중 일부를 간호사가 임의제출한 경우 환자의 사생활의 비밀 기타 인격적 법익이 침해되는 등의 특별한 사정이 없는 한 병원 또는 담당의사에게 그 혈액의 소지자 겸 보관자의 지위가 인정되고 간호사는 이를 대리하여 혈액을 임의제출할 자격이 인정된다고 하였고,[39] 같은 취지로 교도관에게 재소자가 보관을 의뢰한 비망록에 대해 교도관에게 소지자 또는 보관자의 지위가 인정된다고 하였다.[40] 한편 경찰관이 피고인 소유의 쇠파이프를 피고인의 주거지 앞마당에서 발견하였으면서도 피해자로부터 임의제출받는

---

[39] 대법원 1999. 9. 3. 선고 98도968 판결.
[40] 대법원 2008. 5. 15. 선고 2008도1097 판결.

형식으로 압수한 경우 피해자는 그 소유자, 소지자 또는 보관자의 지위가 인정되지 않는다고 하였다.[41] 위 판례들을 보면 법원은 소지자나 보관자의 경우 소지나 보관을 하게 된 정당한 사유가 있는 경우 또는 절도범인이 자수를 하면서 피해품을 임의제출하는 것과 같이 소유자를 위해 임의제출한 경우에 소지자나 보관자의 지위를 인정하는 것으로 생각된다.

제출할 수 있는 사람에 의한 임의제출의 문제는 개별법에 의한 임의수사의 한계와도 밀접한 관계가 있다. 앞에서 살펴본 금융실명거래 및 비밀보장에 관한 법률과 통신비밀보호법(약칭: 금융실명법)처럼 말이다. CCTV 영상정보의 제3자 제공은 개인정보보호법에 의해 규율되는데, 개인정보보호법상 관련 법리는 너무나 복잡하다. 따라서 행정자치부의 "개인정보보호 법령 및 지침·고시해설"의 내용을 간단히 설명하는 것으로 대신하겠다. 행정자치부(현, 행정안전부) 해설서는 개인정보의 '제공'을 제3자에게 개인정보의 지배·관리권이 이전되는 것, 예를 들자면 개인정보가 저장된 매체를 제3자에게 전달하는 경우나 정보에 대한 접속권한을 허용하여 열람 복사가 가능하게 하여 개인정보를 공유하는 경우라 한다.[42] 사례에서 경찰관은 CCTV 영상정보를 확인하기만 했을 뿐 정보저장매체를 제출받은 사실이 없다. 따라서 행정자치부 해설서를 기준으로 ⑤에서 경찰관이 개인정보보호법을 위반한 것은 없다. 또한 경찰관은 CCTV 관리자 또는 그 대리인이라 할 수 있는 주유소 점원의 협조하에 CCTV 영상을 확인하였으므로 일반적인 임의수사의 한계를 벗어나지 않았다. ⑤에서 경찰관의 수사는 적법하다.

8. 사전영장 없는 압수수색

현행범인 체포의 법리에 대해서는 이미 살펴보았다. 현행범인 체포가 적법하기 위해서는 현행성, 범죄의 명백성과 가벌성, 체포의 필요성이 갖추어져야 하고 적법절차[43]를 지켜야 하는데, 사례에서 경찰관은 용의자를 범죄를 저지른

---

41 대법원 2010. 1. 28. 선고 2009도10092 판결.
42 행정자치부, 개인정보보호 법령 및 지침·고시해설, 2016. 12, 90 - 91면.
43 체포의 적법절차에는 체포 시 권리고지와 체포영장에 의한 체포 시 영장의 제시가 있다. 권리고지의 내용은 "피의사

장소에서 10분 내에 현행범인으로 체포하였으므로 현행성이 인정되고, CCTV 를 통해 용의자가 절도죄의 실행에 착수하였음을 확인했으므로 범죄의 명백성 과 가벌성도 인정되며, 용의자는 범행에 대해 부인하면서 거짓의 주민등록번호 를 자신의 것처럼 말하는 등 증거인멸이나 도주우려가 있는 자이므로 체포필 요성도 인정된다. 적법절차는 지킨 것으로 전제하고 있다. 따라서 ⑥은 적법하 다. 여기에서는 ⑦과 관련하여 경찰관이 사전영장 없이 압수수색을 할 수 있는 지 여부에 대해 자세히 검토해 보겠다.

경찰관이 압수대상물을 수색하고 압수하기 위해서는 사전에 법원으로부터 압수수색 영장을 발부받아 집행하는 것이 원칙이다.[44] 하지만 수사기관이 사전 에 압수수색영장을 발부받을 방법이 없지만 압수수색이 반드시 필요한 경우가 있기 마련이고, 이를 대비하여 형사소송법에는 특정한 경우 사후영장을 받는 것을 조건으로 사법경찰관이 사전영장 없이 압수수색을 할 수 있도록 하고 있 다. 이에는 형사소송법 제216조 제1항 제2호의 체포현장에서의 압수수색, 제 216조 제3항의 범죄장소에서의 압수수색, 제217조 제1항의 긴급체포된 자가 소유·소지·보관하는 물건에 대한 압수수색이 있다.

1) 체포현장

형사소송법 제216조 제1항 제2호는 사법경찰관은 영장에 의한 체포, 현행 범인체포, 긴급체포를 하는 경우 체포현장에서 압수, 수색, 검증을 할 수 있다 고 규정하고 있다.

체포하는 경우의 의미에 대해서는 체포에 성공한 후에만 압수수색을 할 수 있다는 견해(체포설), 체포에 착수를 했다면 체포의 성공 여부와는 관련 없이 압 수수색할 수 있다는 견해(착수설), 체포대상자가 현장에 있었다면 체포에 착수하 지 못했더라도 압수수색할 수 있다는 견해(현장설) 등의 견해 대립이 있는데, 대

실의 요지, 체포의 이유와 변호인을 선임할 수 있음을 말하고 변명할 기회"를 주는 것인데(형사소송법 제200조의5) 경찰청은 2019. 2. 19.부터 위 권리와 더불어 진술거부권도 고지하도록 하고 있다. 이러한 절차를 지키지 않을 경 우 그 체포는 위법하다.

44 형사소송법 제215조.

법원은 착수설을 채택한 하급심의 판단을 지지한 경우[45]도 있고, 현장설을 지지한 경우[46]도 있다. 즉, 법원에 의하면 최소한 경찰관이 체포에 착수하였다면 체포 성공 여부와는 무관하게 그 장소에 대해 수색할 수 있다. 체포하였다면 물론 피의자의 신체도 수색할 수 있다.

수색할 수 있는 물건은 체포한 범죄와의 관련성이 있는 물건에 한정된다.[47] 수색할 수 있는 장소에 대해서는 피체포자의 신체와 체포를 당한 사람의 직접 지배범위 내라는 견해와 직접 지배범위는 물론 관리권한이 미치는 범위까지 가능하다는 견해의 대립이 있다.[48] 예를 들어 피체포자를 피체포자의 집 거실에서 체포한 경우 전자에 따르면 그 거실만 수색할 수 있고, 후자에 따르면 거실은 물론 그 집의 전체를 수색할 수 있다.

경찰관은 용의자를 적법하게 현행범인 체포하였기 때문에 제216조 제1항 제2호에 근거하여 절도미수죄와 관련한 도구를 발견할 목적으로 용의자의 신체에 대해 수색할 수 있다. 그런데 적법한 수색 도중 용의자에게서 발견된 것은 대마초이다. 체포된 범죄인 절도와는 관련이 없는 물건이기 때문에 제216조 제1항 제2호에 의해서는 압수할 수 없다.

2) 범죄장소

형사소송법 제216조 제3항에 의해 사법경찰관은 긴급한 경우 사전영장이 없더라도 범죄장소에서 그 범죄와 관련된 물건을 찾기 위해 수색할 수 있고, 압수대상물을 발견하면 압수할 수 있다. 모든 범죄가 다 해당하는지, 수색장소

---

45 대법원 2017. 11. 29. 선고 2014도16080 판결 등.

46 대법원 2016. 2. 18. 선고 2015도13726 판결.

47 사전영장에 의한 압수수색이든, 사후영장에 의한 압수수색이든 범죄와의 관련성이 있는 물건에 대해서만 압수수색할 수 있다. 형사소송법 제215조 제1항은 "해당 사건과 관계가 있다고 인정할 수 있는 것에 한정하여" 영장을 발부받아 압수수색하도록 하고 있고, 형사소송법 제219조는 수사기관의 압수수색에 관해 법원의 압수수색 관련 조항들을 준용하도록 하고 있는데 그중 제106조에는 "피고사건과 관계가 있다고 인정할 수 있는 것에 한정하여 증거물 또는 몰수할 것으로 사료하는 물건을 압수할 수 있다."고 하고 있기 때문이다. 따라서 사후영장에 의한 압수 중 체포에 근거한 경우에는 체포를 한 범죄와 관련이 있는 물건에 대하여만, 범죄장소에 근거한 경우에는 그 장소의 범죄와 관련된 물건에 대해서만 압수수색할 수 있다.

48 김희옥·박일환, 주석형사소송법 제5판, 한국형사행정학회, 2017, 295면.

는 어디까지 인정되는지, 범죄장소라는 점이 얼마나 인정되어야 하는지에 대해 아직까지 연구가 부족하고 실무상으로도 많이 활용되지는 않는 것으로 보이지만, 마약처럼 소지한 사실만으로도 형사처벌이 가능한 경우 마약이 발견된 장소는 범죄장소이고 그 장소에 대해서는 제216조 제3항에 근거하여 압수수색할 수 있다는 점에 대해서는 이견이 없을 것이다.[49]

경찰관은 용의자를 적법하게 현행범인 체포하였고, 체포한 주차장은 범죄장소이므로 제216조 제3항에 근거하여 절도범행과 관련된 물건에 대해 수색할 수 있다. 그런데 용의자에게서 발견된 것은 대마초이다. 절도와는 관련이 없는 물건이지만 경찰관은 제216조 제3항에 근거하여 대마초를 압수할 수 있다. 경찰관이 용의자에 대해 적법하게 수색하던 중 우연히 용의자가 대마초를 소지하고 있음을 알게 되었고, 대마초는 마약류 관리에 관한 법률 제4조에 따라 소지만으로 형사처벌의 대상이 되기 때문에 용의자가 이를 소지하고 있던 장소는 범죄장소임이 명백하기 때문이다. 따라서 ⑦은 적법하다.

3) 긴급체포된 자가 소유·소지 또는 보관하는 물건

형사소송법 제217조 제1항에 의해 사법경찰관은 긴급체포된 자가 소유·소지 또는 보관하는 물건에 대하여 긴급히 압수할 필요가 있는 경우에는 체포한 때부터 24시간 이내에 한하여 영장 없이 압수·수색 또는 검증을 할 수 있다. 압수수색의 장소가 체포현장으로 제한되지 않았기 때문에 긴급체포된 자의 소유물이나 보관물이 있을 것으로 인정되는 장소에 대해 사법경찰관은 사전영장 없이 압수수색할 수 있다.

수사기관의 입장에서는 제216조 제1항 제2호에 비해 압수수색의 장소가 확장된다는 장점이 있지만 제217조에는 제216조에는 없는 중요한 제한이 있다. 형사소송법 제220조는 제216조에 의한 압수수색의 경우에는 야간인 경우나 참여자가 없는 경우에도 압수수색할 수 있도록 하고 있는데, 제220조는 제217조에 대해서는 적용되지 않는다. 따라서 제217조에 의할 때 야간 또는 참여자가

---

49 법원행정처, 법원실무제요 형사[1], 2014, 264면. 이러한 경우 형사소송법 제216조 제3항에 의한 압수수색이 가능한 것으로 보고 있다.

없으면 영장 없이 압수수색할 수 없다.

사안에서는 용의자를 긴급체포하지 않았기 때문에 제217조 제1항에 대한 검토를 할 수 없다. 그래서 사실관계를 다시 한 번 바꾸어 본다.

용의자가 절도혐의가 아닌 대마초 소지혐의로 적법하게 긴급체포되었다고 가정해 보자. 경찰관이 용의자로부터 자신의 집에 친구가 맡겨 둔 대마초를 다량 보관하고 있고, 해가 뜨기 전에 친구가 이를 가져가기로 했다는 진술을 얻었다면, 경찰관은 용의자의 집에 대해 사전영장 없이 압수수색할 수 있는가? (용의자의 진술은 체포된 것과 같은 날 03시경 적법절차를 지켜 얻은 것으로 가정한다.)

경찰관은 긴급체포된 자가 소유 또는 보관하는 물건이 체포장소 외의 장소에 있는 경우 제217조 제1항에 근거하여 사전영장 없이 압수수색할 수 있고 실무상으로도 빈번히 활용되고 있다. 그런데 사례에서는 대마초가 용의자 집에 있다는 정보를 얻게 된 때는 새벽 3시경이다. 경찰관이 제217조에 근거하여 용의자의 집을 사전영장 없이 수색하려면 해가 뜰 때까지 기다려야 한다. 그런데 용의자의 말을 들어보니 해가 뜨기 전에 대마초가 없어질 수도 있겠다. 용의자의 집 앞에서 잠복하면서 용의자의 친구가 들어가려고 하면 그 사람에 대해 불심검문을 하든지 하면서 해가 뜰 때까지 기다려야 할까? 사전영장을 발부받아 압수수색을 하면 되겠지만 새벽에 영장을 발부받을 시간이 부족하다. 사실 실무상 그럴 방법도 없다. 당직 검사나 판사를 찾기도 전에 이미 해가 뜰 것이기 때문이다.

이에 대해 사후영장으로 야간집행의 하자를 치유할 수 있다는 견해[50]가 있고, 법원실무도 같은 방식으로 이루어지는 것으로 보인다.[51] 법원은 최근 형사소송법 제217조에 의한 압수수색에 대해 야간집행의 제한에 대한 검토 없이 관련성에 대한 검토만으로 적법성을 평가한 예도 있다.[52] 하지만 이 사건에서

---

[50] 신동운, 신형사소송법 제5판, 법문사, 2014. 440면.
[51] 법원행정처, 법원실무제요 형사[1], 2014, 263면. "형사소송법 제217조에 따른 압수수색이 야간에 이루어졌을 경우 그 압수수색의 필요성에 대하여 엄격하게 심사하여야 한다."고 하여 이러한 경우 사후영장의 발부가 가능한 것을 전제로 하고 있다.
[52] 대법원 2017. 9. 12. 선고 2017도10309 판결.

는 변호인이 야간집행에 대한 문제점을 법원에 상고이유서에 기재하지 않았고, 법원도 그에 대한 평가 자체를 하지 않았다는 점을 간과하지 않아야 한다. 또한 다른 절차적 하자가 사후영장으로 치유되는 예를 찾아보기 어렵기 때문에 사안을 달리할 경우 법원이 야간집행이나 참여인 부재의 문제를 어떻게 평가할지는 쉽게 예상하기 어렵다.

아직 실무에서 활용된 예를 찾기는 어렵지만, 이 사안에서 경찰관은 형사소송법 제216조 제3항에 근거하여 용의자의 집을 압수수색을 할 수 있다고 생각한다. 마약류 관리에 관한 법률에 의해 대마초를 보관하는 것은 범죄이고, 용의자의 진술을 통해 용의자의 집이 범죄장소라고 인정할 수 있기 때문이다. 곧 대마초가 없어질 수 있기 때문에 긴급성도 인정된다. 형사소송법 제216조 제3항은 제220조가 적용되므로 야간집행이나 참여인의 제한도 적용되지 않는다.

9. 요약정리

이 장에서는 '임의수사와 강제수사의 구별기준' 및 '임의수사의 한계,' 대인적 임의수사로서 '불심검문'과 '임의동행,' 대물적 임의수사로서 '임의제출,' 사전영장에 의하지 아니한 대인적 강제수사로 '현행범인 체포'와 '긴급체포,' 사전영장에 의하지 아니한 대물적 강제수사로 '체포현장에서의 압수수색,' '범죄장소에서의 압수수색' 및 '긴급체포된 자가 소유·소지·보관하는 물건에 대한 압수수색' 등에 대해 살펴보았다. 위법한 수사는 그 자체로 수사대상자에 대한 인권이나 기본권을 침해할 수 있고, 그로 얻은 정보는 결국 법원에서 증거로 사용할 수도 없다. 따라서 수사는 반드시 적법하게 이루어져야 한다. 아래는 이 장에서 다룬 여러 법리에 대한 요약이다. 이 정도의 법리는 적법한 수사를 위해 반드시 익혀야 할 기초 중의 기초임을 잊지 말고 반드시 숙지하기 바란다.

1. 임의수사와 강제수사의 구별기준 및 임의수사의 한계

(1) 임의수사와 강제수사의 구별

　가. 강제수사: 수사대상자의 의사에 반하여 그의 기본권이나 인권을 제한하는 수사. 법원이 발부한 영장이나 허가장에 의하여야 함(예시: 체포, 압수수색 등).

　나. 임의수사: 수사대상자의 의사에 반하지 않거나, 그의 기본권이나 인권을 제한하지 않는 수사. 영장주의가 적용되지 않음(예시: 임의동행, 임의제출).

(2) 임의수사의 일반적인 한계: 자발성이 객관적으로 명백히 증명되어야 함.

2. 임의수사

(1) 대인적 임의수사

　가. 임의동행: 자발적으로 임의동행 시 적법

　나. 관련 문제: 불심검문 시 유형력의 행사 가능성

　　① 불심검문의 대상자: 객관적으로 대상자에 해당하는 사정이 있거나, 경찰관의 정보와 일치하는 경우

　　② 유형력 행사의 요건: 범행의 경중, 범행과의 관련성, 상황의 긴박성, 혐의의 정도, 질문의 필요성

　　③ 유형력의 한계: 사회통념상 용인되는 상당한 방법

(2) 대물적 임의수사

　가. 임의제출: 소유자, 소지자, 보관자의 지위

　나. 개별법에 의한 제한: 금융실명법, 통신비밀보호법, 개인정보보호법 등에 의한 제한

3. 사전영장에 의하지 아니한 강제수사

(1) 사전영장에 의하지 아니한 대인적 강제수사

　가. 현행범인 체포

　　① 현행성: 범죄장소 25분 이내 인정, 범죄장소 외의 장소 40분 초과 부정

　　② 범행의 명백성·가벌성: 경찰관이 직접 목격하거나 객관적 정보 필요

　　③ 체포필요성: 증거인멸, 도주우려

　나. 긴급체포

　　① 긴급성: 영장을 발부받을 시간적 여유가 없을 정도로 긴급

　　② 중대범죄 상당성: 장기 3년 이상 범죄를 저질렀다는 상당한 이유

　　③ 체포필요성: 증거인멸, 도주우려

(2) 사전영장에 의하지 아니한 대물적 강제수사

　가. 체포현장: 체포에 착수한 이후 그 장소에서 가능

나. 범죄장소: 범죄장소에서 긴급한 경우 가능

다. 긴급체포된 자가 소유·소지·보관하는 물건: 체포장소 외에서도 가능, 요급처분
   에 대한 유의

찾아보기

저자 약력

김지온
- 경찰대학 경찰학과 교수, 치안데이터과학연구센터장
- 성균관대학교 과학수사학과 겸임교수
- 전 경찰수사연수원 융합수사학과장
- 전 경찰청 수사국 수사기획과 분석반장, 강력범죄수사과 강력2반장
- 경찰대 행정학사, 고려대 경찰법 석사, 연세대 사회학 박사과정

김기범
- 현 성균관대학교 과학수사학과 부교수
- 전 경찰대학 경찰학과장/교수, 국제사이버범죄연구센터장
- 전 경찰청, 서울청 사이버수사부서 기획반장
- 고려대 정보보호대학원 공학박사

임금섭
- 경찰대학 경찰학과 교수, 위기협상센터장
- 범죄심리전문가, 거짓말탐지전문수사관, 법최면전문수사관
- 고려대 상담심리학 석사, 경기대 범죄심리학 박사

김면기
- 경찰대학 법학과 교수, 치안대학원 수사학과 교수
- 미. 뉴욕주 변호사
- 전 경찰대학 경찰학과 교수
- 경찰대 법학사, 미국 위스콘신 주립대 로스쿨 법학석사 및 법학박사

김형규
- 경찰대학 경찰학교 교수
- 동아대, 서강대, 성균관대, 전북대 로스쿨 겸임교수
- 미. 뉴욕주 변호사
- 전 서울대, 연세대, 고려대 등 18개 로스쿨 출강
- 경찰대 법학사, 미. 윌리엄메리대 법학석사, 부산대 법학박사 수료

수사사례연구

초판발행   2021년 3월 2일

지은이   김지온 · 김기범 · 임금섭 · 김면기 · 김형규
펴낸이   안종만 · 안상준

편 집   최문용
기획/마케팅   오치웅
표지디자인   BEN STORY
제 작   고철민 · 조영환

펴낸곳   ㈜ **박영사**
               서울특별시 금천구 가산디지털2로 53, 210호(가산동, 한라시그마밸리)
               등록 1959.3.11. 제300-1959-1호(倫)
전 화   02)733-6771
f a x   02)736-4818
e-mail   pys@pybook.co.kr
homepage   www.pybook.co.kr
ISBN   979-11-303-1252-1   93350

copyright©김지온 · 김기범 · 임금섭 · 김면기 · 김형규, 2021, Printed in Korea

* 파본은 구입하신 곳에서 교환해 드립니다. 본서의 무단복제행위를 금합니다.
* 저자와 협의하여 인지첩부를 생략합니다.

정 가   17,000원